**KESİK KANATLI KRALİÇELER** SARA GEORGE

# TARİH
*içinde*
# ROMAN
*içinde*
# TARİH

LİTERATÜR
TARİHSEL
ROMANLAR
DİZİSİ

SARA GEORGE

# *Kesik Kanatlı Kraliçeler*

ÇEVİREN

ZEYNEP ERTAN

# KESİK KANATLI KRALİÇELER

Sara George

Kitabın Özgün Adı:
The Beekeeper's Pupil

Çeviren
Zeynep Ertan

Yayın Yönetmeni
Abdullah Yılmaz

Yayına Hazırlayan
Gökçe Çiçek Çetin

Kapak Tasarımı
Mithat Çınar

Baskı Öncesi Hazırlık
Emel Atik

Birinci Basım, Aralık 2004

Baskı ve Cilt:
Şefik Matbaası
Tel: (0212) 472 15 00

**ISBN: 975-04-0296-0**



LİTERATÜR
Yayıncılık, Dağıtım, Pazarlama Sanayi ve Ticaret Ltd. Şti.
İstiklal Caddesi, Meşelik Sokak, Dünya Han, No: 18-20 Kat: 5 Beyoğlu 34433 İstanbul
T 0(212) 292 4120
F 0(212) 245 5987
E literatur@literatur.com.tr
www literatur.com.tr

*Ruth ve Daisy'ye*

24 rue St Jacques
Paris
15 Ekim 1832

Sevgili Mösyö Burnens,

Seksen iki yaşındaki saygıdeğer dostumuz François Huber'in bu yılın başlarında vefat ettiğini duymuşsunuzdur. *Revue Britannique* benden onun hayat hikâyesini ve bir doğabilimci olarak çalışmaları hakkında yazmamı istedi.

Bu konu hakkında sizin düşüncelerinizi de öğrenebilir miyim? Yıllar önce Pregny'ye yaptığım o ziyaretler neticesinde onun sizin paha biçilmez yardımınıza nasıl da muhtaç olduğunu, onu bırakıp gitmenizin de talihsizlik yaşamaya hiç alışkın olmayan onun gibi biri için nasıl ağır bir darbe olduğunu tahmin edebiliyorum. Gitme sebebinizi tam olarak bilmesem de, arada kesinlikle kin olmadığını, Mösyö Huber ve ailesinin sizden hep övgüyle bahsettiklerini biliyorum.

Bir keresinde bana, ben daha çok gençken, sizin görme gücüne onunsa önseziye sahip olduğunu söylemiştiniz.

Onunla ilgili herhangi bir anınızı bana yazarsanız size çok minnettar kalırım.

Her zaman emrinizde olan,

Augustin de Candolle

33 rue de la Cluse
Cenevre
10 Kasım 1832

Sevgili Mösyö de Candolle,

Bu mektubu 1828 Temmuz'unda altmış iki yaşındayken vefat eden amcam François Burnens'in yeğeni ve tek varisi olarak yazıyorum.

Onun hakkındaki nazik sözleriniz için size teşekkür ederim. Amcam, Mösyö Huber'in hizmetinden ayrıldıktan sonra doğduğu yer olan Vaud'a döndü. Oradaki vatandaşları onun meziyetlerinin farkına vardılar; bir süre sonra idari memur, sonunda da Cenevre'de bir meclis üyesi oldu.

Amcamın eşyaları arasında size de yollamış olduğum defterleri buldum. Sizin de göreceğiniz gibi, amcam her şeyi yazma kararını uzun bir süre sürdürmüş. Bu yüzden pek çok sayfada sizi ilgilendirecek çok az şey var. Dikkatinizi çekebilecek bazı yerleri sizin için işaretleme cüretini gösterdim. Burada bir şeyi itiraf etmeliyim. Saygıdeğer Matmazel Jurine'in gittiği yolu takip ederek ben de bir tabiat gözlemcisi ve tetkikçisi oldum.

Amcamın Mösyö Huber'in hizmetinden neden ayrıldığı konusuyla da ilgilendiğiniz için, arılarla ilgili çalışmalarının dışında bazı kısımları da işaretledim. Huber Ailesi'nin günlük yaşamıyla ilgili, amcamın bunca yıl sonra Mösyö Huber'in hizmetinden ayrılma sebebine ışık tutabilecek bazı ayrıntılar bulunuyor. Bu sayfaları okuduğunuzda yazacağınız hayat hikâyesiyle alakalı bulmasanız da, bu ayrılışın sebebini anlayacaksınız.

Bu kırk yıllık ayrılıkla ilgili dikkate değer konular hakkında da ara ara yorumlarda bulundum. Sizden çok genç bir adam olarak bahsedildiğini göreceksiniz. Umarım buna bir itirazınız olmaz; olacağını sanmıyorum çünkü bu, Mösyö Huber'in o genç yaşınızda bile size duyduğu saygıyı gösteriyor. Sizin de bu saygının karşılığını Brezilya'dan gelen güzel bir ağaç cinsine *Huberia laurina* ismini vererek ödediğinizi biliyorum.

Yardımcı olabileceğim başka bir konu olursa lütfen söyleyin. Amcam, Mösyö Huber'den hep sevgiyle bahsederdi. Ayrıca ailenize ve bir doğabilimci olarak sizin çalışmalarınıza büyük saygı duyardı.

Yazacağınız hayat hikâyesini *Revue Britannique*'de okumak için sabırsızlanıyorum.

Her zaman emrinizde olan,

Alise de Moivre

# 1785

## *14 Haziran*

Bu sabah köyden ayrıldığımda ailemin bütün itirazlarına rağmen ben hâlâ bir köylüydüm. Gece geç vakitte döndüğümdeyse servet sahibi bir efendinin uşağıydım. Artık güzel bir evde kendime ait bir odaya ve mütevazı ama burada kazanabileceğim en yüksek miktardaki maaşa sahiptim.

Yola çıktığımda ay hilaldi, gökyüzü ise karanlıktı. Yine de bazı takımyıldızlarını ayırt edebiliyordum: pulluk, okçu, yay, şimdi gökyüzünde gözden kayboluyorlardı. Sonra güneş bütün parlaklığıyla doğdu, çimenler kırmızı ve sarı renklere büründüler. Yaklaşık bir saat, yani beş mil sonra, sabahın erken saatleri olmuş, arabadaki ılık hava yüzümde bir memnuniyet ifadesi oluşturmuştu. Yol arkadaşlarımdan biri haziran ayında bile ağır, yünlü bir pelerin giymiş bir çiftçi, öteki de dışarıdaki sandıkta yolculuk yapan civcivlerine bakan genç bir kadındı.

Annemin Ursula'yı ziyaretten döndüğü o gün asırlar kadar uzak geliyor şimdi. Ursula'nın hizmet ettiği ailedeki bir beyefendinin dürüst, taşraya alışkın ancak aptal olmayan bir uşağa ihtiyaç duyduğu haberi gelmişti. Ursula benden bahsedeceğine söz verdi. Anneminse uzaklara gittiği için (oysa gittiği yer eski arkadaşının ailesini ziyaret ettiği yan taraftaki köydü; ama olsun, yine de muhteşem bir seyahatti) sevinçten yüzü parlıyordu. İşten bahsederken de gözleri neredeyse unutmak üzere olduğum o eski canlılıklarına kavuşmuştu. Onların öyle kalmasını, o parlaklığı orada öylece tutabilmek istedim.

Kendim için de bunun, köyden onurlu bir şekilde ayrılabilmemi sağlamasını bütün kalbimle diledim. O gün sakal bırakmaya başladım; daha olgun, daha kilolu görünmek için.

Mösyö Huber'in, yani bahsi geçen beyefendinin Cenevre dışında kırlık bir arazi olan Pregny'de bir evi var. Karısı yakında ikinci çocuklarını doğuracak, bu yüzden de ona eskisi kadar zaman ayıramayacak. Ben sadece banyo yapması, giyinmesi ve giysiler konusunda değil, kitap ve gazeteler konusunda da ona hizmet edeceğim. Çünkü sekreterlik işlerinde de yardıma ihtiyaç duyacak kültürel ilgi alanlarına sahip biri o. Tanrı'nın yarattıklarını gözlemleyen tabiat dünyası çalışmalarına ilgisi büyük. Özellikle bu konuda yardıma ihtiyacı var; çünkü tamamıyla kör.

## *15 Haziran*

Onunla Cenevre'nin merkezine daha yakın bir yer olan babasının evinde buluştum, böylece aynı gün eve dönebilecektim. Ne beklemem gerektiğini bilmiyordum. Kafamda sokağın bir köşesinde keman çalan kör bir adam resmi vardı elbette; ama böyle olmayacağını biliyordum. Buluştuğumuzda beni en çok şaşırtan adamın hâlâ görebiliyormuş gibi konuşması oldu. Sanırım alışkanlıktandı. Görüşünü tamamıyla kaybettiğinde on dokuz yaşındaydı, şimdi de otuz beş olmalıydı.

Hizmetçi beni oldukça düzgün, bana her anlamda mükemmel görünen bir odaya götürdü. Rahat eşyalar, taze çiçekler, büyük bir kitaplık, tablolar, değerli antikaların bulunduğu bir dolap ve üzerinde nota sayfalarının bulunduğu bir piyano. Daha önce böyle bir odada hiç bulunmamıştım. Bana her zaman fazlasıyla iyi görünen rahibin evi bile bu evin yanında sönük kalmıştı. (Geçmişimi küçümsemek istemem ama bu cömertliğin, bolluğun uyandırdığı tesir bambaşkaydı. Bir odaya cömert denilebilirse tabii.) Sanki böyle bir odanın hayalini kurmuştum da, şimdi gün ışığında o odayı görüyordum.

Mösyö Huber odaya babasının kolunda girdi; ancak kapıdan girdikten sonra koltuğa giden yolu kendisi buldu. Hep aynı sandalye, diye düşündüm. Hep aynı sayıda adımlar, önüne hiçbir şey çıkmayacak bir yol. Çok içten gülümsüyor, genç bir adamın gülümseyişiyle, muhtemelen kör olmadan önce olduğu gibi. Koyu, dalgalı saçlı, geniş alınlı, kalın dudaklı iri bir adam. Soylu bir yüz diye düşündüm, aynı zamanda alçakgönüllü bir havası vardı. Babası huzursuzca kıpırdanıyor, bacak bacak üstüne atıp sonra düzeltiyor, parmaklarını sebepsizce bacağına vuruyor. Oğluysa (kasıtlı olarak?) tam tersine çok sakin ve hareketsiz.

Seyahatim hakkında usulen sorulan soruların ardından, arabadan indikten sonra hangi güzergâhı seçtiğimi sordu. Rue de Rhone'dan geldiğimi söyledim. (Dönüşte yolumu kolayca bulabileyim diye ismine özellikle dikkat etmiştim.)

"Güneşin ıhlamur ağaçlarının arasından girip nasıl da güzel, alacalı gölgeler oluşturduğunu da gördün mü peki?"

"Şey, evet efendim" dedim. Aslında kafam tamamıyla yapacağım görüşmeyle meşgul olduğundan fark etmemiştim bile. Fakat ağaçları ve havanın da güneşli olduğunu hatırlıyordum, yani alacalı gölgeler de olmalıydı.

Gülümsedi. "Peki gölgeler hangi taraftan düşüyordu? Sağdan mı soldan mı?"

Hiçbir fikrim yoktu. Utançtan kızarmaya başladığımı hissettim ama sakince düşünmeye çalıştım. Rue de Rhone doğu-batı yönündeydi. Haziran ayındaydık ve öğlen vaktiydi, yani güneş güneyde olmalıydı. Doğuya doğru yürüyordum, yani güneş sağımda olmalıydı. "Sağdan düşüyordu, efendim."

"Bunu gerçekten gördün mü? Buna dikkat ettiğini hatırladığından emin misin?" Donuk gözleriyle bana baktı. (Göremediğini bildiğim halde "baktığını" söyleyeceğim.) Dudağının kenarlarındaki kıvrım, acaba benimle alay mı ediyor diye düşünmeme sebep olmuştu.

Cevabımın doğru olduğunu biliyordum; fakat beni yakalamıştı. Aklıma ona doğruyu söylemekten başka bir şey gelmedi. "Hayır, efendim, özür dilerim, buna dikkat ettiğim doğru değil. Bunu az önce uydurdum." Bu görüşmenin ve umutlarımın sonu olacak diye korkuyordum. Bana sorabileceği soruları düşünmüştüm; ancak ışığın hangi taraftan geldiğini soracağı hiç aklıma gelmemişti. Şimdiye kadarki tavırlarından çıkardığım kadarıyla, bana kibar bir şekilde bu işin olmadığını ve beni uşak olarak kabul edemeyeceğini söyleyecek diye bekliyordum.

Bunun yerine yavaşça başını salladı. "Güzel. Dürüst olmanı tercih ederim. Benim için güvenebileceğim gözlerin olması her şeyden önemli."

Önce büyük bir rahatlık, sonra da o güvene layık olabilmek için büyük bir kararlılık hissettim. Bende onu memnun etme ve saygısını kazanma isteği uyandıran bir dürüstlük ve güvenilirliğe sahipti. O ilk birkaç dakika içinde bile bana bir ders öğretmişti: Gerçekten görebileceğim şeyle görmem gerektiğini düşündüğüm ya da umduğum ya da istediğim şey arasındaki farkı anlamak. Ondan da Rahip Rigaud'dan olduğu gibi çok şey öğrenebileceğimi düşünüyordum, hatta daha fazlasını öğrenebilecektim; çünkü bu sefer dış dünyada olacaktım.

"Karım" diye söze başladı, "karımın gözlerine çok güvenirim. Tanrı biliyor ya dünyadaki her şeyden çok ona güveniyorum. O olmasa ben, şey, düşünmeye bile dayanamıyorum, kendimi erkeklerin en şanslısı sayıyorum. Fakat şimdi o bir anne ve yakında ikinci kez anne olacak, ev işleri artacak."

Babası konuşmaya girmek için fırsat kolluyordu, şimdi fırsatı yakalamıştı ve bana döndü. "Kardeşimin karısı annenizin ailesini tanıyordu, değil mi?"

"Evet, efendim. Büyükannem onun sütannesiydi; şimdi ona eski bir aile dostumuz hizmet ediyor." Bunları ağzımda gevelemiştim çünkü ailemin durumunun ne kadarını bildiklerini bilmiyordum; önyargı oluşturmasın diye de çok fazla konuşmak istememiştim.

"Muhteşem kadın" dedi, muhtemelen hizmetçisinden değil de kardeşinin karısından bahsediyordu.

O sırada Mösyö Huber, "Babam rahibinizin yazdığı mektubu bana okudu. Sizden övgüyle bahsediyor" dedi.

"Ne kadar nazik. Rahip Rigaud iyi biridir."

"Olmasaydı çok kötü olurdu" dedi; ne anlamam gerektiğini bilemedim. Böyle şeyleri sadece sarhoş erkeklerden duymuştum daha önce.

"Kaç yaşındasın Burnens?" diye sordu.

"On dokuz, efendim." Utanmıştım, bu onun görme yetisini kaybettiği yaştı. Onun yanında kendimi anlamsızca ayrıcalıklı hissettim.

"Evet, on dokuz yaşında olduğum o zamanı hatırlıyorum." Sesi oldukça sakindi, önemsemeden, hatta zevk alarak konuşuyordu, bense onun için büyük bir acıma duymuştum. Bu yaşta, şimdi görememe fikri bana dayanılmaz geliyordu; ama işte önümdeki adam buna dayanmıştı, hem de büyük bir gururla.

Hissettiklerimi anlıyormuşçasına bir süre duraksadı. "Aynı ismi paylaştığımızı fark ettin mi? İkimizin de ismi François. İkimizin de ustası hayvanları seviyor. Hayvanları sever misin, François Burnens?"

"Şey, evet efendim hem de çok." Ancak hemen ardından yanlış bir şey mi söyledim diye endişelendim. "Aziz Francis kadar olmasa da."

Güldü. "Şimdi de nasıl okuduğunu duymak istiyorum. Marie-Aimée okuma konusunda çok yeteneklidir, anlayışla okur. Otur." Oturduğu koltuğun hemen yanındaki küçük masada duran bir kitabı gösterdi. Kitabı alıp karşısında duran sandalyeye oturdum. Babası da diğer yanımda oturuyor, merakla bizi izliyordu. Bu iş acaba iki efendiye hizmet etmemi mi gerektirecek diye geçirdim aklımdan.

Bu şekilde oturmak beni önce çok rahatsız etti; fakat bunu belli etmemek ve karısı gibi okuyabilmek için gayret ettim. Kitabın açık duran sayfasında Swammerdam isminde Hollandalı bir doğabilimcinin hayat hikâyesinden bahsediliyordu. İsmi duymamıştım, okumaya başladığımda da sesim titriyordu. Bilimsel araştırmanın gerçek yöntemlerini bulmuş, mikroskobu icat etmiş, çürümeyi engelleyici iğneyi bulmuş, ayrıca arıları kesip inceleyen ilk kişi olmuştu. Ovarları keşfetmesi, şimdiye kadar "kral" olarak bilinen arının aslında kraliçe olduğunu ortaya çıkarmıştı.

Okumaya devam ettikçe hikâye beni o kadar heyecanlandırmıştı ki, bütün gerginliğimi unutup daha çok da kendim için çabuk çabuk, akıcı bir şekilde okumaya başladım. Swammerdam o kadar mükemmel gravürler ve tahta oymalar hazırlamıştı ki, bunlar günümüzde arıcılıkla ilgili yazılmış kitaplara kaynak oluşturuyordu. Ancak Amsterdam'ın çalkantılı, sıkıntılı bir döneminde yaşamış, "taşranın tatlı yaşantısını" fena halde özlemişti. Çalışmalarının verdiği yorgunlukla kırk üç yaşında hayata gözlerini yummuştu. Büyük çalışması *Biblia Naturae* 1737'de Leyden'de basılana kadar üstünden bir asır geçmişti.

Mösyö Huber durmam için işaret etti. Tek kelime etmedik. Hikâye beni çok heyecanlandırmıştı; bir insanın bir ömre bu kadar çok şey sığdırabilmiş olması, bu kadar büyük bir bedel ödese bile...

"Gördüğüm kadarıyla arkadaşımız Swammerdam sizi çok etkiledi."

"Bence mükemmel bir hayat, efendim."

"Ama kısa."

Çok da kısa değil, diye düşündüm babamı hatırlayarak.

"Çok iyi okuyorsun" dedi. "Bu çok önemli. Pek çok dergi, gazete, kitap okumak isterim. Yüksek sesle okumanın anlamını iyi bilmek lazım yoksa kulağa işkence etmekten başka işe yaramaz. Bu kadar iyi okumayı nereden öğrendin?"

"Rahip Rigaud, efendim. O ve babam gençliklerinden beri arkadaştılar. Eğitimime özel bir ilgi gösterirdi."

"Evet, kutsal adamlar gerçekten kutsal olabiliyorlar. Evine gidiyordun, o da sana eğitim veriyor ve kitaplarını okutuyordu, öyle değil mi?"

"Evet efendim, tam olarak öyle."

Gülümsedi. "Benim de öyle bir akrabam vardı. Birlikte simyayla ilgili deneyler yapardık. O kadar ilgi çekiciydi ki, bütün hayatımı bunun için harcayabilirdim."

"Bertrand tam bir aptaldı" diye söze girdi babası. "Bütün parasını ve zamanını harcadı, hiçbir şey de bulamadı. Senin zamanını da harcadı."

"O zaman öyle düşünmüyordun" dedi oğlu kibarca.

"Evet, yıllar bana çok şey öğretti."

Mösyö Huber yüzünde kendine has keyifli bir ifadeyle kafasını sallayıp benimle konuşmaya devam etti. "Ve üniversitedeki konferanslar, geceleri mum ışığında okuduğumuz romanlar." Durdu, içini çekti. "Sonra aniden bunların hepsini birden yapabilecek görme yetimi kaybettim. Sonra da hiçbirini yapamayacak hale geldim."

Çaresiz bir ifadeye büründü yüzü. "Kör bir adama hizmet edebilir misin? Demek istediğim fiziksel anlamda? Marie-Aimée'nin bana yardım etmesine o kadar alıştım ki. Sana ne yapman gerektiğini gösterecek elbette. Fakat sen, belki o kör adamı giydirmeyeceksin ama, giysilerini onun kolayca bulup giyinebileceği şekilde bir yere koyabilecek misin? Ve onu tıraş edebilecek misin, elbette, o kadar da aptal değilim."

"Hizmet etmek" sözü üzerine hemen ayağa fırladım. Bana orada bulunma nedenimi hatırlatmıştı. "Elimden gelenin en iyisini yapacağım, efendim. Çabuk öğrenebileceğime inanıyorum ve çok çalışmak istiyorum."

"Güzel. Yapacak çok şeyin olacak. Bazı fikirlerim var..." Sesi giderek alçalıyordu; bakışı, aslında tabii ki bakmıyordu, yani gözleri sanki fikirler gün ışığında dans eden toz zerrecikleriymiş gibi pencereden süzülen ışığa takılı kaldı. Sonra kendini toparladı. "Evet. Pregny'deki işe ne zaman başlıyorsun? Bugün cuma, yapacak işlerin vardır. Bir hafta sonra seni işbaşında bulabilecek miyiz?"

"Evet, tabii efendim, eğer işe alınırsam."

"Tabii ki alındın" dedi başka türlü düşünmüş olmama şaşırmış gibi yaparak. Ben de gülümseyerek karşılık verdim, mutluluğumu görmesini dileyip bunu göremediğine ne kadar üzüldüğüme şaşırarak.

## *16 Haziran*

Böylece birkaç eşyamı toparlayıp veda ziyaretlerimi yapmak üzere köye döndüm. Kız kardeşim yeni evlenmişti, benim de sürekli bir işim vardı artık; Annem bunu duyunca bana nasıl da sıkı sıkı sarılıp ağlamıştı. Bir zamanlar çok sevdiğimiz yuvamız olan ancak artık bir yük haline gelmiş evimizi satıp idareli olursa, bütün ihtiyaçlarının karşılanacağı yaşlılar evine taşınabilirdi artık. Bense, kazandıklarımın bir kısmını ona yollayabilir, zar zor kazanılmış tek bir frankın bile babamın borçlarını ödemek uğruna heba olmamasını sağlayabilirdim. Annem kibar insanların arasında sıcak bir yerde yaşayacak, yemek yiyecek ve hasta olduğunda ona bakılacak, bu yüzden içim çok rahat. Yine de, samandan yatağında yabancı bir vücudun izinin kalacağını bilmek doğup büyüdün evi bırakırken içini burkuyor.

Ancak şu an önümde uzanan yeni hayatımla o kadar doluyum ki, eskisini geride bırakmak beni o kadar da üzmüyor. Köy anıları çok fazla, ben de hep Michel Burnens'in oğlu olarak tanındım. Babasına benziyor, oğluna benziyor lafları hana yaptığım o ilk ve son ziyaretimde duyduğum fısıltılar olmuştu. Artık hayata kendi damgamı vurup kendim olarak kabul edilme ya da edilmeme şansına sahiptim. Mütevazı bir çiftliğim, ahırımda ineklerim olmayacaktı asla. Yine de çayırları, tarlalar boyu uzanan çiçekleri, nasıl anlatayım, ineklerin boyunlarındaki çanların sesini ve o temiz, tatlı havayı özleyeceğim. Ve Heloise'in süt kokan tenini, dolgun göğüslerini. Zaten o da asla benim olmayacaktı.

*17 Haziran*

Heloise'le vedalaşmak için çiftliğe gittiğimde babası ilk defa bana nazik davrandı; gidiyordum ve kızının geleceği için bir tehdit olmaktan çıkmıştım artık. Onun için terbiyeli bir gençten farksızdım.

"Cenevre'de güzel insanlarla yaşayıp döndükten sonra seni tanıyamayabiliriz."

Geri döneceğimi düşünebiliyor musunuz? Bunu ona söylemedim tabii.

Heloise ayrı bir meseleydi. Yan yana yürürken bana göğsünden çıkardığı bir mendili uzattı, bir köşesine F.B. harfleri işlenmişti.

"Bunu uzun zaman önce yaptım. Bir tane de Joseph Picard için yapmam gerek şimdi."

Ağlamıyordu fakat yüzünde içime dokunan hüzünlü, uysal bir ifade vardı. Joseph buralardaki en zengin çiftçinin oğluydu; zamanında sık sık dövüşmüş olsak da maddi açıdan ona benim sağlayacağımdan çok daha fazlasını verebilecek, terbiyeli, çalışkan bir çocuk olduğunu da biliyorum. Onun tercih edilmesi beni şaşırtmamıştı.

Kendini toparlayıp başını kaldırdı. "Çiftliği geliştirecek planlarımız var."

"İkiniz iyi anlaşacaksınız. Bir sürü çocuğunuz olacak."

"Umarım."

Sarıldık; gözlerime yaşlar dolmuştu, bu yumuşak tabiatlı güzel kadına hoşça kal derken.

Bu kadar dokunaklı olmasa bile zor zamanlarımızda bizi yalnız bırakanlara ettiğim başka vedalar da oldu. Onlardan ayrıldığıma hiç üzülmüyorum.

Bana öyle geliyor ki, şu dünyada kendi yolumu çizerken seçeceğim yönü kör bir adamın gözleriyle bulabilirim. Köylü de olsam aptal değilim; biliyorum ki efendimin önsezisi, artık her ne şekilde olursa, durumumu belirleyecek. Kör olduğu açıkça ortada olan birine hizmet etmek, dünyanın gösterişi ya da çürümüşlüğüyle kör olan birine hizmet etmekten çok daha iyi.

### *18 Haziran*

En zoru yeni hayatıma geçişimi sağlayan insana veda etmek oldu.

Rahip Rigaud kitapları önünde açık, elinde kalemi, masasında oturuyordu; bu aşina olduğum görüntü yüreğimi burktu. Ancak her zamanki gibi karşısındaki sandalyeye oturmamı işaret etmek yerine ayağa fırlayıp beni kucakladı.

"Haberini aldım François. Senin adına çok sevindim çocuğum."

"Sağ olun, Rahip." Bir an ne söyleyeceğimi şaşırdım, neye teşekkür edeceğimi bilemedim. Bazen çok yoğun duygular içinde olduğumda sözler beni ortada bırakıveriyor.

"Otur, otur. Kek yiyip şarap içelim."

İşte dünyanın en alçakgönüllü insanı karşımda, öyle ki bu alçakgönüllülük onun bir bardak şaraptan zevk alıp bunun için Tanrı'ya şükretmesini sağlıyor. Ancak tabii ki daha önce hiç karşılıklı içki içmemiştik. Bu kendimi büyük bir adammış gibi hissetmemi sağladı.

"Mösyö Huber mektubunuzda benden övgüyle bahsettiğinizi söyledi, Rahip. Teşekkürler."

"Hak ettiğinden fazlasını söylemedim François. Bu odada çok çalıştın ama, annenle kız kardeşine destek olmak için dışarıda da çok çalıştın."

"Bütün dersler için size teşekkür etmek istiyorum, bana harcadığınız onca zaman için."

"Benim için bir zevkti. Eğer kitaplara, öğrenmeye aşıksan bu aşkı bilgiye aç birine aşılamaktan daha büyük bir zevk yoktur. Kutsal bir andır o, benliğimizi unutup Tanrı'nın bize sunduğu evrenin zenginliğini keşfederiz."

"Derslerden gerçekten çok zevk aldım. Bazen zorlandım ama her zaman için buna değdi, sonucunu göremesem de."

Güldü. "Şimdilik sonuç kendine iyi bir iş bulmana yetecek kadar çok şey öğrenmiş olman. Hiçbir zaman sonuca ulaşamazsın. Daha öğreneceğin çok şey var. Unutma, Huber Ailesi zenginliklerinden çok kültürel birikimleriyle saygınlık kazanmış bir ailedir. Efendinin teyzesi Maria Huber, *The Spectator*'u çevirmek için yıllarca uğraştı. Korkarım sana gösterebileceğim bir nüshası yok elimde."

Onu alabilecek parası olduğunu sanmıyordum ve yeterli parayı biriktirir biriktirmez ona bir nüsha almaya karar verdim. İçinde şimdi o çok iyi bildiğim kitaplar olan çalışma odasına baktım. Çocukluk günlerim aklıma geldi; o zamanlar burası bana dünyadaki en güzel odaymış gibi gelirdi. Çok daha güzel odalar görmüş olmam bu duvarları benim için daha değersiz kılmıyordu. Oraya ömür boyu izi bende kalacak bir şeyler sinmişti.

"Sizin yardımınız olmadan köyün dışına çıkamazdım. Ordu dışında tabii."

"Ve bunun olmaması için yeterince sebep vardı." İç geçirdi ancak babamın konusunu açmadı. "Bir süre, kiliseyle ilgilenebileceğini düşünmüştüm. Ancak sonra bunun olmayacağını anladım."

"Nasıl anladınız, Rahip?" Şarap bu soruyu soracak cesareti vermişti bana. Bundan daha önce hiç bahsetmemişti, ayrıca ilgi duyduğumu ya da vazgeçtiğimi bildiğine dair hiçbir fikrim yoktu.

Gülümsedi. "Oyun arkadaşın Heloise'in genç bir kadın olmaya başladığını fark ettiğin günlerde."

"Ah, evet."

Omzunu silkti. "Henüz evlenmen için doğru zaman değil. Joseph onun için iyi bir koca olacak."

"Biliyorum, biliyorum."

Beni kapıya kadar geçirdi. "Köyde öğrenmeye hevesli genç yok. Derslerimizi çok özleyeceğim."

"Ben de, Rahip."

"Yenilerini de öğreneceksin, olması gereken de bu. Bu yüzden bütün zorluklara değerdi."

Sarıldık. Yolun yarısında son bir kez el sallamak için döndüğümde gözlerindeki hüznü gördüm. Tanrı bu iyi adamı korusun.

### *20 Haziran*

Gece yarısı. Ya da bir yaz sabahı, şafaktan en az bir saat önce. Horozlar ötmeye, erkenci kuşlar şakımaya başladı. Henüz uyumadım.

Geçen cuma araba hanına doğru giderken adeta havalarda uçuyordum, işim kesinleşmişti, hem de böyle bir adamla. Öğlen güneşinin etrafı ne kadar güzel aydınlattığını fark ettim –nasıl da fark etmiştim– ve kitap defter satan bir dükkân gördüm: Charles Zwemmer ve Oğulları. Annemin verdiği, babamdan kalan mirasın yarısı olan sıkıca sarılmış bir deste frankım vardı. Bir servetim olsa burada harcayabilirdim: Ciltli, ciltsiz defterler, dolmakalemler, kalemler, mürekkepler, kalem açacakları, kurutma kağıdı, oyuklu kalemler, gravür aletleri, kısacası bir insanın ihtiyacı olabilecek her şey ve yeni cilalanmış tahta, terebentin ve kağıdın o sarhoş edici kokusu... Burada yok yoktu. Beyefendiler eşyaların başında oyalanıyor, Mösyö Zwemmer'le sohbet ediyorlardı, hatta bir iki tane de hanımefendi vardı. Akşama kadar orada kalabilirdim; fakat eve dönüş için arabamı yakalamam gerekiyordu. Yeni hayatıma iyice alıştıktan sonra da buraya geleceğime dair söz verdim kendime.

Ayrıca bütün paramı ciltli bir deftere harcayarak geleceğime çok soylu bir katkıda bulundum. Bu kadar güzel bir eşyaya sahip olacağımı daha önce hayal bile etmemiştim. Bunu günlük bir alışveriş gibi gören bir beyefendi edasıyla yaklaştım Mösyö Zwemmer'e; ancak defteri alırken ellerimin titremesine engel olamadım. Şu anda ona yazıyorum. Ancak sık sık durup mavi deri kapağının aşina olmadığım kokusunu içime çekmek zorunda hissediyorum kendimi. Sanki hayatımda ilk defa elimde değerli bir şey tutuyorum.

Annemin seyyar satıcıdan ısmarladığı kıyafetler dışında tabii. Takım elbise kaşındırıyor ve çok rahatsız; ancak bunu almanın bile onun için ne kadar zor olduğunu anımsayınca rahatsızlığımı unutuveriyorum.

Her şeyi yazmak istiyorum. Her sözü, her hareketi, öğrendiğim her şeyi. Bu imkânsız elbette ama elimden gelenin en iyisini yapmaya çalışacağım; çünkü hiçbir şeyi kaçırmak, boşa harcamak istemiyorum.

## *21 Haziran*

Handa, midilli ve arabasıyla beni Jacques karşıladı. Huberlerin bahçesine ve genel işlere bakıyor; pembe suratlı fakat kurnaz bakışlı. Bir araba hanının itiş kakışı içinde zar zor yolumu bulmaya uğraşırken bir yandan da babamdan kalan tahta sandığa endişeyle göz kulak olmaya çalışıyor, şaşkınlıkla etrafıma bakınıyordum.

Beni kolumdan tuttu. "Burnens olmalısınız" dedi. Evet, dedim bir oh çekerek.

"İki tekerlekli arabayı getirmedim, hazırlanmak gerekti" dedi biraz saldırganca; sanki tenezzül etmeyeceğim bir arabaya binmem için beni zorluyordu.

"Size çok minnettarım. Bütün yol boyunca bunları taşımak çok zor olacaktı" dedim kutumu omzuma atarken.

"Doğru" dedi aramızda bir çeşit eşitlik sağlamaya çalışarak. Cenevre'nin kalabalık sokaklarında yolumuza devam ederken biraz rahatlayıp işi hakkında konuşmaya başladı. Sebze yetiştirmek hayattaki en büyük zevkiydi. (Bana pazı yetiştirmekle ilgili bazı ipuçları verdi; ancak onları şimdi yazmayacağım çünkü tekrar duyacağımdan eminim.) Huberlerin aşçısı Anna'yla evliydi.

"Monsenyör için çok şey yapıyorum. Tamir ya da onun yapamadığı..." Cümlesi yarım kaldı, sonunu getirememesine şaşırmıştım. Tam o sırada bana sert bir bakış fırlattı; onun sadık bir adam olduğunu anlamıştım, yeni gelen birine şüpheyle yaklaşıyordu. Onun kendine ait bölgesine girmeye çalıştığımı düşünmesini istemedim, bu yüzden de ellerimi iyi kullanamadığıma dair bir şeyler geveledim.

Tatmin olmuştu. "Onlar iyi insanlar. Dünyadaki en yüksek ücretleri almasak da öteki şeyler bunu telafi ediyor."

"Kendimi şanslı sayıyorum" dedim, kulağa pek samimi gelmediğini biliyorum ama söylemek istediğim tam olarak buydu.

Onaylayan bir ifadeyle kafasını salladı. Bir çift demir kapıdan girerek içeride kısa bir yolculuk yaptık. Gördüklerim bende değerli, ancak çok da iyi bakılmamış bir kır evi izlenimi yarattı. Evin önünde etrafa dağılmış gıdaklayan tavuk, ördek ve kazlardan oluşan bir sürü, Jacques'ın söylediğine göre oranın bütün işlerine bakan hizmetçi Martha tarafından gelişigüzel bir şekilde ve boş bir çabayla kovalanıyordu. Artık Mösyö Huber'in etrafı nasıl "gördüğünü" daha iyi bilen biri olarak ışığın ne taraftan düştüğüne, kazların ağaçların gölgelerine nasıl girip çıktıklarına, hizmetçinin bir an parlak ışığın altında bir an gölgede kalışına özellikle dikkat ediyordum. Küçük bir çocuk arkasından koşuyor, kollarını hızla sallıyor, "Beni takip edin" diye bağırıyordu. Düzen ve düzensizliğin bir arada olduğu canlı bir görüntüydü bu.

Martha kuşları kovalamayı bırakıp nefes nefese bizi selamladı; yanakları al al olmuş, kıvırcık saçları dağılmıştı.

"Onları akşam yemeğinden önce yakalasanız iyi olur genç bayan" dedi Jacques.

O da istekli bir şekilde, "Tabii yapacağım" dedi; ama Jacques atı eve doğru sürerken onun kaşlarını kaldırıp gözlerini öfkeyle döndürdüğünü görmedi. Ancak benim onu fark ettiğimi görünce Martha'nın yüzü hafifçe kızardı. Sonra birlikte mutfağa gittik ve ismimi söyleyerek oradakilere beni takdim etti. Bunun üzerine Madam Huber bana doğru döndü.

Bana öyle geliyor ki kocası ne kadar körse onun gözleri de o kadar keskin, bir kuşunki kadar parlak. Ötekilerden duyduklarım doğrultusunda onun müthiş bir kadın olduğu sonucuna zaten varmıştım; ancak şu anda karşımda duran saf güzelliği, narin yüz hatlarını, beyaz, ışıl ışıl teni hayal bile etmemiştim. Tekrar tekrar bakılıp, her defasında yeni güzellikler keşfedilecek bir yüzü vardı. İlerlemiş hamileliğine rağmen vücut hatları ince ve zarifti. Görünüşü beni derinden etkilemişti; ancak gözlerimi indirdim, o benim efendimin karısıydı, ona bu şekilde baktığımı kimse fark etmemeliydi. Onun güzelliği beni hiçbir şekilde ilgilendirmemeliydi. O Monsenyör'ün karısı, içinde bulunduğum bu evin de hanımıydı.

Jacques'ın karısı Anna olduğunu tahmin ettiğim, beyaz, kolalı önlük giymiş, dolgun göğüslü bir kadınla konuşuyordu. Madam Huber'de ev işlerinin düzgün gittiğinden tamamıyla emin bir hanım havası vardı. Anne olduğunu açıkça belli eden görünüşü bu havayı daha da güçlendiriyordu.

"François Burnens?" dedi. "Evimize hoş geldiniz. François dedi ki... ikinizin de aynı isme sahip olması ne ilginç." Birbirimize gülümsedik; buna sığınmıştım çünkü söyleyecek bir şey bulamadım.

Martha'ya bana odamı göstermesini söyledi. Odam geniş bir çatı katında ve tamamıyla bana ait. Sade bir şekilde döşenmiş, çekmeceleri olan bir masa ve şu an oturup bunları yazdığım bir sandalye var. Bir mumluk ve içinde mumların bulunduğu bir dolap da bulunuyor, yani gece odamda okuyup yazmamı sağlayacak yeterli ışık olacak. Bunu yapabilecek büyük bir adam gibi hissediyorum kendimi tekrar, artık saman doldurulmuş yatağında yatan çocuk değilim.

Ancak zorluk şurada ki, artık bütün gece uyanık kalıp bugün yaşadığım her şeyi ayrıntısıyla yazabilirim ama bunu yaparsam yarın efendime pek faydalı olamam. Ve tek istediğim ona faydalı olmak. Ev halkını daha yakından tanıdıkça bu kadar şanslı olduğum için Tanrı'ya daha çok şükrediyorum. Her şeyin iyi gitmesini istiyorum.

Bu gecelik bu kadar.

## *23 Haziran*

Dün Madam Huber bana Monsenyör'ün soyunma odasını ve giysi dolabını gösterdi. Temiz gömlekler, örtüler, çoraplar özenle katlanıp konmuştu. Kirli olanlar Martha'nın haftada bir boşalttığı hasır sepete gidiyordu. Ev işlerinin olması gerektiği gibi yürüdüğünü söyledi Madam sertçe; sırf ne kadar çok giysiye sahip olduklarını göstermek için altı ay çamaşır biriktirmek gibi saçmalıklar olmazdı. Burada her pazartesi çamaşırlar yıkanır ve buna kimse itiraz edemezdi.

Ayrıca o akşam mutlaka et yenirdi.

Dolaplarda dizili temiz, ütülü, lavanta kokulu çamaşır yığınlarının kendilerine has düzenli, tatmin edici bir havası vardı. Bana, Monsenyör'ün neyin nerede olduğunu bulabileceği şekilde çamaşırlarını nasıl koymam gerektiği konusunda bazı talimatlar verdi. Yine müthiş bir düzenlilik söz konusuydu.

"Çok titizdir" dedi, "ben de öyle."

Ondan hiç şüphem yok. Ayrıntılara önem veriyor, cisimlerin ve eşyaların dizilişi gibi; çünkü onlara çarpmak istemiyor. Ancak bugün, kasabın oğlu eti geç getirip de akşam yemeği aksadığında vaktini buna sinirlenerek harcamak yerine bana okumaya devam etmemi söyledi. (Yine de yarım saat sonra saatin cam kapağını kaldırıp akreple yelkovana dokundu. Saatin kaç olduğunu anlayınca da sadece kaşlarını kaldırıp kafasını sallamakla yetindi.) Madam'ın mutfaktan gelen sesini duyduk, sonunda gelebilmiş olan talihsiz çocuğu paylıyordu.

Monsenyör etrafta dolaşırken ona ne zaman yardım etmem gerektiğini bir türlü kestiremiyorum. Madam bunu çok doğal yapıyor; fakat o karısı, bir erkek ya da yabancı biri değil.

Sabahları sıcak su dolu ibrik getirilip de tas doldurulduğunda kendi kendine banyo yapıyor, her tarafını yıkıyor. "Yüz, koltukaltları, mahrem yerler, ayaklar" diye de dışından söylüyor. Bütün bunları yardım almadan yapabiliyor. Bense elimde havluyla bekliyorum. Kendini kuruladıktan sonra giyinmesine yardım ediyorum, yakasını, kravatını düzeltiyor, gören birinin ancak aynaya bakarak yapacağı şeyleri yapıyorum.

## *25 Haziran*

Onun, hem efendisi olup hem de aralarında kör bir adam olarak dolaştığı ev halkı üzerindeki etkisini anlatmak çok güç. Bu sabah onu piyanonun önünde oturmuş çalmaya hazırlanırken gördüm, yüzünde bakmaya cesaret edemediğim öylesine acı dolu bir ifade vardı ki. Bir saat boyunca evin içi güzel, hüzünlü nağmelerle doldu; biz ise evin içinde dolaşırken birbirimizle göz göze gelmemek için yüzümüzü çeviriyorduk. Sonradan onun yüzüne baktığımdaysa sakin olduğunu gördüm. Sanki bütün acısını notalara dökmüştü. Ve evdeki herkes derin bir nefes aldı.

İstediği birkaç kitabı da alıp salona girdiğimde karısı ona, yeni bebek doğduğunda Pierre'in oyalanması için arkadaşının yaptığı tahta topacı gösteriyordu. Çok emek harcanmışa benzeyen güzel bir oyuncaktı. İnsanlar bu aileye saygılarını göstermek için hediyeler veriyorlardı; ben de kendimi, bunun bir parçası olarak gördüğümden daha değerli hissetmeye başladım.

Madam onun hemen yanında oturuyordu ve birlikte parmaklarıyla oyma deseni takip ederlerken kocasına parlak renkleri tarif ediyordu. Bence onun durumundaki bir erkek için mükemmel bir kadındı o, dünyayı onun ayaklarına getiriyor ve gerçek hale büründürüyordu. Ona şefkatle baktı; hiçbir anne çocuğuna Madam Huber'in o anda kocasına baktığından daha sevgi dolu bakmamıştır.

Birlikteyken onları ayrı olduklarından çok daha farklı kılan bir şeyler var. Bunu üç ayrı şey olarak görmeye başladım: Monsenyör, Madam ve de evli çift. Her durumda farklı davrandığımı görüyorum. Monsenyör'e karşı yapacaklarım basit. Madam'a karşıysa biraz daha farklı; gören biri olarak bazen Monsenyör'ün yerine geçmem gerektiği hissi, beni bir uşaktan biraz daha farklı kılıyor. Fakat ikisi beraber kendilerine ait bambaşka bir dünya oluşturuyorlar. Birbirlerine olan sevgilerini hareketleriyle, sıcak sözleriyle açıkça belli ediyorlar. Benim için evliliğin çok farklı bir resmi. Bir çiftin birbirine karşı bu kadar nazik olabileceğini daha önce hiç düşünmemiştim. Ben de bunu bozmamak için elimden geleni yapıyorum.

### *27 Haziran*

Monsenyör'ü ilk kez tıraş ettiğimde önce tedirgin oldum. Ne de olsa bu, bir başkasına yapılması samimiyet gerektiren bir şeydi. Ancak ben sıcak su dolu kaseyi, fırçayı, sabunu, usturayı alıp o da boynunda havluyla önüme oturduğunda fark ettim ki, bunu nasıl yapacağımı çok iyi biliyordum. Kafamda bunun canlı bir görüntüsü vardı, adım adım, tüm ayrıntısıyla.

Babamın cesedini eve getirmelerinin hemen ardından Maria da gelmişti. Köyde ölüyü o hazırlardı. Arabadaki cesetle birlikte dışarıda bekliyorlardı, kazayla ölen birinin cesedinin içinde hâlâ yaşanan bir eve sokulamayacağına dair eski bir inanış yüzünden onu içeri getirmiyorlardı. Annem elindeki fenerle dışarı çıkıp onu içeri getirmelerini söyledi. "Burası onun evi. Bırakın da içeride yatsın."

"Tıraş olmak isterdi" dedi Maria. Bir iki gündür tıraş olmamıştı. Bana usturayı uzattı. "Sen yapmak ister misin?"

Bu adamın ölü olduğuna hâlâ inanamıyordum. Kafamı hayır anlamında salladım.

Böylece Maria babamı tıraş etmek üzere işe koyuldu; babamın kafasını kendi göğsüne yaslayıp sakin, akıcı hareketlerle usturayı kullanmaya başladı. "En iyi şekilde görünmek isterdi."

Annem köşede sessizce oturmuş gözyaşı döküyordu, olması gerektiği gibi. Kız kardeşim bazen ağlayıp bazen de boş gözlerle bakıyordu. Benim gözlerimse kuruydu. Hepimiz onun alışverişten dönerken içkili olduğu için aptalca bir kaza sonucu nehre düşerek öldüğünü biliyor ama söylemiyorduk.

Şimdi de ben Mösyö Huber'i tıraş ediyorum. Başını güvenli bir şekilde vücuduma yaslıyor ve ben emin hareketlerle onu tıraş ediyorum.

Bunu babam için yapamadım; ancak şimdi onun için yapıyorum.

## *30 Haziran*

Mösyö Huber arı kovanlarına doğru yürümemizi teklif etti. Mutfak bahçesinin hemen yanından başlayıp meyve bahçesinden geçen bir yol var, kenarında kol hizasında sabit kazıklara bağlanmış bir ip bulunuyor; Jacques'ın marifeti bu. Bir buçuk iki metrede bir, Monsenyör sayıp tam olarak nerede olduğunu anlayabilsin diye düğümler atılmış. Dallar çarpmasın diye de ağaçların budandığı dikkatimi çekiyor. Yine Jacques'ın marifeti diye düşünüyorum, ne kadar da itina gösteriyor ona. Kısmen ağaçların gölgesi altında kalmış serin bir alana geliyoruz, güneşin altında altı arı kovanı duruyor. Mösyö Huber bana övünçle burada ihtiyaçlarından çok daha fazlasını, hatta eşe dosta dağıtmaya yetecek kadar bal üretebildiklerini söylüyor.

"Ancak her kovandan azar azar alıyoruz. Hiçbir zaman bir kovanı tamamıyla tüketmeyiz. Bu arıları o kadar kötü etkiler ki, bir daha kovana dönmezler. Arılar bunu ancak çok *özel* durumlarda yaparlar. Arı kovanından ayrılmalarının dışında tabii."

Dikişsiz, geniş giyisisiyle arı kovanlarının ortasında duruyor, arılar yüzüne yaklaştıkça hiç kımıldamıyordu. Bir iki tanesi yüzüne tırmandı. Sakalımdan ter akmaya başladığını hissettim, sanki bir şeyler sakalıma tırmanıyormuş gibi geldi. Kıpırdamadan öylece durdum, nefes bile almıyordum. Sakalımı kaşımamak için kendimi zor tutuyordum.

"Şapkamı ve maskemi kullanabilirsin; ancak bugünlük buna ihtiyaç duyacak kadar çok kalmayacağız burada. Hem kovanları da açmayacağız zaten. Onları giymemizin sebebi kendimizi korumaktan çok onların saçlarımıza takılıp acı çekmelerini engellemek. Onlar yalnızca bir yerleri acıdığında sokarlar. Bu yüzden çok az sayıda sakallı arıcı vardır."

Sakalım olduğunu bilip bilmediğini merak ettim. Dahası, arılara yaklaşımı çok hoşuma gitmişti. Bu küçük yaratıklarla ilgilenişi. Hava güneşli ve çok sessizdi, vızıltıların dışında tabii. Yere yamuk yumuk yerleştirilmiş iki ahşap sandalye vardı. Ancak onun, oturduğu sandalyenin açısını tam olarak bildiği açıktı. Bana ötekine oturmam için işaret etti.

Kovanlara bakarak –göremediğini biliyorum– "Hepsi en azından bir kere kovandan ayrıldı, daha güçlüleri de iki kere. Bunu yapmaları sence de tuhaf değil mi, Burnens? Üretmek için bu kadar uğraştıkları balı neden bırakıp gidiyorlar?" dedi.

"Bilmiyorum, efendim. Bunu daha önce düşünmemiştim." O anda kafamı meşgul eden sakalım birden önemsizleşmişti.

"Ayrıca bu ayrılış sırasında kim onlara önderlik ediyor? Eski kraliçe mi yoksa yenisi mi? Eski kraliçe sürüsünü neden bu yeni gaspçıya bıraksın ki? Eskisi tarafından kovalanan yeni kraliçe olmalı mutlaka. Ama bana öyle geliyor ki, hem de bu çok güçlü bir his, arılar eski kraliçelerini, her şeyden öte annelerini bırakıp başkasının peşinden gitmezler. Sen ne düşünüyorsun?" Başını bir tarafa eğip beni dikkatle dinlemeye başladı.

Durgunluk ve sıcaktan sersemlemiştim. Sorularını dikkatle düşünmem zorlaşmıştı. "Her yaz oğulların ağaçlardaki kovanlardan ayrılışını gördüm; ama ben arıların bunu hep yaptığını düşünürdüm. Bu söyledikleriniz hiç aklıma gelmedi."

"Olanlar nadiren 'sadece olan' şeylerdir" dedi azarlayan değil de daha ziyade açıklayıcı bir ses tonuyla. "Çoğunlukla bir sebep olduğuna, bazen de bu sebebi keşfetmenin mümkün olduğuna inanırım. Bu çok tatmin edici bir şeydir. Nasıl olduğunu, nasıl başladığını anlamak için kovanda böyle bir oğulun oluştuğu ve kovandan ayrıldığı anı görmeyi çok isterdim." Durdu. "Yine de yapılması imkânsız bir gözlem gibi görünüyor."

Bunu imkânsız kılanın körlüğü olduğunu kastetmediğini biliyordum.

"Kovanın derinliklerinde olanlara gelince hepimiz körüz" dedi.

Eve döndük; öğle yemeğine bekleniyordu. Monsenyör'ün sözleri merakımı uyandırmıştı. Şimdiye kadar benim için tabiatın bir parçası olan oğulun oluşup kovandan ayrılması olayı, şimdi üzerinde çalışmaya değer bir konu oluvermişti. Ve Mösyö Huber'in sayesinde arı yetiştirecek bir köylü olmak yerine arılarla ilgi bilgi üretecek bir adam olabilirdim.

Bu akşam sakalımı tıraş ettim.

### *3 Temmuz*

Monsenyör aslında sakar bir insan değildir, ayrıca Madam da hareketlerinde çok zarif ve yumuşaktır; ancak onun körlüğüyle Madam'ın hamileliği birleşince bu bazen çarpışmaları anlamına geliyordu, hatta bu olay bugün üçüncü defa gerçekleştiğinde Madam'ın yüzünde aniden parlayıp sönen bir sıkıntı ifadesi gördüm. Ancak Monsenyör bunu anlamadı; çünkü Madam onunla yumuşak bir şekilde konuştu, hatta sınırlarını bilemeyecek kadar büyüdüğünü söyleyerek şakalaştı. Monsenyör gülümseyerek artık hamile kıyafetinin gizleyemediği büyük karnı okşadı. Madam onun elini tuttu, öteki eliyle de yanağını okşuyor, bir yandan da güzel sözler söylüyordu. Monsenyör dünyadaki en mutlu erkekmiş gibi görünüyordu. Neden olmasın ki?

Akşam yemeği sırasında mutfakta can sıkıcı bir olay oldu. Martha bütün gün yüzünde kendini beğenmiş mutlu bir ifadeyle dolaşmış, sebebi sorulduğundaysa hiçbir şeyden haberi yokmuş gibi davranmıştı; bu da Anna'yı belli ki kızdırmıştı (dudakları büzülmüştü). Madam mutfağa girip Martha'nın Pierre ve yeni bebeğin dadısı olacağını söylediğinde her şey anlaşılmıştı. Kız kardeşi Sarah bir hafta içinde aramıza katılacak, yeni hizmetçi o olacaktı. Madam, Jacques'a hepimize birer bardak şarap vermesini söyledi ve bizi akşam yemeğimizle baş başa bırakıp çıktı.

"Artık dadısın, ha Martha?" dedi Jacques. "Artık hepimizin sana Matmazel diye hitap etmesini istersin, değil mi?"

"Elbette hayır Jacques. Ben hâlâ Martha'yım" dedi odayı Matmazel olma fikriyle dolduran bir sesle. Dikkat çekici tavırlar takınmaya eğilimli biri olduğunu biliyorum; ancak iyi kalpli bir kız ve daha iyi yerlere gelmek istemesini gayet iyi anlıyorum.

"Ee, Sarah kaç yaşında?" diye sordu Anna. Martha'yı küçük düşürmeye çalıştığını düşündüm. Bu pek de kolay bir şey değil.

"On dört. İyi kızdır ama her şeyin tek tek söylenmesi lazım." İç çekti: Bu işi kimin yapacağı açıktı.

"Ya sütanne, o da evde mi yaşayacak? Bebek burada olmayacaksa senin dadı olmanın hiçbir anlamı yok."

"Ha, o mu?" Martha olayın en ilginç ve önemli kısmından haberdar birinin muzaffer edasıyla heyecanlandı. Masanın üzerinden bize doğru eğildi, biz de ister istemez kirli tabaklarımızın üzerinden ona doğru uzandık. "Bir sütanne olmayacak."

"Sütanne yok mu?"

"Hayır." Bir an duraksadı. "Çünkü Madam bebeğini kendi emzirecek."

"Ne güzel!" diye bağırdı Anna, pek de güzel olmadığını belirten bir ses tonuyla. Jacques o sırada ağzına götürmek üzere olduğu ekmek parçasını tabağına bırakıp şaşkınlıkla bakakaldı.

Anna'nın daha söyleyecek şeyleri olduğu belliydi. "Ben asla yapmazdım."

"Madam yeterince sütü olan birinin, emzirmesi için bebeğini bir başkasına vermesinin hiç de doğal olmadığını söylüyor."

"Bunun doğayla ne ilgisi var?" diye parladı Anna. "Madam itibar sahibi bir kadın. Bu da ondan beklenen bir şey. İnsanlar Monsenyör'ün ona sütanne tutamadığını, onun da emzirmeye mecbur kaldığını düşünecekler." (Sanırım "insanlar" derken büyük dostu ve rakibi, aynı zamanda köydeki büyük evin aşçısı Catherine'i kastediyor.)

Martha omuzlarını silkti. "Madam bunun İngiltere'de de böyle olduğunu söylüyor. Çok soylu hanımefendilerden bazıları da böyle yapıyormuş."

"İngiltere!" (Dinsizlerin ve zalimlerin ülkesi.)

"Para da dipsiz bir kuyudan gelmiyor, orası kesin" dedi Jacques konuşmayı bu utanç verici konudan uzaklaştırmaya çalışarak.

"Bir sütanne pahalıya mal olmasa gerek" dedi artık bir dadının maaşını alacak olan Martha. "Bu kararı o yüzden vermedi." Karşı çıkan bir ifadeyle Anna'ya baktı. "Daha küçücükken Pierre'den ayrı kalmak onu çok üzmüş ve bunu bir daha yaşamak istemiyor."

"Öyle bile olsa. Düşünmesi gereken bir kocası var. Erkekler karılarının... onlarla ilgilenmesini isterler. Belli mevkideki erkekler. Onlar isterler ki..."

"Monsenyör'ün seyyar bir göze sahip olması Madam Huber'i endişelendirmemeli" diye parladı Martha.

"Küstah!" diye bağırdı Anna, genç kadına tokat atmak üzereydi.

"Bu tür şeyleri konuşmak bize düşmez" dedi Jacques sert bir ses tonuyla. "Kalacak yerimiz ve midemizi dolduracak yiyeceğimiz olduğu için Tanrı'ya şükretmeliyiz. Hem de güzel yiyecekler."

Martha yarım yamalak bir özür diledi Anna'dan, o da başıyla onayladı. O ve Jacques'ın hiç çocuğu olmamıştı.

"O zaman iki hafta sonra" dedi Jacques. "Güzel. Her şey yolunda."

Martha şaşkınlıkla baktı. "Nereden biliyorsun bunu? Doktor yarın geliyor."

"Onu demiyorum" dedi aceleyle. "Benimkiler, benim tatlı bezelyelerim. Bebeğin ne zaman geleceğini öğrendiğimizde tohumları zamanında hazır olacak şekilde ekmiştim. Saklayıp her zamankinden daha geç ekmek zorunda kaldım onları. Ama iki hafta içinde mükemmel olacaklar."

Onun bahçesine duyduğu sevgisi birbirimize karşı yumuşamamızı ve gecenin geri kalanında iyi geçinmemizi sağladı. En azından ölçülü olmamızı.

## *8 Temmuz*

Monsenyör bana dişi ve erkek arıları ayırt etmeyi öğretiyordu. Dişiler daha ufak ve açık renkliydi, hem de dışarıda erkeklerden daha çok sayıda dişi uçuyordu. Başta ayırt etmekte zorlandım, bunu kabul etmek de istemiyordum; ancak bana basitçe bunu kabul etmem gerektiğini söyledi, şimdi daha zor görünüyor. Onları ayırt ettiğimde, yaptığım ayrımdan emin olmam uzun sürmüyor. Onları uçarken yakalıyor, sırtüstü tutuyor, kıvrandıklarını hissediyorum; bazen de sokuyorlar, bu çok acı veriyor. Onları inceliyor ve ikiye ayırıyorum: ufak dişiler ve daha büyük olan erkekler. Madam'ı çağırıyorum, o da yaptıklarımı denetliyor. Daha da büyümüş karnındaki bebeğiyle görkemli bir şekilde dışarı çıkıyor ve yaptığım ayrımı dikkatle inceliyor, sonra da "Hemen hemen doğru" diyerek tekrar içeri giriyor. Nedense yaptıklarımın denetlenmesi beni gücendiriyor. Her şeyden öte o, Monsenyör'e yıllarca yardım etti ve inanılmaz bir bilgiye sahip. Belki de onların yardımı olmadan Monsenyör için bir şeyler yapamamaktan korkuyorum. Hizmet etmek, öğrenmek için duyduğum bütün isteğim, eğer onların kendileri için oluşturdukları sınırların dışına çıkamazsak hiçbir işe yaramaz; bunun sevginin sınırı olduğunu da eklemeliyim.

"Kaç tanesi dışarıda?" diye soruyor.

Dakikada bir onları sayıp hesaplamam gerekiyor.

"Peteğin kaçta kaçı bal?"

Kovanı açıp kibarca çıkardığım bir peteği inceliyorum. "Peteğin yaklaşık yüzde yetmişi balla dolu."

"Tam olarak yüzde yetmiş mi? Altmış beşe mi yetmiş beşe mi daha yakın? İyice ölç."

Tahmin etme yeteneğime çok güveniyordum; fakat peteği tekrar ölçtüm. "Ölçümlerim kesin doğrudur diyemem, efendim, yaklaşık yüzde altmış beş."

"Güzel. Yaklaştın. Marie-Aimée'ye gelip onaylamasını söyle."

Onu çağırıp ölçümlerimi denetlemesini istedim, o da peteğe bakıp hesaplarımı doğruladı.

Monsenyör memnuniyetle kafasını salladı, ben de sessizce göğüs geçirdim.

Elini omzuma koydu. "Senden emin olmalıyım Burnens ve bunun tek yolu da bu. Karımın yargılarına güvenebileceğimi biliyorum, bu yüzden seninkileri onunkilerle karşılaştırmalıyım, şimdilik. Başlamaya çok hevesli olduğunu görebiliyorum; ama önce bu basit testleri geçmelisin."

Böyle hissettiğimi nasıl bilmişti? Hiçbir ipucu vermediğime eminim.

Bana *baktı*. "Etrafımda güvenebileceğim gözler olmalı. Bu da yaptıklarını tekrar tekrar denetlemem anlamına geliyor. Ancak ondan sonra sana güvenebilirim ve işimize devam edip senden sonuna kadar emin olabilirim."

Bunun doğru olduğunu biliyorum ve dişlerimi sıkıp devam ediyorum.

Vazifelerini teker teker bırakmak zorunda olan Madam için durum daha da zor. Yardımcısı, karısı, evin hanımı, doğum zamanı yaklaştıkça bunlardan vazgeçmek zorunda. Bunların hiçbirini kolay kolay bırakmıyor. Bazılarını gücüyle birlikte tekrar kazanacak; ancak bazılarını sonsuza kadar kaybedecek. İkimiz de biliyoruz ki, bir zamanlar onun olan görev alanlarının bir kısmından artık ben sorumluyum.

## *13 Temmuz*

Bebek bu akşam saat beşte doğdu; sağlıklı bir kız çocuğu Tanrı'ya şükür. Madam hiç bağırmadı ancak ara ara kulağımıza korkunç iniltiler geldi. Ebe bütün gün, doktor da son üç saat boyunca yanı başındaydı. Geri kalanımız da parmak uçlarımızda yürüyorduk. Ben Monsenyör'e kimyasal deneylerle ilgili bir şeyler okuyordum; ikimiz de kendimizi kelimelerin anlamına vermeye çalışıyorduk ki, yukarıdan aniden yürek paralayıcı bir ses duyduk. Bunun üzerine Monsenyör içi parçalanmış gibi bir ifadeyle başını salladı, sonra ayağa kalktı ve gidip arılara bakmamızı önerdi. İkimiz de evin dışında olmaktan mutluluk duyacaktık.

Jacques'ın yaptığı kenarında ip olan yoldan gidiyordu, ben de onu takip ettim. Öğlen olmak üzereydi ve insanı sersemleten sıcak bir yaz günüydü. Başka zaman olsa sıcaktan mayışmış bir halde pek konuşmadan orada otururduk; ama şimdi evdeki olağanüstü olay yüzünden Madam'ın sarf ettiği çabaya eşdeğer bir çaba gösterip bir şeyler yapma gereği duyduk.

"Hadi bugün erkek arılara bakalım" dedi, "ne gibi rolleri varmış görelim." Kırık dökük sandalyelerimize oturduk, benim önümde defterim vardı. "Evet, ne görüyorsun?"

Bu basit soruyu cevaplamak hep zor olmuştu. Ne görüyordum ki? Ne görebilirdim ki? "Kovandan dışarı uçan arılar görüyorum ve polenlerle geri dönen arılar."

"Dışarı uçan arılar, geri dönen arılar. Aralarında hiç erkek arı görüyor musun? Onları ayırt edebileceğinden emin misin?"

Bunu yapabildiğimi çok iyi biliyor. Bundan emin olmak için girdiği zahmeti ikimiz de biliyoruz. "Evet, efendim. Erkek arılar daha büyük, renkleri daha koyu. Dışarıda uçanların arasında henüz bir erkek arı görmedim."

"On dakika kadar izleyelim."

Gözlerini kapatıyor ve biliyorum ki benimkilere güveniyor. Güneş öyle bir noktaya yükseldi ki hiç gölge yok, terin yüzümden aşağı süzüldüğünü hissedebiliyorum. Dokuzuncu dakikada bir erkek arı dışarı çıkıyor. "Biri dışarı çıktı" diye bağırıyorum, gülümsüyor.

"Çıktı mı? Bugün çok hareketliler. Nereye gitti?"

"Yakınlarda kırmızı bir yonca var."

"Yakınlarda olmalı. Uzağa gitme zahmetine katlanmaz."

Bu kadar uzaktan evdeki çığlık sesini duymamız imkânsızdı; fakat bir çığlık sesi duyar gibi olduk.

"İşini bitirdi, şimdi geri dönüyor."

"Evet, kısa günün kârı. Onu yakalayabilir misin?"

"Denerim, efendim." Gerçeği söylemek gerekirse hâlâ canlı bir arıyı tutarken duyduğum korkuyu üzerimden atabilmiş değilim. Ne zaman beni soksalar bu çok acı veriyor. Bunu yapmamı sağlayansa, görebilse Mösyö Huber'in de bunu yapacağına dair kesin inancım. O nasıl körlüğünden kaçmıyorsa, ben de bir arının sokmasından kaçmamalıyım. İlk kez başıma geldiğinde şaşkınlıktan bir çığlık atmıştım; ancak bunu bir daha yapmayacak kadar tetikteyim. O zaman ne olduğunu hemen anlamış ve kendi zevki için beni acı çekmek zorunda bıraktığından dolayı özür dilemişti. Ona birkaç arı sokmasına dayanabileceğimi söyledim. Bu doğru; çünkü iş yeterince ilgi çekici, ayrıca edindiğim bilgi de bu acıyı fazlasıyla telafi ediyor. İkinci kere sokulduğumda hiç ses çıkarmadım ve sanırım onun fark etmemesini sağlamayı başardım.

"Arılar üzerinde çalışırken" dedi, "sokulma ihtimalini her zaman göz önünde bulundurmalıyız, hatta bunu hoş karşılamalıyız, aksi takdirde duyduğumuz korku bizi yener."

Başımla onayladım. Bu tür hareketleri göremediğini hâlâ unutuyorum. Ama zaten söyleyecek bir şey de bulamıyorum genelde. Onun hakimiyeti, aramızdaki yaş farkından kaynaklanan saygı sınırı, körlüğü, bunların hepsi doğru kelimeleri bulmamı zorlaştırıyor. "Her arı sokması bizi daha güçlü kılar" dedim aniden.

"Çok güzel" dedi. "Yine de korkarım bunun üzerine sıkı bir çalışma yapsak, seninkisi benimkinden daha çok acıya mal olurdu."

"Buna değer." Birden beklenmedik bir heyecana kapılmıştım.

"Belki." Kaşlarını çattı. Bu adam neyin uğraşmaya değer olduğunu iyi düşünmek zorunda. Körlüğü, kaynaklarını belirleyip onları zekice kullanmasını gerektiriyor.

"Erkeği yakaladın mı?"

"Evet, efendim."

"Şimdi dizlerindeki polen keselerine dikkatlice bak. Kovana ne kadar polen getirmiş?"

Onu dikkatlice, beni sokamayacağı bir şekilde tutuyordum. "Şey, hemen hemen hiç, efendim. Sol dizindeki kese tamamıyla boş, sağdakinde de çok az var."

"On dakika boyunca dışarıdaydı. Karnını doyurdu ve eli boş döndü. Şimdi onu kovana bırak. Biraz da petekten beslendikten sonra bu zor günün ardından dinlenmek üzere kovandaki en serin yeri bulacak kendine. Bu sırada da kız kardeşleri, yani işçiler, eve yiyecek getirmek için saatler boyu gerekirse kilometrelerce uçuyorlar. Ondan, o asalak erkek arıdan nasıl da nefret ediyor olmalılar."

"Fakat onu yeterince hoş görüyorlar" diye atıldım.

"Evet, aslında ona yer verip bir yük olarak kovanda ona katlanıyorlar. Reaumur, dişinin peteği kirletmektense bağırsak hastalığından ölmeyi bile göze aldığını gözlemledi; ancak erkek arı gidip canı istediği zaman peteğe dışkısını bırakıyor. Ve işçi de gelip bunu her seferinde temizliyor. Neden?"

Cevaplaması zordu ancak düşünmeye çalıştım. "Erkeğin bir görevi olmalı. Bazı hayvanların erkeklerinin yavruları korumak, yiyecek getirmek gibi görevleri olur."

"Fakat erkek arıların yok. Gördüğümüz kadarıyla hiçbir işe yaramıyorlar. Kovanı kurutuyorlar. Fakat bir sebebi olmalı, her şeyin önünde sonunda bir sebebi vardır. Üremek için olmalı herhalde, değil mi?"

"Evet, efendim" dedim, hiçbir fikrim yoktu, o yüzden onaylıyor görünmek istemiştim.

"Peki o zaman neden bu kadar çoklar? Seksen bin arıdan oluşan iyi bir kovanda beş bin erkek arı bulabiliriz. Bir kraliçeyi döllemek için bu kadar fazla arıya ihtiyaç olmasa gerek. Eğer döllüyorlarsa tabii. Ondan bile emin değiliz."

"Sayısız yumurtası var" diyerek şansımı denemek istedim ama kafasını hayır anlamında salladı.

"Koyunları, inekleri düşün. Eğer bir çiftlikte yüz koyunun varsa bir ya da iki erkek koyun bu görevi fazlasıyla görür. Bir kovanda neden bu kadar çok erkek arı olması gerektiğini anlamıyorum."

"Dişi arı için zor olmalı" dedim; annemin babamdan çektikleri aklıma gelmişti.

"Neden böyle söyledin?" Cevabını hemen hemen bildiği bu soruyu biraz merakla sormuştu.

Aklımdan geçenleri söyleyemedim. Çocuk doğurmanın verdiği acılarla ilgili bir şeyler mırıldandım, söylediklerim doğruydu; fakat bütün gerçekleri içermiyordu. O anda kendimi tekmelemek istedim; çünkü doğumdan bahsederek yüzünde bir ıstırap ifadesinin oluşmasına sebep olmuştum; ikimiz de eve doğru kulak kabarttık. Ancak ağır öğlen havasını bozacak hiçbir ses, hiçbir hareket yoktu.

Tekrar kovanlara döndü. "Genç omuzlarının üstünde yaşlı bir baş var sanırım, François."

Bana ilk defa ilk ismimle hitap ediyordu. İçimi bir sıcaklık kaplamıştı ama aynı zamanda rahatsız da olmuştum; sanki geçmişimdeki bir hatanın beni bu duruma getirdiğini düşünmüştü.

Aceleyle, "Babam ben küçükken öldü, efendim. Anneme ve kız kardeşime ben bakmak zorunda kaldım" dedim.

"Bunu çok iyi yaptığından eminim" dedi.

Sonra evden bir çığlık geldi, ayağa fırladık, o anda bağırıp dikkatimizi çekmek için kollarını delicesine sallayarak bize doğru koşan Martha'yı gördük.

"Uzat elini" diye bağırdı, ben de uzattım; böylece adımlarımı takip etti. Meyve bahçesinden sonra mutfağın bahçesinden de geçtiğimiz bütün o yol boyunca kendimi uzun süredir hissetmediğim kadar mutlu ve hafif hissettim: Küçükken babamla yaptığımız o dağ yürüyüşleri, pembe, sarı, mavi renkli yabani çiçeklerle dolu birbiri ardınca uzanan tarlalar; o yollarda yürümek cennete giden yolda yürümek gibiydi.

### *16 Temmuz*

Ev halkının yüzünde bir gülümseme var. Jacques'ın tatlı bezelyeleri mükemmel oldular. Güzel çiçekler yetiştirmek birkaç yıldır onun en büyük tutkusu olmuştu. Her gün, akşam yemeğinden biraz önce bitkilerine bakmaya gidiyor, tohum vermeyen zayıf çiçekleri kesiyor ve seçtiği çiçeklerin etrafına onlar olgunlaşmadan tohumları düşüp kaybolmasın diye küçük kağıtlar bağlıyor. Pierre bunları çok komik buluyor, onlara kağıttan çanta çiçekleri diyor. Bu arada ev de, onların tatlı renkleri ve hoş kokularıyla dolup taşıyor. Elbette pek çok arkadaşları onları ziyarete geldi; ancak Madam onların bahçıvanlarının çiçeklerine Jacques'ınkilere verdiği değeri asla vermediğini özellikle belirtiyor. O da bu kibar sözlerden çok keyif alıyor. Bana kalırsa (biraz kabaca olacak ama ne yapayım işte bu da benim köylü tarafım) bu his yılda birkaç franka değer.

Bugün başka bir demet daha getirdiğinde Monsenyör ona, "Bunun sana neye mal olduğunu biliyorum Jacques. Kopardığın her çiçek senin için bir sonraki yıl ekecek daha az tohum demek. Onları bir sürahide görmektense bahçede görmeyi yeğleyeceğini biliyorum."

"Bu doğru, efendim; fakat yeterli tohumun kalmasına dikkat ediyorum."

“Onları koklamama izin ver. Çok güzel.” Parmakları nazikçe çiçeklerin üzerinde gezindi. “Gördüğüm kadarıyla bunun üstünde derin bir kıvrım var.”

“Onunla gurur duyuyorum. İşin kötüsü her geçen yıl kıvrım derinleştikçe kokusunu kaybediyor. Ancak şurada neredeyse tamamı mavi renkte bir tane var, hemen hemen hiç pembe yok içinde. Onunla da gurur duyuyorum.”

“Böyle bir ilgi alanın olduğu için çok şanslısın. Renkler, şekil, koku; hepsinin üstünde birden çalışabilmek, o kadar çok ihtimal var ki.” Sesinin tonunda özlem vardı.

“Gerçekten öyleyim, efendim. Sanırım bu ilgi alanım kovulmama sebep olacak.” Jacques çok emin konuşmuştu, Monsenyör güldü.

“Uzun bir süre böyle bir şeyin olacağını sanmıyorum.”

### *21 Temmuz*

Monsenyör son zamanlarda beni pek çağırmıyor. Zamanının çoğunu bebeğinin yanında geçiriyor, bana da bir şeyler okuyup yazmam için bolca zaman bırakıyor. Nerede olduklarını bilsin diye yanlarına sadece bir not bırakarak kütüphanesinden istediğim kitabı alabileceğimi söyledi. Bunu her insan gibi kütüphanesi üzerindeki hakimiyetini korumak için istediğini düşündüm. Bu metinleri odama götürebilmenin benim için ne anlama geldiğini ona anlatmaya çalıştım; fakat yalnızca gülümseyip ne kadar çok okursam ona da o kadar çok yardımcı olabileceğimi söyledi. Hiç aksatmadan her gece dizlerimin üstüne çöküp buradaki yerim için Tanrı’ya şükrediyorum.

## *23 Temmuz*

Sanırım Madam için yatıp uzanmak çok zor; çünkü o ayakta olup sürekli etrafta dolanmak isteyenlerden. Odasından sürekli olarak rica ve emir yağdırıyor. Doktor ona iki hafta ev işleriyle ilgilenmemesini söyledi; fakat söyledikleri bir kulağından girip ötekinden çıkıyor. Tıpkı beklediğimiz gibi Martha, büyük bir öneme sahipmişçesine etrafta koşuşturup Madam'la ya da bebeğiyle doğrudan ilgili olmayan hiçbir şeye elini sürmüyor. Ancak ablasına hayranlığı açıkça belli olan küçük Sarah'ya bir dizi emir vermeyi çok iyi başarıyor ve bu konuda elinden geleni yapıyor. Ama küçük kız henüz on dört yaşında ve erişkin bir kadının gücüne ya da bilgisine sahip değil. Buna rağmen kardeşinden daha güzel olduğunun farkında ve gençlere özgü tarzıyla ev işlerinin düzenini bozuyor.

Anna bütün gün Madam'a hafif, besleyici yemekler yapmak, ziyaretçiler için de lezzetli sofralar hazırlamak için uğraşıyor; biz de geriye kalan ne varsa onu yemek zorunda kalıyoruz. Benim için fark etmez, uzun da sürse her öğün peynir, ekmek ve sosis yemekten memnunum. Ancak evde Madam'ın hem başımızda olup hem de bir şey yapamaz durumda olmasından kaynaklanan bir rahatsızlık havası var. O olmasa bir yönden daha kolay olabilirdi, her şey farklı bir şekilde düzenlenirdi o zaman. Bugün Monsenyör'e akşam yemeğini götürdüğümde iç çekip yemeğini Marie-Aimée yedirmediğinden hiç iştahının olmadığını söyledi. (Yemeğini parçalara hep Madam ayırır.) Yemeğini Madam'ın yatağına götürmeyi teklif ettim ama Martha uyuduğunu, buna da çok ihtiyacı olduğunu söyledi; zavallı şey (başını sallıyordu), bebek emzirmek Madam'ın tahmin ettiğinden de zordu.

Bazen düşünüyorum da Mösyö Huber kör olmasa, böylece bana ihtiyaç duymasa ve ben de burada olmasam her şey nasıl olurdu? O zaman ev halkı, Huber Ailesi, Jacques, Anna, Martha ve Sarah'dan oluşacaktı. Ev halkı yine de işleri dengeleyecek bir erkeğe ihtiyaç duyar mıydı? Peki bu bir uşak mı yoksa kahya mı olurdu? Paraya bağlı. Bir kahya olması Jacques'ın itibarının düşmesi demekti. Fakat bir uşak evin en yaşlısı olarak yükselmesi anlamına geliyordu.

Sanırım bunu düşünmemin sebebi kendi konumumun belirsiz olması. Mösyö Huber'le herkesten fazla vakit geçiriyorum ve o da evin efendisi. Birlikte yemek yediğimizde yaşından ve uzun hizmetinden dolayı Jacques'a boyun eğeceğimi biliyorum; ancak Madam'a yakınlığına rağmen Martha'yla eşit seviyede olmadığımızı da biliyorum.

Sanki Monsenyör'e hiç para kazandırmayan ancak evin tamamına bir amaç duygusu ve ciddiyet yükleyen bir işte ona yardım ediyor gibiyim. Burada yaşayan, düşünen bir insan söz konusu, körlük ise tamamıyla tesadüf.

(*Not: Bundan sonraki birkaç ay boyunca amcam, evin yeni üyesine alıştıkça ev halkının eski düzenine nasıl kavuştuğunu anlatıyor. Pierre'in küçük kız kardeşinin gözlerine bir iki defa parmaklarını soktuğu olaylar da var tabii; ama bunlar tatlılıkla hallediliyor. Martha da bir dadı olarak sorumluluklarını bilip bunları ötekilerin canını sıkmak için kullanmamayı öğreniyor. Amcam yeni hayatından büyük bir keyif almaya devam ediyor; ailenin kaidelerine, bağlılığına ve değerlerine daha çok alıştıkça Mösyö Huber için de vazgeçilmez olmaya başlıyor. Alise de Moivre.*)

# 1786

*30 Ocak*

Mösyö Huber anlaşılır sebeplerden dolayı yer buzlu olduğunda pek dışarı çıkmıyor. Öğleden sonraları kütüphanedeki şöminenin karşısında uzun saatler geçiriyoruz. Her türlü hava koşulunda dağlarda yürüdüğüm zamanlara göre kendimi daha az dayanıklı hissediyorum. Başka biri olsa evde geçirdiği aylar boyunca okur, yazar, resim yapar, kitaplarının listesini yapıp işleriyle ilgilenmeyi beklerdi; Monsenyör'ünse dolduracak birçok boş vakti oluyor.

Ancak görmeden yapabileceği tek şey antika dolabını yeniden düzenlemek. Böyle zamanlarda Pierre de ona katılıyor. Dolabın kendisi, abanoz ağacından ustalıkla yapılmış çok değerli ama sade bir mobilya, böylece en çok ilgiyi içindeki eşyalar çekiyor. İçerde bronz madalyalar, rengarenk kaya kristalleri, fosiller, Ortaçağ'dan kalma bir ilahiler kitabı, balmumundan yapılmış bir tablo (balıkçı ve ailesi), doldurulmuş küçük hayvanlar ve kuşlar, su mermerinden yapılmış kabartmalar, İsa'nın çarmıha gerilmiş sedeften heykeli, bağa içinde çobanlar ve periler, "Ölüm"ün davulcu şeklindeki, ıhlamur ağacından yapılmış bir Alman oyması, üstünde bir adamın oturduğu eşek şeklinde İtalyan tarzı gümüş bir lamba. Adamı hafifçe ittiğinizde yağ koyacağınız yer açılıyor.

Pierre'in en sevdiği bu sonuncusu. Adamı itmeye bayılıyor, bu kadar kolay eğilebilmesine gülüyor, bir yandan da adamın aynı şekilde tekrar tekrar itilebilmesiyle eğleniyor; mükemmel bir sanatçılık örneği. Daha ilginci ya da korkuncu, gerçek boyutta, balmumundan yapılmış hastalıklı bir el. Parmakların ikisi öyle bir kıvrılmış ki neredeyse avuç içini parçalıyor. Geri kalan parmaklarsa pençe gibi duruyor.

"Bu on dördüncü yüzyıldan kalma" dedi Monsenyör Pierre'e. "Yani bin üç yüz doksanlar. Çok uzun zaman önce. Buna adak deniyor. Hastalıklı ele sahip biri bunu yaptırıp sonra da kiliseye koydurtmak için para vermek zorundaydı."

"Elleri iyileşiyor muydu peki?"

"Hayır, sanmıyorum. Belki onlara umut veriyordur, eğer umudun varsa..."

Dolapta çok değerli olduğu için Pierre'in dokunması yasak olan bir eşya var: Bir çatal ve bıçak. Çatalın uçları ve bıçağın keskin kısmı en güzel, nadide gümüşten yapılmış, tutulacak yerleri ise Mars ve Venüs şekli verilerek fildişinden oyulmuş. Mars'ın bir yayı var ve ipi neredeyse bir saç telinden daha ince. Pierre onlara dokunamayacağını kabul ediyor.

"Hiçbir zaman kullanamayacağın bir çatal ve bıçak yapmak aptalca."

"Evet, bence de. Ancak insanlar eğer gerçekten iyi yapılmışlarsa aptalca şeyleri seviyorlar."

İkisinin arasında Monsenyör'ün en azından zorluk çekmeden asla kıramayacağı bir gerginlik var. Bunu görebiliyor ve Pierre'in de bunu bildiğini anlayabiliyorum. Kimseye... ihanet etmek istemiyorum.

Monsenyör çatala ve bıçağa dokunabiliyor; çünkü parmakları çok hafif. Yıllar boyunca yumuşak ve zarif bir şekilde dokunmayı çok iyi öğrenmiş, aksi takdirde narin şeyleri kolayca kırabilir. Elbette oğlunun onlara dokunup dokunmadığını göremez; Pierre de bunun farkında. Parmaklarının istekle onlara yaklaştığını görebiliyorum; ama sonra bıçağı çatalın biraz daha yakınına koymaktan başka bir şey yapmıyor; küçük bir işaret sadece.

Antikalar bir insanın ilgisini bütün gün çekemez elbette, bu yüzden de Monsenyör'ün bilime olan ilgisi onun için bir nimet. Kafasını saatlerce meşgul edebilir. Ama gün gelecek Monsenyör kurama doyup uygulamaya geçmek isteyecek, körlüğü buna engel olduğunda da hayal kırıklığına uğrayacak.

## *15 Şubat*

Çok soğuk bir gün, gökyüzü gri. Bütün öğleden sonrayı şöminenin yanı başında, kraliçenin bana yaz sıcağını hatırlatan döllenme olayıyla ilgili bir şeyler okuyarak geçirdik. Dışarıdaki buz gibi soğuk dünyayla Monsenyör'ün içinde sürekli tutuşan ilgi arasındaki zıtlığı seviyorum. Kraliçenin nasıl, ne zaman, nerede döllendiğine ya da böyle bir olayın gerçekleşip geçekleşmediğine dair sorular kafasında arı gibi dolaşıyor. Bu soruları yanıtlamak için de inanılmaz bir tutku duyuyor.

Bana hangi kitaplara başvurmam gerektiğini söyledi, ben de bir metin hazırladım. Kulağa küstahça geliyor. Demek istediğim ilgili sayfaları bulup aralarına kağıtlar koydum ki, bir kişiden ötekine kolayca geçebilelim.

(Rahip Rigaud bana, yeni bir çalışmaya başladığımda onu "kendime ait" hale getirmemi söylerdi. Onu o kadar iyi öğrenmeliydim ki, sonsuza kadar benim olabilsin. Bu da üzerinde tekrar tekrar çalışmam demekti. Şimdiyse bu, yazmaya devam etmem demek. İşte böyle. Bugün pazar ve yazacak boş vaktim var.)

Kraliçenin döllenmesiyle ilgili pek çok farklı fikir bulunuyor. Saygıdeğer Charles Bonnet bu zamana kadar keşfedilmiş her şeyi kitabında toplamış. Mösyö Bonnet, Mösyö Jean Huber'in arkadaşı; ama Monsenyör onunla kendi adına ilgilenmek istiyor.

Mösyö Bonnet'ye göre Swammerdam, arıları dikkatle gözlemlemiş; fakat bir erkek arının kraliçeyi döllediğini hiç görmemiş ve kraliçenin yumurtlaması için çiftleşmenin gerekmediğine karar vermiş. Swammerdam, erkek arıların bazen çok güçlü bir koku yaydıklarını fark edip, bu "*aura seminalis*" in dişinin vücuduna girip döllenmeyi etkilediğini düşünmüş. Bu, kovandaki erkek arıların yüksek sayıda olmasını da açıklıyor. Yeterince yoğun ve kuvvetli kokunun yayılması için çok sayıda arıya ihtiyaç olacaktır.

"Sadece öyle tahmin ediyor" dedi Monsenyör. "Kokuyu fark ediyor. Güzel. Fakat bunun döllenmeyi etkilediğini söylemek yersiz. Evet, bu erkek arı sayısını açıklıyor ama bu hiçbir şeyi kanıtlamaz. Deney yapmamış, söyledikleri varsayımdan öteye gidemez." Bu kadar iddialı konuşmuş olmasına kendisi de şaşırmış görünüyordu. "Swammerdam'a büyük saygı duyarım. Gözlemleri cesurca, birer esin kaynağı."

Okumaya devam ettim. Mösyö Reaumur kraliçenin döllenmesini gerçek bir çiftleşmeye bağlamış; ancak deneyleri buna kanıt olacak şekilde sonuçlanmamış. Kraliçeyi birkaç erkek arıyla cam bir kutuya kapatmış, kraliçe erkek arıya yaklaşmak için birkaç harekette bulunsa da döllenmeyi sağlayacak bir yakınlaşma görememiş.

"Yani hiçbir şey kanıtlanmamış. Soru hâlâ yanıtsız."

İngiliz doğabilimci Mr. de Braw titiz gözlemler yapmış ve yumurtaların yumurtlandıktan sonra dıştan döllendiğini savunuyor. Yumurta hücrelerinin altında beyaz ya da er suyu olabilecek bir sıvı olduğunu gözlemlemiş, bu sıvıyı erkek arıların hücrelere bıraktığını iddia etmiş. Bir kraliçeyi birkaç erkek ve işçi arının ortasına koyarak bir deney yapmış. Erkek arıların sözümona üstlerine sıvılarını bıraktığı ve içinden kurtların çıktığı yumurtaları yumurtlamış kraliçe. Fakat kraliçe yanında bir erkek olmadan kapatıldığında ya hiç yumurtlamamış ya da boş yumurtalar yumurtlamış.

Monsenyör düşünceli bir şekilde kafasını salladı, bir yandan da piposunu şömineye vuruyordu. "Bu da yine, neden bu kadar çok erkek arıya ihtiyaç olduğu sorusunu yanıtlıyor. Fakat büyük bir yanlış var. Eylülden nisana kadar kovanda hiç erkek arı bulunmuyor; ama kraliçenin verdiği yumurtalar verimli. Er suyunun yılın bazı zamanlarında gerekli, bazılarında da gereksiz olduğunu mu varsaymalıyız yani?" Kaşlarını kaldırıp bana baktı, ben de bunun ihtimal dahilinde olmayacağına karar verdim.

### *16 Şubat*

Bugün Lusatyan ekolünün, özellikle de Mr. Hattorf'un konuyla ilgili fikirlerini okuyarak çalışmalarımıza devam ettik. Ona göre kraliçe, bir erkekle bir araya gelmeden kendi kendini döllüyor. Bu fikri de, döllenmemiş bir kraliçeyi erkek arı olmayan bir yere kapatıp birkaç gün sonra o yerde yumurta ve kurtlar bulduğu deneyden sonra edinmiş.

Monsenyör odanın içinde gidip geliyordu. "Küçük bir erkek arının içeri girmediğini nereden biliyor? Erkek arılar bir kovandan ötekine kolaylıkla geçebilirler. Hiçbir erkek arının içeri girmediğini temin etmek için ne gibi önlemler almış? Bu ikna edici bir deney değil."

Konuştuklarına dalmıştım, sustuğunduysa birden gözlerimin önüne bir grup dâhi, düşünen adamın görüntüsü geldi, gerçeğe giden yolu arayan, hatta bazen körü körüne... Monsenyör'ün körlüğü karısı tarafından o kadar iyi idare ediliyor ki, kendini deneyecek başka bir zemin arıyordu; bu da gerçeğe giden yolu aramak olmuştu. Bu düşüncenin bıraktığı tesir o kadar güçlü olmuştu ki, bir şeyler yapmalı, söylemeliydim.

"Ne oldu?" dedi.

"Hatırlıyorum da efendim, küçükken yetişkinlerin her şeyi bildiklerini düşünürdüm. Sanki varolan her şey anlaşılabilirmiş gibi. Şimdiyse görüyorum ki, bir kraliçe arının nasıl yumurtladığı gibi basit bir şey bile anlaşılamıyor. Ve bunun için uğraşmaya, bunu ortaya çıkarmaya değdiğini düşünüyorum. Ama daha önce bunun bu kadar karmaşık olabileceğini hiç düşünmemiştim. Özür dilerim efendim, bunun konuyla bir alakası yok." Bu son sözleri dile getirdim çünkü ona aklımdan geçenleri söylemeye alışık değilim. Ne olursa olsun ben onun uşağıyım, bu uygun kaçmıyor.

Güldü. "Bu tam da konuyla alakalı. Bir tabiat tarihçisinin doğuşunu tarif ettin. Kısaca..." Bir pencereden ötekine gidip geliyordu. Soluk kış güneşi yüzünü hafifçe aydınlatıyordu. Yürürken düşünüyordu. "Dört farklı görüş: koku, cinsel birleşme, sonradan döllenme, kendi kendine döllenme. Hiçbirinin doğruluğu ya da yanlışlığı kanıtlanmamış."

Martha, akşam yemeğinden önce Madam'ın onu salonda beklediğini söylemek üzere kapıdaydı.

"Tamam, tamam geliyorum." Martha gitti. "Arıların yaptıklarıyla ilgili ne söylersek söyleyelim akşam yemeğinde masamızda bal mutlaka olacak" dedi. Kapıya kadar gidip durdu, sanki kafasındaki düşünceleri tamamlamaya çalışıyordu.

"Ortada çok basit bir soru var, çok açık, karmaşık da değil; yalnızca bir mekanik sorunu fakat kimse neler olduğunu bilmiyor." Yüzü heyecandan parlıyordu "Bunun nasıl olduğunu deneyle anlamak mümkün. Ya da en azından nasıl olmadığını."

"François." Marie-Aimée sesleniyordu.

"Geliyorum sevgilim." Tekrar bana döndü. "Bunu gözlemleyen ilk kişi olduğunu bir düşün Burnens. Bu alan, üzerinde çalışılmaya hazır. Çok verimli olabilir, insan bu konuda isim yapabilir." Başıyla beni işaret etti. Bunun bir önemi olduğunu biliyorum, gerçekten bundan bir şey çıkabilir.

Dört doğabilimciden hangisinin haklı olduğu konusunda hiçbir fikrim yok, tabii biri haklıysa. Döllenme hiç kimsenin düşünmediği bir şekilde gerçekleşiyor da olabilir. Şimdi ben de yanıtı bulmak istiyorum, en az Mösyö Huber kadar. Monsenyör haklı, bunu gözlemlemek müthiş bir şey olurdu, bir insan için çok değerli bir şey...

## *30 Mayıs*

Mösyö Jean Huber bugün saygıdeğer doğabilimci Mösyö Charles Bonnet'yi akşam yemeğine çağırdı. Monsenyör ve Madam misafirleri için her şey mükemmel olsun diye diken üstündeydiler. Birkaç gün önce ben mutfaktayken Madam, Anna'yla mönüyü tartışıyor, o da kızarmış et yapmamak konusunda ısrar ediyordu.

"Neden?" dedi Madam sertçe. "Kasabın parasını ödedik. Büyük bir parça et alabiliriz."

"O yaşlı bir adam, değil mi Madam?"

"Altmışlarında. Neden?"

"Dişleri, Madam. Yaşlı insanlar eti hâlâ çok severler ama kızarmış eti çiğnemek onlar için çok zor olabilir. Güveç yapsak?"

"Güveç mi? Daha iyi bir şeyler yapabiliriz herhalde."

"Nasıl isterseniz Madam." (Yavaşça içini çekti.) "Elbette güveç ve bol miktarda yumuşak biftek olacak. Bu da iyi kalitede et demek. Ucuz değil."

Sonuç olarak yemekte tavşan rostosu, turta ve Mösyö Bonnet'nin zevkten dört köşe olarak iki, hatta üç porsiyon yediği biftek vardı. Bir lokma daha yiyemeyeceğini söyledi ama, yemeğin ardından gelen palûze için nasılsa midesinde yer buldu. Anna'ya övgüler yağdı, o da bunları nazikçe kabul etti, tıpkı yapması gerektiği gibi.

Yemeklerini bitirdiklerinde Monsenyör, benim de onlarla birlikte gelip kütüphanede hazır bulunmamı söyledi, böylece konuşma sırasında konuyla ilgili olabilecek herhangi bir kitabı bulabilecektim. Mösyö Bonnet'nin yaşı düşünülerek şömine yakılmıştı. Oda yanan odunlardan etrafa yayılan duman, arı balı cilası ve eski kitap kokuyordu. Ve tabii ki tütün. Monsenyör, pipo içerken onlara katılmamı teklif etti; ancak işin gerçeği hiçbir zaman öksürüp kendimi aptal yerine koymadan pipo içemediğim için bunu odamda tek başıma denemeyi tercih ederim. Onun yerine kendimi faydalı olmaya yoğunlaştırdım ve bu eğitimli, bilgili insanlarla kahve içerken yoğun, tarif edilemez bir memnuniyet duydum. Bir yıl önce böyle bir şeyi hayal bile edemezdim.

Temmuz ve ağustos aylarında son oğulun da kovandan ayrıldığından ve arıların erkek arılardan kurtulduğundan bahsediyorlardı. İşçilerin erkek arıları kovanın derinliklerine doğru kovaladıklarını gözlemleyebiliyoruz; fakat çok karanlık olan o yerde ne yaptıkları hakkında hiçbir fikrimiz olamıyor. Aynı zamanda kovanın dışında da pek çok ölü erkek arı bulunuyor ve bunları dişi arıların sokarak öldürdüğü de açık.

"Dışarıda çok sayıda erkek arıyı soktukları doğru ama kimse onları petekteyken bunu yaparken görmemiş" dedi Mösyö Bonnet, piposunu sallayarak. "Onları kovandayken sokmamalarının da bir sebebi olmalı."

"Eğer erkek arı petekte ölürse, peteği temiz tutmak için ölüyü kaldırmak zorunda kalacaklar" dedi Monsenyör, o da kendi piposunu sallamıştı ve bu hareket Mösyö Bonnet'nin yaptığı harekete tuhaf bir şekilde benziyordu. (O da neredeyse kör. Gençliğinde mikroskopla çok fazla çalıştığı için böyle olduğu söyleniyor.) Monsenyör'ün Mösyö Bonnet tarafından ciddiye alınmak istediğini apaçık anlayabiliyordum. Koltuğuna rahatça yaslanmış babası, havadan sudan konuşuyormuş gibi bir havadayken, Monsenyör koltuğunun ucunda oturmuş dikkatle söylenenleri dinliyordu.

Mösyö Bonnet sözüne devam etti, "Belki de sürü halinde kovanın derinliklerine götürülüp açlıktan ölmeleri sağlanıyordur. Oradaki ölüler sorun da yaratmaz; zira petekten çok uzaktalar. İşçiler yönünden çok mantıklı; son ayrılıştan sonra kovan kaynaklarını korumalı çünkü bal özü mevsimi sona erdi ve kış gelmek üzere. Erkek arılar hiçbir işe yaramıyor ve gelecek yıl yenileri doğacak. Hazırdan yemesinler diye açlıktan ölüme terk edilirler."

Monsenyör heyecanla başını salladı. "Çok mantıklı Mösyö. Fakat emin olmak, onları derinliklerde görmek lazım."

Mösyö Bonnet gülümsedi. "Haklısınız dostum ama hiçbirimiz kovanın o kadar derinliklerini göremeyiz. Korkarım bu ayrıntılar hep belirsiz kalacak."

Monsenyör başıyla onayladı; fakat biliyorum ki Mösyö Bonnet'nin de söylediği gibi hiçbirimizin göremeyeceği o derinliklerde neler olduğunu öğrenebilmek için yanıp tutuşuyor. Mösyö Bonnet'nin erkek arıların açlıktan ölmesi konusundaki iddiasını sorgulayamaz; çünkü aksini iddia edebileceği bir kanıt yok elinde. Ayrıca Mösyö Bonnet'nin uzmanlık alanındaki itibarı, otuz yıl önce yaprak bitleriyle ilgili yapmış olduğu örnek çalışması ve genel olarak böcekler üzerindeki olağanüstü bilgisi Monsenyör'ü onun fikirlerine saygı duymaya zorluyor. Fakat şunu da itiraf etmeliyim ki, bence o çok yaşlı ve henüz bir yolunu bulamasa da Monsenyör'ün yapmak istediği gibi derinlemesine deneyler yapmak yerine artık daha çok düzeltme ve karşılaştırma yapıyor.

Mösyö Bonnet'nin arabası eve götürmek üzere onu gelip aldıktan sonra Mösyö Jean Huber, evde kalıp, aile fertlerinin hep yaptığı gibi mutfağa geldi. Yanında birilerinin varlığını hissetmek onu hoşnut ediyor. Çok neşeliydi, akşam yemeğindeki şaraptan olmalı ve eğlencelik gösterisini sergilemeye başladı.

"İzle Burnens." Elinde kalın bir parça peynir tutuyordu, bunu köpeğin ağzına doğru uzattı. "İzle." Köpek doğal olarak peyniri ısırıyor, bu sırada da Mösyö Huber peyniri hızla döndürüyor ve köpek ne tarafı denk gelirse o tarafı ısırıyordu. Bunu daha önce hiç görmemiştim fakat konuşmalarından anladığım kadarıyla Anna ve Jacques görmüşlerdi; köpeği cesaretlendiriyorlar, Mösyö Huber de başka peynir parçaları getiriyor, bir yandan da "Bakın, bakın!" diye bağırıyordu ve işte Voltaire'in mükemmel bir profili. Herkes alkışlıyordu. O anda Monsenyör, yani oğlu, yüzünde bunları daha önce gördüğünü belirten bir ifadeyle içeri girip babasına arabanın dışarıda beklediğini söyledi, babası da ne demek istediğini anlayıp herkesle vedalaştı.

## *15 Haziran*

Kovanların oradaydık.

"Şubat ayı boyunca şöminenin başında oturup döllenme hakkında tahminler yürütmek güzeldi; fakat şimdi buradayız, arılar da bizim alakamıza aldırış etmeden işlerine devam edip sırlarını saklıyorlar."

Kızgınlıkla ayağını yere vuracak gibi oluyor ama kendini tutuyor; bu arıları korkutabilir. Bir oğul mayısın sonunda kovandan ayrılıp meyve bahçesindeki bir elma ağacına yerleşti. On binlerce arıyı büyük bir küme halinde izlemek beni büyülemişti. Onların hedeflerini sezmelerine, belli ki önceden belirlenmiş noktaya hep beraber uçup orada kalmalarına şaşırırken o da yeri arşınlayıp, "Nasıl? Neden? On dakika önce kovan her zamanki işlerini yapan arılarla doluydu. Şimdiyse onu terk edip kendilerini dışarı atıyorlar. Bu nasıl oldu? Onları hep beraber aynı zamanda uçmaya sevk eden neydi? Son yirmi dört saatte kovanda neler oldu? Bunu görememek beni deli ediyor" diyordu.

Kızgınlığı, o da dahil herkes için bir sır perdesinin ardında saklı olan kovanın içinde yaşananlarla ilgili. Jacques'ın yuvarlak hasırlar adını taktığı sepetlerimiz her zamanki gibi yapılmış, sadece ek olarak üstünde kapakları var. Bunu hareket ettirdiğimde ancak dört beş santim içerisini görebiliyorum kovanın.

"Camdan bir kovan yapabilir miyiz acaba?" diye sordu merakla. "Reaumur'a göre Swammerdam gözlemlerini cam bir kovan olmadan yapmış olamaz; ama bunu nasıl yaptığı konusunda tek kelime etmemiş. Aristo'nun bir gözlem kovanı yaptığını okumuştum; ama arılar, yaşamlarına burnunu soktuğu için ona o kadar kızmışlar ki, camı bir kil tabakasıyla kaplayıp görüşünü engellemişler."

Gülümsedim, o anda aklıma bir şey geldi. "O zamanlar Yunanlarda cam var mıydı?"

"Güzel soru. Olduğunu sanmıyorum; ama Pliny çok ince kesildiğinde şeffaf bir hâl alan, boynuzdan yapılmış, fener şeklindeki kovandan bahsediyor. Fakat bir fenerin çok az cam bölmeleri vardır, derinlikleri göremeyiz."

"Reaumur'u okuyorum, efendim, tamamıyla camdan bir kovan yaptığını söylüyor."

"Evet, evet biliyorum; ama verdiği boyutlara bir bak, 18 santimetre yükseklik ve 11 santimetrekare bir zemin. Arılar nasıl olup da alışılagelmiş hayatlarını bu kadar küçük bir alanda sürdürsünler? Doğduğundan itibaren küçücük bir alana kapatılmış bir insan ne yapabilir?"

"Koşmayı asla öğrenemez. Belki yürümeyi bile."

"Aynen öyle. Bence en önemli şey deneyleri gerçek yaşam koşullarına mümkün olduğunca yakın koşullarda yapmak. Arılar doğal ortamlarından ne kadar uzakta olurlarsa, sonuçlara o kadar az güvenebiliriz. Evet, Reaumur onların kovana petek yaptığını gördü; ancak derinliklerde yaptıkları şeyleri orada yapmazlar çünkü orada derinlik yok. Kraliçenin döllenmesi mesela. Kraliçeyle erkek arılar arasında bir şeyler geçtiğini biliyoruz; ama bu ne olursa olsun, o kadar küçük bir kovanda gerçekleşeceğini sanmıyorum.

*20 Haziran*

Biraz daha Reaumur okuduktan sonra farklı bir gözlem kovanı yaptığını öğrendik: Aralarında tek bir peteğe yetecek kadar boşluk olan, tahta çerçeve içinde iki cam levha; hepsi 50 santimetre yüksekliğinde ve 60 santimetre uzunluğunda.

Monsenyör bunun daha iyi bir fikir olduğunu düşünüyor, bu yüzden bir tane de kendimiz yapabilelim diye ölçüleri yazmamı istedi.

*2 Temmuz*

Jacques istediğim tahta ve camı alıp kasabadan henüz döndü. Onları dikkatle mutfak duvarına dayayıp nereye koyması gerektiğini sordu bana. Çerçevelerin yapılmasının onun işi olmadığını belirten ilgisiz bir ses tonuyla konuşuyordu. İşte korktuğum an; çok karmaşık bir yapı olmasa da benim marangozluk kabiliyetim henüz kanıtlanmış değil. Jacques'ın, yapmaya çalıştığı çerçevenin bölmesindeki cam kırıldığında yüzünü ekşitip bir de küfür savurduğunu görmüştüm.

Malzemeleri alıp atölyeye götüreceğimi söyledim; ama kelimeler ağzımdan çıkar çıkmaz onun atölyesi demediğim için bana güceneceğini anladım. Oldukça yıpranmış bir ek bina, onu tek kullanan da Jacques. Hem kabalığımdan ötürü utandım hem de bu atölyenin Mösyö Huber'e ait olduğunu ve Monsenyör için Jacques'tan izin almadan orada çalışabileceğimi düşünerek cesaretlendim. Dönüp Anna'yla konuşmaya başladı. Malzemeleri atölyeye götürüp bir süre onlara bakakaldım. Düzenlice konulmuş testere, matkap ve mengenelere baktım, kütüphaneye gidip Reaumur'un ölçülerini tekrar not aldım. İlk yazdıklarımdan farklı değillerdi; ayrıca kovanın tamamlanmış halinin bir planı ya da resmi olmadığından bir kez daha emin oldum.

Atölyeye dönüp kâh elimde duran kağıttaki ölçülere kâh tahta ve camlara baktım, mucizevi bir şekilde bir araya gelmelerini diliyordum içimden. Ama her şey olduğu yerdeydi ve mucizevi bir değişimin gerçekleşmeyeceğini de biliyordum. İyi bir tasarım yapabileceğimi biliyordum; fakat marangozluk yeteneğime güvenemiyor, camı kırmaktan korkuyordum. Diğer yandan gözlemlerini yapabilmek için bunu yapmam konusunda bana güvenen Monsenyör'ü hayal kırıklığına uğratmayı da istemiyordum.

"Başlamamışsın" dedi içeri giren Jacques (bir şey arıyordu). Bana laf sokmaya çalışmaktan ziyade gerçekten şaşırmış gibi söylemişti bunu.

"Düşünüyorum, onu en iyi nasıl yaparım diye düşünüyorum."

"Kovan olacak, değil mi?"

"Evet ama, elimizde sadece ölçüler var, plan yok."

Rakamlara baktı. "Garip bir şekli var."

"Sadece arıları gözlemlemek için, bal üretmek için değil."

"Peki nasıl görünecek?"

Rahatlama hissi duymaya başlamıştım; artık, benim yapmam gereken bir işmiş ya da aramızda bir çekişme konusuymuş gibi değil de kendi içinde bir yaşamı, kendine has zorlukları ve çözümleri olan bir konuymuş gibi konuşuyordu.

"Tahta bir çerçevenin içersine iki cam bölmenin bağlanması gerekecek; bunlar sağlam olmaları için bir zemine monte edilecek. En üstte arıların giriş ve çıkışları için delikler olacak. Arılar peteklerini tam ortada yapacaklar, biz de iki taraftan birden onları izleyebileceğiz."

Jacues yavaşça başını sallayıp eline bir kalem aldı, kalemin ucunu diline değdirdi ve doğrudan tezgâhın üzerine çizmeye başladı. Ortaya kaba ancak anlaşılır bir taslak çıktı. "Bunun gibi bir şey mi?"

Onayladım.

Malzemelere bir göz attı. "Bu kadar tahtanın yeteceğinden emin misin?"

"Tahtaları birleştirmek için ne kadar gerektiğinden emin olamadım." Sorumluluğu üzerimden atmak için her türlü alçakgönüllülüğe hazırdım.

"Bu parça zemin için iyi." Bir cetvel alıp tahtayı ölçmeye başladı, rakamlara bakarak tahtayı işaretliyordu. "Bunu tek başınıza yapamamanıza şaşırdım; başka şeyler hakkında çok şey biliyor gibi görünüyorsunuz."

Ben de öyle düşünüyordum; ama aslında çok az şey bildiğimi öğrenmeye başlamıştım. "Hayatımın neredeyse tamamına yakın bir kısmında, babam uzaklarda, askerdeydi. Ondan marangozluk öğrenme fırsatım hiç olmadı. Çoğu insan marangozluğu bu şekilde, yani babalarından öğreniyor sanırım."

"Bazı insanlar ellerini iyi kullanabilirler. Yani ince işler yapabilirler. Bu tür rakamlara bakıp nasıl bir masa, sandalye ya da gözlem kovanı yapabileceklerini tahmin edebilirler. Ben bunu yapabilirim. Bazıları da okuma yazma konusunda iyidir. Belki sen de öylesindir."

Cevap vermedim; çünkü yaptığı işi bozmak istemiyordum. Tahta parçalarını kaldırıp bir o tarafa bir bu tarafa çeviriyor, kafasında hesaplar yapıyordu. Sonra durdu, öylece dikiliyordu, "Fakat Mösyö Huber, bilirsiniz, ikisini de yapabilirdi. Bir şeylerin nasıl yapılabileceğini hemen anlayacak kadar zekidir, ayrıca yeteneği de vardır; resim yapabiliyordu, yani önceden... Hâlâ müzik aleti çalabiliyor."

"Görebilseydi şu anda bunu kendisi yapıyor olurdu."

Jacques onayladı, tatmin olmuştu. "Şuna bir göz atayım. Yardım edebilir miyim bir bakalım." Tezgâhtaki yerimi devralmak için yanıma geldi, omuzlarının duruşundan sadece yardım etmeye değil, olayı ele almaya geldiği belli oluyordu; bense kalabalık ediyordum. Çok rahatlamıştım.

Martha, Monsenyör'ün beni çağırdığını söylemek için kapıda göründü. Akşam yemeğine misafirler geleceği için banyo yapıp giyinmek üzere beni bekliyordu. Defne romunu yüzüne serpmek için kaldırırken Jacques'ın kovanı yapma konusunda benden daha yetenekli olduğunu söyledim; omuzlarını silkip yapıldığı sürece kovanı kimin yaptığının önemli olmadığını söyledi. Bütün işin bana bağlı olduğunu düşündüğümü fark ettim, halbuki hiç de öyle değildi.

### *9 Temmuz*

Jacques üç gün önce gururlu bir şekilde yeni kovanı bize sundu. Monsenyör kovanın tam ortasına yukarıdan bir petek yerleştirmemi istedi. Bir arı sürüsünü içine koyduk ve sürünün ötekine paralel bir petek oluşturmasını bekledik. Hep bir tane paralel petek kurarlar, iki derin hücre ve aynı zemini paylaşırlar; tahmin ettiğimiz gibi tam ortadan aşağı doğru kurarlarsa iki taraftan da onların nasıl çalıştıklarını görebiliriz. Ne yazık ki bugün iki cam levha arasındaki boşluğun, arıların iki tane daha paralel petek kurmalarına yetecek kadar geniş olduğunu gördüm. Peteklerin arasında arıların ne yaptığını göremiyorduk. Bunun bir gözlem kovanı olmasının anlamı kalmamıştı.

Bunu duyunca Monsenyör'ün yüzü asıldı; ama hiçbir şey olmamış gibi konuştu. "Bu bir hayal kırıklığı. Tekrar denememiz gerekecek, bu sefer boşluğu daraltacağız."

Jacques'a söyledim, o da yeterince istekle işe koyuldu.

*20 Temmuz*

İkinci kovan da istediğimiz gibi olmadı. Bu sefer de boşluk o kadar dardı ki, ortaya çift petek kurmak yerine her iki tarafa da birer hücreli iki ayrı petek kurdular. İçerde nasıl çalıştıklarını yine gözlemlenemiyordu. Jacques'ın, iyi işçiliğe rağmen çözülemeyen bu durum karşısındaki üzüntüsünü görebiliyorum. "Sabırlı olmalıyız. Roma bir günde kurulmadı. Belki üçüncü sefer de şansımız döner, tabii benim için bir tane daha yapmayı kabul edersen Jacques."

Jacques memnuniyetle yapabileceğini söyledikten sonra, Monsenyör yeni ölçüler üzerinde çalışmaya başladı.

*30 Temmuz*

Kaç zamandır üçüncü kovan üstünde çalışıyoruz; yine yanlış biçim ve ölçüler. Bu seferki ilkinden daha dar, ikincisinden daha genişti; ama yine iki petek kurdular, biz de bunların arasında neler yaptıklarını göremiyoruz. Monsenyör üçüncü denemenin de başarısız olduğunu söylediğinde Jacques'ın yüzündeki ifadeyi gördüm. Sıcak, bunaltıcı bir gündü ve bu da durumumuza hiç yardımcı olmuyordu. Bunun onun işçiliğiyle hiçbir ilgisi olmadığını söyledim hemen, işçiliği bizim amaçlarımıza çok uygundu; fakat tasarımda hata vardı ve bundan da ben ve Monsenyör sorumluyduk. Monsenyör sesimi duyup Jacques'ın koluna dokundu.

"Sevgili Jacques, işçiliğin mükemmel. Eğer ben ölçüleri yanlış hesapladıysam bu senin suçun değil. Umarım bir dahaki teşebbüsümüzde de bize yardım edersin."

"Şey, elbette efendim, ne zaman isterseniz." Eliyle Monsenyör'ün koluna dokundu, kabaca, beceriksizce.

"Sanırım bunu gelecek yıla ertelememiz gerekecek. Neredeyse ağustos geldi, yeni bir deneme yapmaya değmeyecek kadar yaklaştık mevsim sonuna. Kışın, bu konu üzerinde düşüneceğim."

Sanırım hepimiz, bu yıl bir hayal kırıklığı daha yaşamayacağımız için rahatlamıştık.

"Şu anda hepimizin ihtiyacı yüzmek" dedi Monsenyör. "Günün tadını çıkaralım."

Çok güzel bir fikirdi. Pierre'i bulmaya gittim, yüzeceğimiz yere doğru yola çıktık; Pierre tekerlek izleriyle dolu tarlada babasına rehberlik ediyor, ben ve Jacques da bu beklenmedik molanın tadını çıkarmaya çalışıyorduk. Yaklaşık iki metre derinliğindeydi, beş metre kadar da boyu vardı yüzeceğimiz yerin. Kenarlardan söğüt dalları sarkıyordu. Üzerimizdekileri çıkarıp suya atlarken uzaktan gök gürültüsünün sesi geliyordu.

Monsenyör bir balık gibi yüzüyordu ve hepimizin birbirine su sıçratıp birbiriyle çarpıştığı bir ortamda, Monsenyör'ün körlüğü zerre kadar farklılık yaratmıyordu aramızda. Biz yüzerken yağmur yağmaya başladı, hafif bir yaz yağmuruydu; sonra birden hem suyun içinde olup hem de üstümüze yağmur yağması hepimize çok keyifli geldi. İstediğimizi iki kere elde etmiş gibiydik. Sonra aniden yağmur durdu ve gökyüzü uğursuz bir karanlığa büründü, biz de kendimizi sudan dışarı atıp giysilerimizi giydik ve kahkahalar atarak eve doğru koşmaya başladık. Tam eve vardığımızda korkunç bir gök gürültüsü duyduk, gökyüzü ikiye ayrılmıştı sanki ve şimşekler çakıyordu.

## *5 Ağustos*

Madam de Candolle birkaç günlüğüne Madam'la birlikte kalmak için geldi. Oğlu Augustin'in narin bir çocuk olduğunu söylüyor; gerçekten de çocuk, babasının sıhhatli yapısını almış olan Pierre'e göre çok zayıf. Augustin Pierre'den sadece bir yaş küçük ve ikisi birbirinden hiç ayrılmıyor. İş ağaçlara tırmanmaya, tavşan kovalamaya gelince Augustin'in Pierre'den aşağı kalır yanı yok; bu yaştaki çocuklardan beklenmedik şekilde de sık sık sessizce oturuyor ya da çömelip karıncaları, arıları, kuşları, böcekleri, örümcekleri, önlerine çıkan her şeyi inceliyorlar.

Madam de Candolle, Çar Petro'nun başvekilinin büyük büyük yeğeni. Madam'ın soyu o kadar seçkin olmasa da, onun babası da Cenevre'de bir meclis üyesiydi; saygın, mal mülk sahibi biriydi. Sanırım uzaktan akrabalar. İki hanımefendi, kocalarından, babalarından ve oğullarından bahsederek bahçede kol kola yürüdüler (kulak misafiri olduğum kadarıyla).

Sonra içeriye girdiler, son derece neşeliydiler. Madam beni takdim etti: "Mösyö Burnens, kocamın hizmetkârı, aslını isterseniz bundan çok daha fazlası."

"Madam de Candolle, François'yla evlendiğimde beni destekleyip düğünüme gelen tek insandır" dedi, Madam de Candolle'u bana takdim ederken.

"Sen benim sevgili dostumsun. Seni nasıl yalnız bırakırdım? Babanın önünde sonunda yumuşayacağını biliyordum; hem öyle olmasaydı bile arkadaşlığımız her zamankinden daha sıkı olurdu. Bunlar parayla ölçülemeyen şeyler."

Birbirlerinin omuzlarını sıvazladıktan sonra Monsenyör'e merhaba demek için kütüphaneye gittiler. Monsenyör koltuğundan kalkıp onları sevinçle karşıladı.

Bense, Madam, "Ama bundan çok daha fazlası" dediği için zevkten dört köşe olmuş havalarda uçuyordum. Ayrıca çok özel olmasa da düğününe ilişkin bir ayrıntıyı benimle paylaşması kendimi onun sırdaşıymış gibi hissetmemi sağladı. O benim efendimin karısı ve onu başka türlü düşünmemeye çalışıyorum. O çok güzel bir kadın; kocası bunu görecek gözlere sahip değil belki ama ben her gün görüyorum. Beni yerimde hoşnut tutmak için ağzıma bir kaşık bal çalıyor gibi geliyor bazen. Belki de burada olmamdan memnundur.

### *10 Ağustos*

"Gözlem kovanları başarısızlıkla sonuçlandı" dedi Mösyö Huber. " Ama en azından artık Reaumur'un ölçülerinin kabul edilemeyeceğini biliyoruz. Mösyö Bonnet'ye yazıp önerilerini soracağız."

Ben hâlâ hayal kırıklığı içindeydim; oysa kraliçenin döllenmesini, oğulun meydana gelip kovandan ayrılışını, erkek arıların ölüşünü görmek istiyorum. Ama gözlem kovanlarımızın boyutlarının yanlış olmasından başka bir şey göremedik şimdiye kadar.

Monsenyör söze dökülmeyen hayal kırıklığımı hissetmiş gibiydi. Sandalyesini kovanların yanına çekip oturdu, ağzında piposu vardı. "Arılar üzende çalışmaya nasıl başladığımı anlatmış mıydım?"

"Hayır, efendim."

"Bu yüzden olmalı." Durdu, başını bir yana eğmiş sanki ona karşı çıkacak bir ses var mı diye bekliyordu; bir ses çıkmayınca da devam etti. "Paris yakınlarında bir kasabada yaşıyordum, bir çiftlikte çalışıyordum. Tüm bunlar gücümü tekrar kazanmak içindi. Çok iyi göremiyordum." Gülümsedi. "Yine de şimdikinden çok daha iyiydi. Ama yine de çok iyi değildi. Ve işte o gün, genç bir çocuktum o zaman ve bazen aptalca davranabiliyordum; hızla koşuyordum ki, tam o sırada kıkırdayan hizmetçiye gülünç bir şeyler söylemek üzere arkama döndüm. Nereye gittiğime bakmıyordum. Sonra tek hatırladığım bir dala kümelenmiş arı sürüsünün içine daldığım. Dala yüzümü çarpmıştım ve sürünün sesini duyuyordum; kulaklarımı dolduran müthiş bir uğultuydu."

"Sendeleyerek yürümeye başladığımda her tarafımı arılar sarmıştı; kulaklarımı, saçlarımı, burnumun üstünü, gömleğimin içini. Durmadan sokuyorlardı, çok korkmuştum. Dereyi bulabilecek kadar görebiliyordum, birkaç adım sonra da kendimi suyun derinliklerine bıraktım; gerçi bu biraz zor oldu çünkü suyun yüksekliği en fazla elli santimetreydi. Mümkün olduğunca uzun bir süre nefesimi tuttuktan sonra sudan çıktığımda hepsinin gitmiş olacağını düşünmüştüm; fakat oradaydılar ve onlardan kurtulmam için beş kere daha dalmam gerekti."

"Ömrünüz boyunca arılardan uzak durmak istemenize sebep olacak bir tecrübeymiş gibi görünüyor, efendim."

"İşte asıl nokta da bu Burnens. Korkunç bir tecrübeydi, beni soktukları her an acı çekiyordum, evet; ama bu bir dereceye kadardı. Daha çok kendimi dingin hissediyordum. Her şeyden önce ortada kişisel bir şey yoktu, ben bir hata yapmıştım onlar da buna çok doğal bir şekilde karşılık veriyorlardı. Ben onların yuvasını dağıtana kadar bana saldırmayı düşünmüyorlardı. Bunu yaptığımda da tarafsız bir şekilde karşılık verdiler. Onları görüp görememem önemli değildi."

"O gece çok acı çektim; ama onların tarafsız oldukları düşüncesi hoşuma gitmişti. Tabiat bilgisi okurken sıra onlarla ilgili genel bilgileri okumaya geldiğinde, sanki bu tecrübem pencereden içeri girip arıları benim için çok ilgi çekici bir konu haline getirmişti. Bunun harika, zengin bir araştırma konusu olabileceğini gördüm."

"Çalışmalarınıza o zaman mı başladınız, efendim?"

"Hayır, zamanımı boşa... hayır, bu doğru değil." İç çekip başını salladı. "Kör olmaya alışmam çok zamanımı aldı. Pek çok saatimi kaderime lanet ederek geçirdim; içimden tabii, başka birine değil. Marie-Aimée gerçekleri gördü. Ciddi okumalara başlayan o oldu. Ciddi şekilde çalışmam için bana esin kaynağı olan da oydu."

Gülümsedi. Gülümsemesi bazen çapkınca bir hâl alıyor; genç bir kadın için cezbedici. "Fakat evliliğin ilk yıllarında zevkle vakit geçirecek pek çok şey oluyor. Sonra Pierre doğdu ve buraya taşındık. Bütün bunlar çok vakit aldı; pişman değilim, onlar hayatımın en mutlu günleriydi. Sen gelmeden yaklaşık iki yıl önce arılar üzerinde düzenli olarak çalışmaya başladım. Ondan önce arılar benim için her şey ve hiçbir şeydi. Bundan da pişman değilim; çünkü hepsi de hayatıma renk kattı."

Omuzlarını silkti. "Ve işte buradayız. Bu yıl çok şey elde edemedik ama gelecek baharı bekleyebiliriz. Kovanlar burada, arılar da burada olacak. Ayrıca işime güvenle başlamadan önce anlamam gereken çok şey var."

Ayağa kalkıp yürümeye başladı. "Bugüne kadar elde edilmiş bilgilerin en temelinden başlamalıyız. Sonra da..." Ne olacağını kim bilir dercesine ellerini açıp kaşlarını kaldırdı. Bilmek için yanıp tutuşuyorum, onun sabrına da şaşıyorum.

## *25 Aralık*

Ev çobanpüskülleri ve sarmaşıklarla donandı. Martha sorumluluklarının bilincine daha çok varırken, Sarah, sanki bir anda serpilip genç ve güzel bir hizmetçiye dönüştü. Anna da bize muhteşem yemekler yapıyor. Tanrı hepimizi korusun.

*(Not: Ev halkı her zamanki düzenini aynen muhafaza etti. Mösyö Huber konusu üzerinde çalışmalarını sürdürdü ve ne olursa olsun gelecek bahar uygulamalı deneylerine başlamaya karar verdi. Marie-Aimée de her zamanki gibi örnek bir eş ve anne olmayı sürdürdü. A. de M.)*

# 1787

## *30 Mart*

Kantonlarda, özellikle de memleketim Vaud'da kargaşa var. Onların acısını paylaşıyorum; fakat onlara destek olamayacak kadar uzak hissediyorum kendimi. Annem mektuplarında bundan hiç bahsetmiyor, onu telaşlandırmamak için ben de bahsetmiyorum. Kız kardeşim, kocasının cumhuriyetçi olarak tanınmaya çalıştığını yazıyor. Tanıdığım kadarıyla onun vereceği desteğin hiçbir davaya hiçbir faydası dokunmayacağını bilmeme rağmen bu beni hiç şaşırtmadı. Pregny'deki bu ev mükemmel bir sığınak gibi; dışarıdaki dünyada fırtınalar koparken biz burada ciddiyetle işimize sarılabiliriz. Arıların yaşamını incelerken zaman sonsuz, savaşlardan, antlaşmalardan, ittifaklardan uzak.

Sanırım yine de savaşlar hep var; asker olmak köyden çıkabilmem için çok geçerli bir yoldu. Babam uzaklardayken büyük kahramanlıklar, üniformalar ve atlarla ilgili çocukça hayallerim vardı. Fakat döndüğünde büyümüştüm ve bu hayaller kısa zamanda hayal kırıklığına dönüştü. İsviçre Muhafız Alayı'na hayranlık duyuyor ama onun bir parçası olmak istemiyordum. Kendi hayatımı kurmak için daha çok şansa ihtiyacım vardı.

Geçen hafta bir karatavuk yuvası buldum, bugün de Pierre'e bu yuvayı görmek isteyip istemeyeceğini sordum. Tam babasının oğlu, gözleri parladı. Yine de, Madam'ın da gelmek istediğini duyunca şaşırmaktan kendimi alamadım. Küçük Marie'ye (annesinin iki yaşındaki büyüleyici bir kopyası) Martha'nın göz kulak olabileceğini söyledi, biz de yuvayı bulduğum, komşumuzun çitlerinin olduğu yere doğru yola koyulduk; yuva alışılmadık bir biçimde alçaktaydı. Parlak, soğuk bir bahar günüydü, gün ışığı göz alıyordu; Marie-Aimée'nin teni parlak ve mükemmeldi. Şimdi neredeyse hiç kar kalmamış yolda yürüyorduk, Pierre önden koşarak gidiyordu.

Gözleri oğlunun üstündeydi; söyleyecek bir şeyi olduğu için ya da bir şey söylemek zorunda olduğu için geldiğini biliyordum. Baharın gelişinden ve bu yıl Paskalya'nın gecikmesinden bahsettik.

Gökyüzüne baktı. "François'nın kesinlikle kör olacağını yazdığı mektubunu aldığımda da hava tıpkı böyleydi. Okumak yalnızca bir dakikamı aldı. Tekrar elime alıp okuyabilmem içinse aylar geçmesi gerekti. Çünkü mektubu her elime aldığımda gözlerim yaşla doluyor, okumama engel oluyordu." Durdu ve eliyle gözlerini sildi. "Bu Doğu Rüzgârı."

Ona mendilimi verdim, böyle bir anda ortaya çıkabilecek bir centilmen gibi hissediyordum kendimi; Monsenyör'ün yerine onun yapacağı şeyleri yapıyormuş gibi... Ancak o bu hareketi yapamazdı; çünkü sesinde bir değişiklik olmamıştı ve kör bir adam gözündeki yaşları göremezdi.

Birden içtenlik üzerine kurulmuş ilişkilerinde bile bir yanlızlık varmış gibi geldi bana.

Pierre bize doğru döndü, nedense onun için endişelenmişti. "İyiyim tatlım, rüzgâr gözlerimi sulandırıyor sadece" dedi Madam.

Bunları bana neden söylediğini merak ediyordum.

Gülümsedi. "Fakat bunlar en kötü zamanlardı. Daha sonra hiç o kadar kötü zamanlarımız olmadı. Cenevre'ye döndükten sonra körlüğün yaşantısını nasıl etkilediğine ilişkin sorulara cevap aradık. Ne kadar görebiliyordu? Yardıma ne kadar ihtiyacı vardı? Gerçekten kahramanca bir şekilde rol yapmış, onun tamamıyla kör olduğunu bildiğim zamanlarda görebildiğini söylemişti. Öteki çiftler gibi biz de kol kola yürüyorduk, aramızda sevgi hep vardı ve benim ona rehberlik etmem söz konusu değildi. Sonra o gün geldi..."

Bir şey söylemiyordu, bense söyleyecek bir şey bulamıyordum. Elimde ona uzatmaya hazır mendilimle kendimi bir centilmen gibi hissetmiş olabilirdim; ama bu gibi anlarda dilim tutulduğunda hâlâ bir köylü olduğumu anlayabiliyorum; hazırda söyleyecek nezaket sözlerim yok. Utanmıştım, ben söyleyecek bir söz ararken o kendini rüzgâra verdi; tekrar konuşmaya başladığında artık güçlü biriydi.

"Gerçeği söylemek gerekirse, kör olduğunu itiraf ettiğinde her şey çok daha kolay oldu. Harika yürüyüşler yapardık. Ben önden gider, sopanın bir ucundan tutardım, o da sopanın öteki ucundan tutup beni takip ederdi. Daha serbest hareket edebiliyorduk böylece. Ona yabani çiçekleri tarif ederdim, o da bu çiçeklerin hem halk dilindeki hem de bilimsel adlarını söylerdi. Kuşların da. Böyle şeyleri çok severdi; arıların vızıltısını duyar, hangi çiçeğin üstünde olduklarını sorardı. Fakat babamın aklı başından gitmişti. Bütün çabaları boşa harcanmıştı çünkü... Kendimi kör birine adamam. Bunu bağışlayamadı. Bense bunun bağışlanması gereken bir şey olduğunu düşünmüyordum; o bize karşı çıktıkça François'nın yanında kalma kararım bir o kadar kesinleşiyordu."

Yapış yapış bir söğüt dalının ucunu koparıp tomurcukları parmaklarının arasında oynattıktan sonra yere düşürdü ve parmak uçlarında kalan koyu renkli sakıza baktı. "O zaman reşit olmama üç yıl vardı. Yirmi beş yaşıma geldiğimde babamın izni olmadan evlenebilecek, mirasımı da alabilecektim."

"Monsenyör çok şanslıymış, demek istediğim bağlılığınızdan dolayı." Kendimi aptal gibi hissettim, mirasından bahsettiğimi sanacak diye korkmuştum.

Demek istediğimi anlamıştı, gülümsemekle yetindi, başı bir yana eğilmişti. "Evliliğimizin ilk yıllarında, sonsuz vaktimiz olduğu dönemde, Amerika'daki savaşta neler olduğunu takip edebilsin diye hamurdan savaş alanları yapıp üzerine farklı ordular için farklı iğneler iliştirirdim. Lexington, Bunker-hill, Quebec, Saratoga. Bunun gibi şeyler. Bunlar için vakit yok artık. Çocuklar, ev işleri."

Bütün bu söylediklerini ben zaten biliyordum, ailenin efsaneleriydi bunlar; fakat ilk defa benimle özel olarak konuşuyordu, sanki bir sırrı paylaşıyorduk.

Neredeyse gelmiştik. Anne karatavuğu ürkütüp kaçırmasın diye yavaş yürümesi için Pierre'i uyardım. Buna rağmen kuş panik içinde uçtu, biz de güneşli bir gökyüzü rengindeki benekli dört yumurtaya baktık. Anne karatavuk yumurtaları soğumadan dönebilsin diye de oradan hemen ayrıldık.

Yaşamının ne kadar kırılgan olduğunu fark ettim, yumurtalarının da. Bir hata yapmış, yuvasını görülecek bir yere kurmuştu ve onları çalıp koleksiyonumuza koymak yerine yaşamalarını isteyecek insanlar olduğumuz için şanslıydı.

Monsenyör, geçen yıl sekiz yaşındaki Pierre yumurta biriktirmek istediğini söylediğinde bunun üzerinde fazlasıyla durmuştu.

"Bırak da kuşlar çoğalsın, büyüsün" dedi. "Buralarda bulunabilecek her türlü kuşun yumurtalarıyla dolu dolaplarımız. Bazen bazı canlılar üzerinde çalışmamız için onların yaşama koşullarına müdahale etmemiz gerekir. Ama bu durumda değil. Ayrıca mümkün olduğunca az yapmamız gerekir bunu. Unutma Pierre, doğal içgüdüleriyle yaşamaya ne kadar yakınlarsa, yaptığın çalışma da o kadar değerli olur."

Oğlunun doğayla ilgili çalışmalarından kendisininkiler kadar ciddiyetle bahsetmesi Monsenyör'ün bir özelliğiydi. Pierre de, görünürde bir gücenme belirtisi göstermeden ilgisini kanatlı böceklere yöneltti. Bu da onun özelliğiydi.

Eve doğru yürümeye başladık, çukurlu yolda buzlar ayaklarımızın altında çıtırdıyordu. Marie-Aimée bu sefer, az önceki açıksözlülüğü oranında bir gizlilikle, "Oğluyla bunu kendisi yapamadığı için kocamın ne kadar üzüldüğünü biliyorum" dedi.

"Elbette, Madam." Aramızdaki gizlilik sona ermişti. Tek yapabildiğim özel hayatına girmeye çalışmadığım konusunda ona güven vermek olmuştu.

Eve varıp arka kapıdan girdiğimizde yanakları soğuktan pembeleşmişti.

"Buraya gel Pierre, babana gördüklerini anlat" dedi. Pelerinini ve başlığını çıkarıp arkasına hiç bakmadan salona girdi.

Benim varlığımı isteyip istemediğini hiç anlayamıyorum. Tuhaf gelebilir ama sanırım o da bunu kesin olarak bilmiyor.

Mutfağa girdiğimde Sarah akşam yemeği için masayı hazırlıyordu; burada istendiğimden eminim. Her zamanki gibi kibar ve samimi davranıyorum ama o kadar. Neşeli, tatlı ama aceleci bir kız; tam flört etmek isteyeceğim gibi. Onunla yapmaktan zevk alabileceğim pek çok şey var; ama evlilik bunlardan biri değil. Bu yüzden de ona karşı mesafeli duruyorum ki, hiçbirimiz şeytana uymayalım. Fakat... rüyalar... Jacques'ın dediği o kaba tabirle, "Şimdi on yedi yaşında ve toplanmaya hazır bir meyve." Gerçekten öyle.

*3 Nisan*

Monsenyör ve Madam kütüphane masasında karşılıklı oturuyorlar, çocukların gürültüsünden uzakta Madam kocasına gelen faturaları okuyor; kocası kör olmasa da bu onun sorumluluğu olacaktı. Alınanların karşılığında ödenen tutarı söyleyip bunları topluyor, bazı toplamalarda Monsenyör müdahale ediyor, o da işlemi tekrar yapıp hatasını gösterdiği için ona teşekkür ediyor; çünkü bu çok önemli, aksi takdirde aylarca uğraşmak gerekebilir.

Sanırım yemek sırasında onun ne kadar yumuşak başlı olduğundan bahsetmişim ki Anna, "Onu doğru anlamlandırmalı ve böylece yanlış tanımamalısın. O Monsenyör'le evlenmeye karar verdikten sonra yedi yıl babasına karşı çıktı, babası da ona çok kaba davranıyordu. Daha sonra da evliliğini bozmaya çalıştılar; o buna da direndi. Bir keresinde mülkiyet hakkına karşı çıktılar, o yine karşı koydu. Ama tabii ki kocasına karşı yumuşak başlı, kimse onun kadar olamaz. Böyle de olmalı zaten." Karısı bunları söylerken Jacques'ın yüzünde donuk bir gülümseme belirdi; ama hiçbir şey söylemedi.

Monsenyör ona hatasını söylediğinde Madam'ın bunu yeni fark etmiş görünmesinin rol icabı olup olmadığını merak etmeye başladım birden. Belki de kasıtlı olarak hata yapıp kocasının kendisini herkes gibi hissetmesini sağlıyordu.

*Pazar, Paskalya*

Yeni gözlem kovanı hazır, bu sefer cam kullanmadık. Bir düzine menteşeli tabakanın her peteği en ince ayrıntısına kadar inceleyebileceğimiz şekilde kitap gibi açıldığı çok hoş bir düzenek. Hava birkaç arının faaliyete geçmesine yetecek kadar sıcak. Ihlamur ağacı ve çuhaçiçeklerinden besleniyorlar. Mösyö Huber haftalardır döllenme üzerine çalışmalarını yapmak için beklediğinden çok heyecanlı. Aylardır yapacağı deneylerin nasıl olacağı üstünde kafa yoruyor, ben de öne sürdüğü hedefleri ve yöntemleri not alıyorum; hepsi itinayla yazılıp kütüphaneye kondu. Deney ve gözlemlerin gerçekçi ve kesin bir şekilde kaydının, sonuçları sağlam bir temele dayandırmak için gereken en önemli şey olduğunu savunuyor. (Ayrıca bu, yaptığı çalışmayı doğabilimci arkadaşlarına güvenle sunabilmesi için de gerekli.) Benim gözlemlerime tam anlamıyla güvenmesi de gerekiyor ayrıca. Güvendiğini düşünüyorum; yine de beni bazen soru yağmuruna tutması fazlasıyla ince eleyip sık dokuyormuş hissi veriyor.

İlk deney, Swammerdam'ın kraliçenin çok sayıda erkek arı tarafından yayılan koku ya da "*aura seminalis*" tarafından döllendiğiyle ilgili varsayımını doğrulamak içindi. Bunun için kovanların birindeki arıları çok küçük delikler açılmış bir kutuya koydum. Bunu yazmaktan gurur duyuyorum çünkü kulağa uzmanca ve akıllıca geliyor; fakat işin aslı saatlerce onları kovandan çıkarıp sonra da erkekleri ayırt edebilmek için sudan geçirmek zorunda kaldım. Hiç bitmeyecek gibi duruyorlardı, sonunda yaklaşık beş yüz tane olmuşlardı. Ve mevsimin ilk sokması gerçekleşti; ne kadar acı verdiklerini unutmuşum ama biliyorum ki mevsim ilerledikçe onlara alışacağım ve daha az acı verecekler.

Kutudaki delikler kokunun geçmesine yetecek kadar büyük; ancak bir iğne kadar olduğu tahmin edilen (henüz kimsenin görmediği) arı erkeklik organının geçemeyeceği kadar da küçüktü. Kutuyu sadece dişilerin olduğu bir kovana koyduk. Eğer kraliçe yumurtalarını bırakmaya başlasaydı,

Swammerdam'ın varsayımı bir ihtimal doğru olabilirdi; ama olmadı. Deneyi iki kez tekrarladık, sonuç aynıydı; bugün Mösyö Huber erkek arıların kokusunun kraliçeyi döllemeye yetmediği sonucuna vardı.

Bu sonuca çok sevinmişti. "Neyin doğru olmadığını bilirsek, doğruyu araştıracağımız alan daralır."

Onayladım elbette; ama bana göre gerçekte neler olduğunu bilmekten çok çok uzaktık.

"Böylece Swammerdam'ın iddiasını çürüttük. Şimdi Mösyö Reaumur'a bakalım bir de."

Bunları söyleyiş tarzı oldukça sakindi; ama sesinin tonunda benim on dört yaşındayken Joseph Picard'la dövüşmezsem köyde bir daha başım dik yürüyemeyeceğimi bildiğim zaman hissettiklerimi sezdim. Dövüşmek ölçüp biçmek kadar zor değildi, benimkisi yumruklarla, Mösyö Huber'inkiyse en titiz yöntem ve gözlemlerleydi.

## *1 Mayıs*

Reaumur döllenmenin çiftleşme sonucunda olduğunu savunuyordu. Son birkaç haftada, pek çok kez daha önce hiç döllenmemiş bir kraliçeyi erkek arılarla birlikte aynı cam kutuya koyduğu deneyini tekrarladık. Kraliçenin onlara doğru yaklaştığını, çok kısa birleşmelerin gerçekleştiğini gördüm.

"Döllenme için yeterli miydi?" diye sordu Mösyö Huber.

"Emin değilim, efendim."

"Düşün evlat. Bu tür şeyler hakkında bildiğin kadarıyla söyle, onu döllemeye yetecek bir birleşme miydi bu?"

Bu konudaki bilgim çok değil. Heloise'le olan tecrübem zevkli olsa da kısıtlıydı; ama hayal gücümü kullanabilirdim. "Sanırım değildi, efendim. Çok anlık. Yeterince... ciddi görünmüyor."

Başıyla onayladı. "Doğru bir tahmin gibi görünüyor." Konuyu orada kapattık.

## *15 Mayıs*

Kovanların yanındaydık, özel bir şey yapmıyor, yalnızca gözlemliyorduk. O, gölgede oturuyordu. Ben de kovana girip çıkanları görebilmek için güneşte oturuyordum.

"Anlık birleşmeler" dedi, yüzünde çarpık bir gülümseme vardı; kulak kabarttım. Artık buraya geldiğim zamanki o toy delikanlı değilim, o da bunu kabul ediyor.

Bacaklarını öne doğru uzattı. "Stein'da bir çiftlikte çalışıyordum bir zamanlar. Kasabalı bir kadın vardı, güzel Marguerite." Bir an onun isminin tadını çıkardı; ona baktığımda yüzünde, gözleri hâlâ görebilen genç bir adamın utangaç, çekici gülümseyişini gördüm.

"Gücümü kazanmam için kasabada geçirdiğim o bir yıl." Gözlerini kapattı. "Çok genç yaşta evlenmiş bir kadındı, çok tatlıydı, bir çocuğu vardı ve kocası üç aylığına Paris'e çalışmaya gitmişti. Kocası çok yetenekli bir taş ustasıydı. Bir samanlık vardı, orada birkaç kez birlikte olduk." Durup gülümsedi, bir şeyler hatırlıyordu. "İki ya da üç kez. Sonra hamile kaldı, bebek kocasının da olabilirdi. Kocası iyi kazanıyordu. Ona iyi bir yaşam sağlıyordu, o da kocasını seviyordu. Bebeğin ona ait olduğuna yemin etti. On altı yaşındaydım ve kalbim çoktan Marie-Aimée'ye aitti. Onunla tartışmadım."

"Ben de başka türlü davranmazdım." Böyle bir şeyi benimle paylaştığı için gururlanmıştım.

"Tabii bu da evli bir kadının faydası ya da hem evli hem hamile bir kadının." Bu düşünce bana fazla hesapçı gelmişti. Beni hayal kırıklığına uğrattı.

"Mesela" diye devam etti (aniden dinlemek istemedim), "Sarah gibi biri. Sesinden çok canlı, genç bir kadın olduğunu çıkarıyorum."

Hiçbir şey söylemedim, kalbim küt küt atıyordu.

İnsafsızca devam etti, "Fakat Sarah için hamile kalmak felaket olurdu. Onu hamile bırakan adam için de."

"Evet, efendim, elbette."

"Artık bu tür konuları bir kenara bırakıp, Reaumur'un varsayımına göre kraliçeyi kapatıp çiftleşme yaşanıp yaşanmayacağını ve neler olup biteceğini görelim."

İçim ferahlayarak işe koyuldum.

## *15 Haziran*

Hızla geçen bir ay içinde kraliçe tek bir yumurta bile yumurtlamadı; Monsenyör de bu yüzden erkek arıyla anlık birleşmenin döllenmeye yetmediği sonucuna güvenle varabileceğimizi düşünüyor.

Böylece sıra Mr. de Braw'ın yumurtaların bırakıldıktan sonra dıştan döllendiğiyle ilgili varsayımına geliyor. Gözlemlerini titizlikle yapmış. Bazı hücrelerin altında er suyuna benzeyen beyazımsı sıvılar görmüş. Daha sonra da arıların erkeklik sıvılarını hücrelere boşaltacak şekilde hücrelere arka taraflarını koyduklarını gözlemlemiş. Deneylerini tekrar etmeye çalıştık. Bugün, içinde yumurtalar bulunan hücreleri çıkartıp güneş ışığında inceledim; içlerinde sıvı varmış gibi görünüyordu, aslında bundan emindim, ona söylediğimde Monsenyör de bundan emin oldu.

"Böyle olduğunu düşünmüyordum." Şaşırmıştı ve bir aşağı bir yukarı yürüyüp duruyordu. "Yine de kovanda hiç erkek arının olmadığı sonbaharda bulunan yumurtaları açıklamıyor. Fakat Mr. de Braw bunu görmüş, biz de gördük, o zaman bu önemli bir kanıt."

## *20 Haziran*

Monsenyör birkaç gün önce Braw'un varsayımını çürütecek kanıtların çok daha güçlü olduğuna karar verdi. "Sonbaharda erkek arı olmayan bir kovan ve bu kovandaki yumurtalar. Haklı olamaz. Hücreleri dikkatle incele. Orada gerçekten ne olduğuna bak."

Dediğini yaptığımda gördüğümün aslında eski bir kozanın kalıntıları olduğu ortaya çıktı. Sıvı falan yoktu, ışığın yanıltmasıydı. Midem bulanmaya başladı; onu gördüğüme inanmış, buna inanarak yanlış bir yol tutmuş ve zaman kaybetmiştim, ayrıca yaptığım gözlemlerin doğruluğu konusunda da şüphe uyandırmıştım.

Monsenyör sakindi. "Sen gördüğünü söyledin, ona yanlış anlam yükleyen ikimizdik. Ortada bunu kanıtlayan hiçbir şey yokken onun er suyu olduğunu düşündük. Tabiat bize bir ders verdi. Kanıtlanmamış hiçbir şeyi gerçek saymamalıyız. Bu iyi bir ders oldu."

"Evet, efendim."

"Occam'ın Usturası Kanunu'nu unutmayalım: Gerçekten gerekli olmadıkça hiçbir şeyi varsaymamalıyız. Tahminlere dayanan her şeyden uzak duralım. Sınırlarımız, gerçek gözlemlerimiz olsun."

Yine de emin olmak için kraliçeyi erkek arı olmayan bir kovana koyduk (hepsini tek tek ben çıkardığım için bundan emindik), girişi de hiçbir erkek arının giremeyeceği kadar küçük yaptık. Kraliçe yumurtladı, böylece yumurtaların erkek arıların er suyu olmadan da bırakılabileceği kanıtlanmış oldu.

"De Braw neyden emin değildi peki?" diye sordu Mösyö Huber bugün.

"Hiç erkek arı bulunmadığından mı?"

"Evet, deneyi buna engel olacak kadar titiz yapılmamıştı. Ancak dahası var. Biraz daha düşün. Kraliçelerin hiç döllenmemiş olduklarından emin değildi. Önceden döllenmediklerini nereden biliyordu? Kraliçeyi kovanda erkek arılarla birlikte görüyor, erkek arıların sıvılarını bıraktıklarını görüyor, bir tahminde bulunuyor. Fakat kraliçenin önceden başka bir yolla döllenmiş olabileceği ihtimalini aklına getirmiyor. Yine Occam'ın Usturası Kanunu."

## *24 Haziran*

Monsenyör'ün ele alacağı bir tek varsayım kalmıştı geriye: Mösyö Hattorf'un kraliçenin kendi kendini döllediği varsayımı. Deneyinde kovandaki bütün erkek arıları çıkarıyor ve kraliçe yine de içinden kurtlar çıkan yumurtalar bırakıyor, o da kraliçenin kendi kendini döllediği sonucuna varıyor. Deneyini tekrarladık, bizim kraliçemiz de yumurta bıraktı. Fakat kraliçenin kendi kendini döllediği sonucuna varabilmek için deneyin doğru yapılması lazım, bunun için de kovanda hiç erkek arı bulunmadığından emin olmamız gerekli. Bu yüzden arıları onları iyice inceleyebilmek için tek tek sudan geçirip hareketsiz bırakarak deney kovanımızı gözden geçirdim ve (döllemeyi etkileyecek kadar büyük olup olmadıkları soru işareti olsa da) kovanda aslında dört tane erkek arının bulunduğunu saptadım. Hattorf bunu başaramamıştı.

Hiç döllenmemiş kraliçeyi, bütün erkek arılardan arındırılmış kovana yerleştirdim (onca çabamın ve arı sokmalarının ardından bundan hiç şüphem yoktu); kraliçe yumurtlamadı. Mösyö Huber de kesin olmasa bile erkek arılarla ilişkide bulunmayan kraliçenin yumurtlamadığı sonucuna varabildi. Sonuçlar yine de ikna edici değildi: Hattorf'un çalışması iyi ve dikkatli bir çalışmaydı, ayrıca sonuçta kraliçe bazen yumurtluyor bazen de yumurtlamıyordu; kesin bir sonuca ulaşmak mümkün değil gibi görünüyordu.

"Nasıl daha fazla yol katedebiliriz bilemiyorum" dedi bugün; içimden bir şeyler koptu. "Her şey o kadar tutarsız ki, hiçbir sonuca varamıyoruz. Bütün bu çalışma, o kadar çok doğabilimci çaba gösterdi ki. Göz ardı edilen bir şeyler olmalı."

Tam o anda Sarah bize akşam yemeğini haber vermeye geldi, yüzünde her zamanki tatlı gülümseyişi vardı. Monsenyör'ün yüzünde, onun sesini duyduğunda aniden büyük bir gülümseme belirdi. "Ah, Sarah" dedi. Sonra bana döndü. "Bunca zamandır göz ardı ettiğimiz şey, her şeyin anahtarı, kraliçenin döllenmemiş olduğunun kesin olup olmadığı."

Odadan ayrılmakta olan Sarah hafifçe irkildi.

## *30 Haziran*

Kovanlarımızda hüküm süren bütün kraliçeleri çıkarıp yerlerine doğumlarından beri gözlemlenen ve hiçbir erkek arıyla bir araya gelmediğinden emin olduğumuz kraliçeleri yerleştirdik. Sonra da kovanları ikiye ayırdık: Birincisinden bütün erkek arıları çıkarttık ve girişteki deliği de işçilerin girebileceği kadar büyük fakat erkek arıların giremeyeceği kadar küçük yaptık; ikincisindeyse birçok erkek arı olduğundan emin olduk, hatta biraz daha ekledik ama girişteki deliği kovandan çıkamayacakları kadar küçük yaptık. Böylece döllenmemiş kraliçelerin bulunduğu iki kovanımız vardı: Erkek arı bulunmayan bir tane ve her yaşta erkek arının bulunduğu bir ikincisi. Onları dikkatle inceledik, döllenmemiş kraliçeler yumurtlamadı.

"Bundan kraliçenin etrafı erkek arılarla dolu bile olsa kovanda kapalı kaldığı sürece yumurtlamadığı sonucunu çıkarabiliriz."

Mösyö Huber kütüphanedeki masaya adeta çöktü. Sandalyesinde geriye doğru yaslanıp ellerini saçlarında gezdirirken güneş aniden bulutların ardından çıkıp pencereden onun yüzünü aydınlattı, o da gözlerini güneşin geldiği tarafa doğru çevirerek birkaç dakika güneşin tadını çıkardı; o sırada yüzünü bir gülümseme kaplamaya başladı.

"Samanlık" dedi, yüzünde kocaman bir gülümseme vardı şimdi. "Mahremiyetinin olmadığı bir yerde yaşıyorsan biriyle birlikte olmak için nereye gidersin? Dışarı."

Şimdiye kadar hiçbir doğabilimci döllenmenin kovanın dışında gerçekleştiğini düşünmemişti: Bu, son derece gizemli olayın en karanlık köşelerde gerçekleştiğine dair fikirlerimizi altüst ediyor. Fakat Monsenyör deneylerini bunun böyle olmadığını göstermek için yaptı. Tahmininin doğru olduğundan eminim. Bir bulut uzaklaşıyor, güneş çayırların üstünde uzanıyor.

"Kovanda olabilecek her yolu denedik. Koku değil, anlık bir birleşme değil, kendi kendini döllemiyor, dış döllenme de değil. Dışarıda olmalı, havada. Geriye kalan tek ihtimal bu. Böyle olmak zorunda."

Sesi heyecandan bir yükselip bir alçalıyordu. Bu fikri ne zamandan beri kafasında tasarlıyordu bilmiyorum; ama şimdi açıklamakta özgürdü. Güzel bir fikir olduğunu düşündüm, zengin, yeni fikirlere gebe. Hem de cesur; derin saygı duyduğu doğabilimcilere karşı çıkan bir fikir. Kendimi bu fikri doğrulamaya adamak istiyorum.

"Bunu nasıl kanıtlayacaksınız, efendim?"

"Akıllı adam." Güldü. "İşin en önemli kısmı bu."

## *2 Temmuz*

Hepsi aklımda. Hepsini olduğu gibi yazacağım.

Neredeyse öğlen olmuş, saat on bir. Kollarımı sokmaların acısına karşı uyuşturmak için soğuk suyla yıkadım. Monsenyör kovana gitmek için yardıma ihtiyaç duymuyor; çünkü yol onun botlarının iziyle dolu ve toprak, uzun güneşli günlerden sonra kuru ve sert. Açıklığa varıyoruz, yoğun bir uğultu var.

"Anladığım kadarıyla bugün meşguller."

"Yiyecek depoluyorlar. Birkaç gün içinde yeni bir ayrılış gerçekleşebilir."

Sandalyesini zorlanmadan buluyor; ben de kendiminkine, gözlem kovanının önündeki döllenmemiş kraliçenin konduğu tahtaya kolumla yetişebilecek şekilde oturuyorum.

Sıcak arttıkça yanaklarımızdan usul usul terler aktığını hissederecek sükûnet içinde oturuyoruz. En tembel erkek arının bile kovanın rahatlığını bırakıp dışarıdaki acayip dünyaya kaçmayı düşünmesine yetecek kadar sıcak. Onları engelleyecek en ufak bir esinti bile yok, hava o kadar durgun ki çok az çabayla uçabiliyorlar. Sıcak bir saat. Erkek arılar dışarı uçacaklarsa bu şimdi olmalı. Yani eğer Monsenyör haklıysa kraliçe de aynı zamanda görünecek; çünkü döllenmek için onun da dışarı uçması gerekecek. Kraliçe beş günlük, döllenmeye hazır. Girişin yakınlarında yoğun bir faaliyet var; hepsi de işçi arılar.

"İşte başlıyor. Üç erkek arı dışarıda, beş, on iki, otuz, elli, yüz olmalı. Şimdi daha fazla." Zaman gelmiş olmalı. "Evet işte geliyor." Sonunda kraliçe göründü.

"On bir yirmi yönünde mi?" diye soruyor Monsenyör. Kraliçeyi kesintisiz takip edebileyim diye saatimi de görüş alanıma soktum.

"Yirmi iki. Sağlıklı görünüyor. Rengi güzel. Henüz uçmuyor. Tahtanın üstünde dolaşıyor. Arka ayaklarıyla karnını temizliyor."

"Ötekiler nasıl tepki veriyor? Erkek arılar, işçiler?"

"Hiç. Hiçbir şey yapmıyorlar." İlk kez kovanın dışına çıkıyor. Evinin boyutlarını öğreniyormuşçasına etrafta dolanıyor. Sonra biraz uzaklaşıp tekrar ölçüyor. Etraftaki arıların hiçbiri onun farkına varmıyor. Ben bu detayları aktarıyorum.

"Geri dönebilmek için evini ezberliyor" diyor.

"Şimdi tekrar uçuyor. Çok yükseğe."

İkimiz de ayağa kalkıyoruz. Mösyö Huber yüzünü güneşe, gerçekte nerede olduğuna bakmaksızın bizim hep güney dediğimiz bir noktaya dönüyor, ben de "Kuzey, kuzeybatı" diye bağırıyorum. O havada daireler çizerek yükselirken biz de ona doğru dönüyoruz; altı, sonra sekiz metreye, sonra da göremeyeceğim kadar yükseğe uçuyor. Onu bir atmaca gibi izliyorum fakat gidiyor, görüş alanımın dışında artık. Kovana dönüyoruz, biz görmeden giremesin diye kovanın girişinin önünde duruyorum. Sessizce oturuyoruz.

"Artık her şey tabiatın elinde" diyor. "Kraliçe de döllenmek için ona bağlı, yaşam gayesini gerçekleştirebilmek için. Ben de tahminimin doğrulanması için ona bağlıyım. Yapabileceğimiz başka bir şey yok. Burada oturup bekleyelim. Biz elimizden geleni yaptık."

Güneşin altında bekliyorduk. Çok yoğun, gözlemlerimizle kaydedemeyeceğimiz yoğunlukta bir şeylerin içinde bulunduğumu hissediyordum.

Kraliçe yedi dakika sonra döndü; onu hemen yakalıyorum ve her zamanki gibi, bunun şahsına bir hakaret olmadığını söylüyorum ona. Güneş ışınları küçük vücudunu yakmasın diye çevirip büyüteçle inceliyorum. Çıktığından farklı değil. Büyük bir hayal kırıklığına uğruyorum. "Hiçbir şey yok, korkarım. Bir birleşmeye dair hiçbir iz yok."

"Onu tekrar kovana bırak. Endişelenme, bu hiçbir şey kanıtlamaz. Sadece bu uçuşta döllenmediği anlamına geliyor. Kovana bırak da biraz dinlensin. Görevin yerine getirilmesi gerektiğini biliyor."

Konuşmaya ihtiyacı olmayan iki adamın samimiliğiyle oturuyor, tabiatı seyrediyoruz. Fark ediyorum ki, sadece yerdeki alacalı gölgelere ya da lavantaların üstündeki arılara, lavantanın sivri, gri yapraklarına ve mavi çiçeklerine bakmak kafamı meşgul edebiliyor. Bu, bana müthiş bir dinginlik veriyor, gökyüzünün, toprağın, ağacın sıradanlığında bir fevkaladelik var. Endişe verici düşünceler uzaklaşıyor.

Bu rahatlama, canlanma olmadan yaşamak, otuz yedi yaşında dinç bir adam olarak karanlığın içinde kalmak... Kaybını önemsemiyor. Olağandışı bir sabır görüyorum, bunun acı dolu yılların sonunda kazanılmış olduğunu biliyorum. Beni etkileyen böyle bir anda bile sessizce oturabilmesi... Bütün bunların sonucunda haklı çıkmasını istiyorum.

Kraliçenin kovanda ne yaptığı konusunda hiçbir fikrimiz yok; on beş dakika sonra tekrar görünüyor. Tekrar tahtanın üstünde kendini temizleyip uçuşa geçiyor ve hemen geri dönüyor, sanki yolunu iyice öğrenmek istiyor gibi. Sonra gidiyor. Daireler çizerek yükseklere uçuyor, çok yükseklere, daha önce bir arının uçtuğunu görmediğimiz kadar yükseklere. Yine girişte durup bütün kovanlardaki bütün erkek arıların, etraftaki kovanlardaki binlerce arının da onun peşinden bu kadar yükseklere bu kadar hızla uçmasını diliyorum.

"Her şey bu uçuşun sonucuna bağlı" diyor Mösyö Huber. "Babamın yaptığı çalışmanın en önemli parçası da bir uçuşla ilgiliydi, ne tuhaf. Avcı kuşunun uçuşuyla ilgiliydi."

Bu konu hakkında söyleyebileceğim bir şey yok. Yedi dakika süren bir önceki uçuşunu hatırlıyorum. Dönüşüne dair hiçbir iz yok. Oturup bekliyoruz, etrafımızdaki böceklerin vızıltısını, uzakta çamaşırları asan kızların gülüşme seslerini, uşakları akşam yemeğine çağıran çanın sesini duyuyoruz. "Peki bu olay uçtukları sırada oluyorsa erkek arı ona nasıl hakim olabiliyor? İkisi de uçarken nasıl oluyor da penisini içeride tutabiliyor? Bunun için çok güçlü uyluk kasları lazım. Tıpkı erkeklerde ve kadınlarda olduğu gibi."

"Bu olduğu sırada yükseklerde uçuyorlarsa çok güçlü bacaklar gerekir" diyorum.

Kovandan ayrılışından bu yana yirmi dakika geçince yolunu kaybettiğinden endişelenmeye başlıyorum. Bu sefer daha uzaklara uçmuş olmalı.

"Fakat ona yolunu kaybettirecek en ufak bir esinti bile yok" diyor Monsenyör. "İlk uçuşta kovanın yerini öğrenmişti, onu tekrar bulamaması için hiçbir sebep yok."

Aradan yirmi beş dakika geçtiğinde bir kuşun, belki de bir avcı kuşun onu yediğinden şüphelenmeye başlıyor.

Yirmi yedinci dakikada arı kovana geri dönüyor, onu yakalıyorum ve sonra yüksek sesle Monsenyör'e sesleniyorum. Monsenyör ayağa fırlıyor, gözlerine birden yaşların hücum ettiğini görüyorum; bağırarak, "Ne var? Ne görüyorsun?" diyor.

"Çok değişmiş. Alt tarafı beyazımsı bir maddeyle dolu, koyu ve oldukça katı." Onu daha yakından inceliyorum." Vulvası da kısmen açık ve aynı maddeyle dolu."

"Neye benziyor?"

"Rengi ve görünüşü er suyuna benziyor, biraz daha katı."

"Evet." Derin bir iç çekti. "Kimsenin görmediği bir şeyi görüyoruz şu an. Ne gün ama. Tanrı görme gücüne kuvvet versin Burnens."

"Gören benim, önseziye sahip olansa sizsiniz."

Başarımızla gurur duyuyordum.

Eve adeta uçarak döndük, yüzümüzde kocaman birer gülümseme vardı. "Yanlış olduğundan şüphelendiğim varsayımları çürütmemiz beni nasıl tatmin etti bilemezsin" dedi. "Fakat kendi varsayımımın doğruluğunu kanıtlamak kadar değil tabii."

Marie-Aimée ve Pierre de kutlamaya katılacak kadar bu çalışmadan haberdardı; ev Monsenyör'ün çaldığı neşe dolu ezgilerle çınlamaya başladı. Pierre de o kadar ahenkle olmasa bile aynı derecede neşeyle bahçede düdüğünü çalıyordu. Yüzümde kocaman bir gülümseme, büyük bir zevkle deneyimiz hakkında yazmaya başladım.

Marie-Aimée yanımdan geçerken yaptığımı görüp göğüs geçirdi. Bir şey söylemeden yazmaya devam ettim.

Sanırım, hatta eminim ki, bazı durumlarda varlığımdan hoşnut bazı durumlardaysa değil.

"Hanidir biz de bu konu üzerinde yoğunlaşmıştık. Daha uzun süre devam edebilmeyi isterdim. Fakat sen başardın bunu Burnens. Çok güzel, çok güzel" dedi Madam.

Mağlup birinin lütufkâr ses tonuyla söylenmişti bu sözler. Ama altında henüz bitmemiş bir savaşın izleri vardı.

### *4 Temmuz*

Bu maddenin kraliçeyi gerçekten dölleyip döllemediğini öğrenmek için güçlü bir kanıta ihtiyacımız vardı elbette. Dolayısıyla onu kovana kapattık; bugün onu karnı şişmiş bir halde ve işçi hücrelerine bıraktığı yüz tane yumurtayla buldum. Bu beklenmedik bir durum değildi fakat çok büyük bir rahatlamaydı.

### *6 Temmuz*

Artık kovanda neden çok sayıda erkek arının bulunduğunu da açıklayabiliriz: Eğer kraliçe döllenmek için dışarı uçmak zorundaysa biriyle karşılaşabilme şansının olması için kovanda yeteri kadar erkek arı olmalı. Kovanda sadece bir ya da iki erkek arı olsaydı o zaman kraliçeyle aynı zamanda dışarıya çıkma şansları çok daha az olur, pek çok kraliçe arı da yumurtlayamazdı.

## *10 Temmuz*

Arılar için iyi bir mevsim oldu; sıcak, durgun ve kuru. En iyi kovanlarımız üç kez oğul verdi, hatta daha güçsüz olanlar bile bir kez oğul vermeyi başardılar. Artık oğul mevsimi sona erdiği için Monsenyör erkek arılara ne olduğunu bulmak konusunda kararlı. Bu zamanlarda sayısız erkek arının öldüğü su götürmez bir gerçek olsa da, nasıl öldükleri bilinmiyor; tabii Reaumur'un korkunç bir katliamdan, Bonnet'nin onların hapsedilip açlıktan öldüklerinden bahsettiğini ve erkek arıların kovanın dışında işçi arılar tarafından sokularak öldürüldükleri gerçeğini saymazsak. Ancak kovanda tek görebildiğimiz işçi arıların erkek arıları uzaklara, kovanın derinliklerine doğru götürdükleri.

Mösyö Huber derinliklerde neler olduğunu ortaya çıkarabilmek için kovanları cam bir masanın üstüne yerleştirip, benim de alttan, kovanın daha önce hiç göremediğimiz en aşağı taraflarında neler olduğunu gözlemlememe karar verdi.

## *15 Temmuz*

Jacques cam masaları yaptı, biz de altı kovanı üzerlerine yerleştirdik. Zaman zaman uykumu getiren sıcakta masaların altında yatıp bekliyordum. Fakat gözlemin üçüncü günü olan bugün, altı kovandaki işçi arıların yaklaşık aynı saatte (saat on birde) ve aynı şekilde erkek arıları katlettiklerini gördüm. Cam masa, kovanın derinliklerinde oldukça heyecanlı oldukları gözlenen dişi işçi arılarla kaplanmıştı. Erkek arılar aşağılara götürüldükçe antenler, bacaklar ya da kanatlar onları yakalayıp o kadar vahşice sürüklüyorlardı ki, vücutları parçalanıyordu. Dörde ayrıldıklarını söyleyebiliriz. Sonra da dişiler karınlarındaki halkaların arasında bulunan ölümcül bölgelerdeki iğneleriyle sokuyorlardı onları. Sokuldukları an ölümün geldiği andı; kanatlarının kalan kısmıyla son bir kez gerilip ölüyorlardı. Sanki işçiler onların yeterince ölü olduklarına inanmıyorlarmışçasına iğnelerini tekrar tekrar batırıyor, hatta geri çıkarmakta zorluk çekiyor, kurtulmak için vücutlarını şiddetle çeviriyorlardı.

"Sessizce açlığa terk edilmek erkek arılar için fazla iyi bir ölüm" dedi Monsenyör. "Zaten bu işçilerin doğasına hiç uymuyordu. Eğer bir şey yapacaklarsa bunu tüm adanmışlıklarıyla yaparlar, yine de böyle bir vahşeti beklemiyordum. Ama ne kadar başarılı bir gözlem. Gördüklerimizi aynen aktarabiliriz, bunun başka bir açıklaması da yok. Ayrıca bunu daha önce kimse görmedi." Bunu şaşkınlıkla söylemişti.

"Kimse bakmayı aklına getirmemiş, efendim."

"Gerçekten. Ararsan bulursun. Gözlerin için Tanrı'ya şükürler olsun Burnens."

## *16 Temmuz*

Bugün kendi kovanlarındaki katliamdan kurtulmak için kaçıp bizim kovanımıza sığınmaya gelen erkek arıların da yine vahşice katledildiğine şahit oldum. Bir de dişi arıların, geriye kalan birkaç erkek larvayı da parçalayıp karınlarındaki bütün sıvıyı emerek kovandan aşağı attıklarını gördüm.

## *25 Temmuz*

İki kere oğul vermiş kovanlarda hiç erkek arı yok. "Tabiatın işçi arıları, erkek arıları yılın belli zamanlarında öldürmekle görevlendirdiği açık. Fakat nasıl oluyor da, böyle birden öfkelenebiliyorlar? İşçiler o anın geldiğini nasıl biliyorlar?" dedi Mösyö Huber.

Farklı sebeplerden dolayı kraliçesi olmayan iki kovanımız ve bir de kraliçesi henüz döllenmemiş bir kovanımız var. Bu kovanlarda katliamın gerçekleşmediğini fark ettim; tersine erkek arılar el üstünde tutulup besleniyordu. Bu noktayı Monsenyör'e söyleme cesaretini gösterdim.

"Mükemmel" dedi. "Ah Burnens, artık sadece sana verilen talimatları yerine getiren bir uşak değil, kendi kendine düşünebilen bir yardımcısın. Sen olmasan ben ne kadar ilerlemiş olurdum acaba?"

Ellerini zevkle ovuşturdu. "Öyleyse diyebiliriz ki, kovandaki diğer arılar erkek arıları yalnızca döllenmiş bir kraliçeleri varsa, oğul verme gerçekleşmiş ve gelecek kış için de hazırlarsa katlediyorlar. Eğer kraliçenin döllenmesine ihtiyaç duyuluyorsa, ne kadar yiyecek tüketirse tüketsin erkek arıları alıkoyuyorlar."

Düşünürken hep yaptığı gibi bir o yana bir bu yana yürüyordu. "Kovanın bir ruhu olduğuna inanmayı çok istiyorum. Tek başlarına çok şey bilemezler; ama bir araya geldiklerinde toplamlarından daha fazla ediyorlar, zekalarının yattığı yer de bu 'daha fazlası.' " Elini salladı. "Fakat bu sadece bir tahmin, biz gözlemlerimizi kaydetmeye devam edelim; çünkü beni onlarla değerlendirecekler."

Erkek arıların katliamıyla ilgili gözlemlerimizden emin olabiliriz; ama döllenme olayını doğrudan izleme konusundaki teşebbüslerimizde hâlâ başarılı olamadık. Kraliçeyi uçarken defalarca izledim; fakat ne oluyorsa çok uzaklarda oluyor. Ayrıca itiraf etmeliyiz ki, döllenmemiş kraliçe arıyı ince bir saç fırçasının ucundaki erkek arının sıvısıyla suni olarak dölleme teşebbüslerimiz de başarısızlıkla sonuçlandı. (İkimiz de bunun işe yaramayacağını biliyorduk; fakat bunu Mösyö Bonnet önermişti, Mösyö Huber de onun önerisini yerine getirmekten gurur duyuyordu.)

Önümüze çıkan her duvarı aşmak, her çemberi geçmek zorundayız. Böylece denedik ve yanıtın bu olmadığını biliyoruz diyebiliriz. Her ihtimali incelemeliyiz. Kör bir adamın, bu alandaki çalışmasının ciddiye alınabilmesi için ötekilerin en az iki katı kadar çalışması gerekir.

Kraliçeyi suni olarak dölleme çalışmalarımızın tek sonucu onun canını yakmak oldu; çünkü onu incitmeden vulvasına sıvıyı boşaltmak çok zor ve zaten bu olaydan sonra sağ kalan kraliçeler de yumurta vermiyor. Kovanlarımız sağlıklı ve sağlam olduğundan birçok kraliçe arımız bulunuyor. Sık sık içinde bir kurtçuğun bulunduğu bir kraliyet hücresine rastlıyor, değişimini tamamlaması için onu gerekli koşullar altında barındırıyorum. Bu onları bizim için daha değersiz yapmıyor. Mösyö Bonnet ayrıca döllenmek için çok uzaklara gidemesin diye kraliçenin kanatlarını kesmemizi önerdi. Kraliçeyse kanatlarını çok kestiğimde hiç uçamıyor, az kestiğimdeyse yine uzaklara uçuyordu. Bunların acemice işler olduğunu düşünüyorum; ama Monsenyör hepsini denememiz konusunda ısrar ediyor.

Hiç döllenmemiş onuncu kraliçemizin de döllenip kovana geri dönmesini bekliyorduk.

"Karıncalar da böyle yapıyor" dedi. "Dişi çiftleşmek için yuvadan ayrılmak zorunda. Tabiat neden kovanda çiftleşmeyi yasaklamış?"

"İçerisi çok daha az çaba gerektiriyor" diye atıldım.

"Bu önemli olabilir. Eğer içeride olması mümkün olsaydı erkek arılar kraliçeyi rahat bırakmazdı. Peki o zaman neden bu kadar çok erkek arı var? Neden sadece bir ya da iki tane değil?"

"Belki de içeride onu doğru zamanda bulamayacaklarındandır."

"İçerde olsaydı eminim kraliçe onları çağıracak bir güce sahip olurdu. Belki da asıl nokta harcanan çabadadır. Erkek arılar hayatları boyunca o kadar tembel ve obur bir yaşam sürüyorlar ki, eğer kraliçeyi döllemek için çaba harcamazlarsa türünün zayıf bir örneği de bunu yapabilir. Fakat kraliçe uçtuğunda çok yükseklere, büyük bir hızla uçuyor. Böylece onu dölleyecek eşi de en az onun kadar hızlı olabilecek güce sahip olduğunu kanıtlamak zorunda."

Kraliçenin dönüşü tahminlerimizi yarıda kesti. Durumunu aktardım, döllenmişti; gözlemlerimizi yazmak üzere ikimiz de eve döndük. Monsenyör sadece gözlemlenen şeylerin iddia edilebileceği konusunda o kadar inatçı ki, tahminlerimizi ayrı bir yere yazıyorum.

Döndüğümüzde Marie-Aimée salondaydı.

Monsenyör'ü yanağından öptü. "Bugünkü çalışmanız nasıl gitti sevgilim?"

"Çok verimli hayatım, çok verimli."

Dalgın dalgın gülümseyip babasıyla oynamaları için çocukları çağırdı. Az sonra babaları emekler gibi pozisyon alıp ayı taklidi yapacak, küçük Marie sırtına oturduğu sırada Marie-Aimée onu tutacak ve böylece odayı turlayacaklar. Pierre de bir tur atmak isteyecek ve yerde neşeli anlar geçirecekler. Monsenyör oğluyla birlikte olduğu böyle zamanlardan büyük keyif alıyor.

Bense kıskanıyorum; ama babasını mı oğlunu mu bilemiyorum.

## *10 Ekim*

Döllenme üzerine deneylerimiz sürerken, Monsenyör oğul verme olayı üzerinde düşünüyor bir yandan. Bir taşla birkaç kuş birden vurmaya çalışıyor (belki de hüzünlü düşünceleri atmak istiyor kafasından).

Oğul verme olayından önce kovanda bir hareketlilik olduğunu gözlemledik. Monsenyör bunun doğrudan kraliçeden mi kaynaklandığını merak ediyor; bu ise onun, kovanı aynı anda harekete geçirdiğini düşündüğü "kovanın ruhu" kavramına ters düşüyor. Bu yüzden oğul verme olaylarının gerçekleştiği bir yaz daha geçtikten sonra hiç döllenmemiş bir kraliçeyi kovana kapattık; her gün günün ortalarına doğru erkek arıların genellikle uçtuğu vakitlerde, delicesine kaçmaya çalışıyor ve bütün arılar büyük bir heyecana kapılıyorlar. Bir iki saat sonraysa kraliçe ertesi güne kadar sakinleşiyor.

Otuz altıncı günde döllenmesi için onu serbest bıraktık. Ama ne gariptir ki, sadece erkek arı yumurtladı. Bu kovan için büyük bir felaketti; çünkü kaynakları yenileyecek dişiler olmadan erkek arılar bütün kaynakları kısa zamanda tüketirlerdi.

Yirmi günden sonra gerçekleşen döllenmenin ardından kraliçenin sadece erkek arı yumurtlayabildiğini gördük. Bunun açıklamasını yapamıyoruz.

Eve dönerken Pierre'i gördük, yere çömelmiş dalgın dalgın bir karınca sürüsünü izliyordu. Yollarına küçük bir engel koyuyordu; ince bir dal, bir yaprak ve üstünden mi geçecekler yoksa etrafından mı dolanacaklar diye bakıyordu. Gördüklerimi şefkatle gülümseyen Monsenyör'e anlattım. "Başka bir tabiat gözlemcisi daha" dedi. Pierre gülümsedi fakat bir şey söylemedi; babasının övgüsünden memnun, önündeki yaratıkları dikkatle incelemeye devam etti. Mevsimin sonuna geldik, kraliçeyle erkek arı arasındaki çiftleşmeye şahit olamasak bile bunun döllenme için gerekli olduğunu söyleyebiliriz. Belki gelecek bahar son şüpheleri de ortadan kaldırabilmek için birini yakından izleme şansını elde edebilirim.

*(Not: Mösyö Pierre Huber'in 1810 yılında Cenevre'de basılan ve ciddi bir doğabilimci olarak ün kazanmasını sağlayan* "Investigation of Native Ants" *adlı çalışmasını büyük ilgiyle okudum. Amcam daha sonraki çalışmalarını da ilgiyle takip etti. Bir keresinde bana Pierre'in küçük bir çocukken karıncaların arılardan daha zeki olduklarını düşündüğünü söylemişti. (Babanıza söylemeyin sakın.)*

*Amcam ve Mösyö Huber, bütün kışı yazın yaptıkları gözlemleri dikkatle yazmakla geçirdiler. Amcam, Mösyö Huber arı organlarının büyüklüğünü ve yerlerini daha iyi anlasın diye kestiği organların çamurdan büyütülmüş örneklerini yapmaya çalıştı. Bu çok başarılı olmadı ve Mösyö Huber amcamın tariflerinin yeterli olduğuna karar verdi. A. de M.)*

# 1788

## *2 Ocak*

Monsenyör ve Madam On İkinci Gece için arkadaşlarına gittiler, bize de evde otururken yememiz için fevkalade bir kek sipariş ettiler. Anna uğraşmasın diye fırından almışlardı (Anna'ysa buna sevinsin mi üzülsün mü bilemedi.)

İçinde Kral ve Kraliçe'yi temsilen bir fasulye ve bir de bezelye vardı. Jacques fasulyeyi Sarah da bezelyeyi aldı; onları Kral Louis ve Kraliçe Marie Antoinette yerine koyarak oyun oynamaya başladık. Mutfakta el ele yürüyor, şaraplarımızı içerken bize öpücük yolluyorlardı; Anna'ysa uygunsuz bir durum olmadığından emin olmaya çalışıyordu. Monsenyör ve Madam döndüğünde biz hâlâ şarkı söylüyorduk, Pierre de el çırparak bize eşlik ediyordu ve ilk defa onlardan geç yattık. (Hem de çok geç.)

Monsenyör'ü tıraş etmek üzere zamanında kalkabilmiştim; ama ikimizin de başı fena halde ağrıyordu, bu yüzden ikimiz de fazla konuşmadık.

Bütün öğleden sonra kütüphanedeydik, dışarıda hafiften kar yağıyordu. Pierre şöminenin önündeki halının üzerinde büyükbabasının hediye ettiği, onun için de gurur ve eğlence kaynağı olan oyuncak arabası ve atlarıyla oynuyordu.

Monsenyör arıların oğul vermeleri üzerine tahminlerde bulunuyordu. Uçuşun ne zaman gerçekleşeceğine karar verenin kraliçe olduğundan emin; fakat bunun eski kraliçe mi yoksa yenisi mi olduğu bir soru işareti. Kabul edilen görüşe göre yeni kraliçeydi, eskisi niye sahip olduğu her şeyi bıraksın ki? Sürüsünün onca çalışıp oluşturduğu polenleri, balı niye bırakıp gitsin ki? Genç kraliçeyi kovanından dışarı kovalaması daha olası bir durumdu.

"Ama bu erkeklerin yapacağı bir şey" dedi. "Hangi erkek isteyerek bütün zenginliğini ve evini bırakıp sadece sırtındaki giysilerle her şeye sıfırdan başlar?"

"Peki ya bunları oğluna bırakıyorsa?" diye sorarak şansımı denedim.

"Bunu ölünce yapar. Varlığının bir kısmını yaşarken verebilir; ama eğer aklı varsa kendini muhtaç duruma düşürmez. Çünkü o zaman tamamıyla oğlunun iyi niyetine bağlı olur."

Pierre gülümsedi. "Endişelenme baba, ben sana bakarım."

İkimiz de güldük, çocuğun/adamın bu açıklaması bizi şaşırtmıştı.

Israr ettim. "Eğer zengin birinin oğluysanız ve o sizin gençliğinizi kıskanıp size kötü davranıyor ve gelecek için hiçbir söz vermiyorsa, hiçbir şeyiniz olmadan dünyada kendinize yeniden bir yer edinmeye çalışmanın daha iyi olduğuna karar verebilirsiniz."

"Bu genç kraliçeler için mantıklı olabilir; ama ben arıların eski kraliçelerini –annelerini– bir yabancının peşinden gitmek için bırakacaklarına inanmıyorum. Her neyse, gözlemlerimiz bize gerçeği anlatacak. Sorun eski ve yeni kraliçeyi kesin olarak ayırt edebilmekte."

### *19 Şubat*

Mutfakta bir tartışma var: Jacques Anna'nın tahta kaşıkları gelişigüzel kullanmasından dolayı tatlı ve tuzlu yemeklerin tatlarının birbirine karıştığını iddia ederek hayatını tehlikeye atıyor. Bir sürü bağrış çağrışın ardından tuzlu yemekler için kullanılacak kaşıkların tutulacak yerlerine bir işaret konularak, çilekli bir palûzeye soğan tadının karışma tehlikesi ortadan kaldırılıyor.

Mösyö Huber konuşmanın hemen ardından odaya giriyor (ağır bakır tepsiler tehditkâr bir edayla havada sallanmak yerine yıkanıp yerlerine konuluyor).

"Mükemmel bir fikir" diyor. Birden herkes huzura erip kendileri ve yanındakiler hakkında güzel şeyler düşünmeye başlıyor.

"Kraliçeleri ayırt etmekte büyük sorun yaşıyoruz... Bir damla kırmızı boya harikalar yaratabilir. Bunu yapabilir miyiz Burnens?"

"Yapamamamız için hiçbir neden yok, efendim; uygun bir fırçayla göğsüne bir işaret koyabiliriz."

Anna'yla Jacques düşmanlıklarını unutup, alçakgönüllü, yalanlayan jest ve mimiklerle Monsenyör'ün çalışmasına yaptıkları bu ufak katkıyı değersiz göstermeye çalışıyorlar.

Yüzünde açıkça görülen bir heyecan ifadesi var Monsenyör'ün; hepimiz bunu görüp heyecanlanıyoruz. Dünyanın en iyi fikrini arayan birinin ifadesi değil bu, iyi bir yüreğin ifadesi.

### *6 Mayıs*

İşe koyulmak için uygun mevsimin gelmesini sabırsızlıkla bekledik ve sonunda çalışmaya başladık. Bir kraliçeyi boyayla işaretledim. Döllendi ve şişmiş karnıyla pek çok erkek arının yanı sıra dişi de yumurtlayacak gibi görünüyor. Onu kraliçesi olmayan bir kovana koyduk, arılar da onu kabul ettiler. İşçi arılar eski kraliyet hücrelerini yıkıp yenilerini kuruyorlar. Kraliçe sırayla erkek ve dişi hücrelerine yumurtalarını bırakıyor.

### *13 Mayıs*

Kraliçe, kraliyet hücrelerine yumurtalarını bırakmaya başladı.

### *19 Mayıs*

Oğul beklenmedik bir anda kovandan ayrıldı. Yakınlardaki bir ağaca yerleştiler, ben de onları önce bir çuvala, sonra da boş bir kovana koydum. Bir arı sürüsünü ilk yakaladığımda çok gerilmiştim; ama artık koruyacakları bir kovanları olmadığından o kadar da sinirli olmadıklarını biliyorum. Birlikte oldukları sürece sürünün bir yerden başka yere taşınmasının bir önemi yok. Arı sürüsünü incelediğimde eski, büyük kraliçeyi hemen tanıdım; başka kraliçe de yoktu zaten.

### *25 Haziran*

Kraliçenin bir yılı aşkın süreden beri bulunduğu kovanlar da dahil olmak üzere kovanların oğul vermesiyle ilgili gözlemlerimizi birkaç kez daha tekrarladık. Monsenyör ilk sürüye öncülük edenin eski kraliçe olduğu sonucuna rahatlıkla varabilir; ancak kraliçe bunu, kendisinden sonraki genç kraliçeleri koyacağı kraliyet hücrelerine yumurtalarını bıraktıktan sonra yapıyor.

"Fakat efendim, fark ettim ki arılar bu kraliyet hücrelerini, kraliçe, erkek arı yumurtlamadan kurmuyorlar."

Onayladı. "Bunun tersi de doğru değil. Kraliçenin erkek arı yumurtlaması arıların kraliyet hücreleri kuracakları anlamına da gelmiyor. Körü körüne yapılan, içgüdüsel bir olay değil bu; bazen yapıyor, bazen de yapmıyorlar."

"Topluluğun büyüklüğüne bağlı gibi, efendim. Kovan çok kalabalık değilse kraliyet hücrelerini kurmuyorlar sanki."

"Bu da kraliçenin kraliçeye dönüşecek yumurtalar bırakamaması ve bunu yapmadan da dışarıya uçamaması demek. Böylece arıların oğul verecek sayıda olup olmadıklarına kendilerinin karar verdiğini söyleyebiliriz. Buna kovanın ruhu diyebilir miyiz?"

Üzerlerinde çalıştıkça, onların daha zeki olduklarını düşünüyor ve onlarla daha fazla gurur duyuyoruz. Onlara öncülük yapacak "kovanın ruhu" olması fikri çok mantıklı görünüyor.

### *3 Temmuz*

Bugün çok sevindiğim bir olay oldu. Monsenyör ziyaretçilerinden birine beni (uşağı yerine) sekreteri olarak tanıştırdı. Onu her sabah hâlâ ben tıraş etsem de ve bu benim için de, onun için de bir zevk olsa da, onun kişisel bakımıyla daha çok Sarah'nın ilgilendiği bir gerçek. Onu tıraş etmem günün geri kalan kısmında arılarla ilgilenebilmem için iyi bir alıştırma oluyor; zira hem sert hem nazik olmak gerekiyor.

Madam da ev işlerini böyle yürütüyor. Tozu alınmamış bir yeri Sarah'ya göstermek konusunda bir an bile tereddüt etmezken, ertesi gün ona yeni pazar ayini kıyafeti içinde ne kadar güzel göründüğünü söyleyerek iltifat ediyor.

Monsenyör sık sık böyle bir eşe sahip olduğu için dünyadaki en şanslı erkek olduğunu dile getiriyor.

Fakat dün bunu söylediği anda Madam'la göz göze geldik; bakışları çok tuhaf bir ifaye büründü aniden, suçuna ortak arıyormuş gibiydi neredeyse. Utanacağım hiçbir şey yapmadığımdan emin olmama rağmen kendimi çok rahatsız, hatta sadakatsiz biri gibi hissettim.

Elbette Monsenyör bu bakışlardan, göz göze gelmelerden hiçbirini görmüyordu. Konuşmadan ne kadar çok şey söylediğimizi fark ediyorum, yüzdeki bir ifadenin ne kadar çok şey anlatabileceğini (özellikle dört kadın mutfakta bir aradayken). Belki de bunların farkında olmamak onun sakin bir adam olarak kalmasına yardımcı oluyordur.

### *1 Ağustos*

Günün sorusu: Sonuçta dişi işçi arılar da yumurtlayabilirler mi? Böyle bir soru ortaya çıktı; çünkü zaman zaman kovanda kraliçeye ait olmayan yumurtalar da bulunuyor. Mösyö Huber bunun olabileceğini söylüyor; çünkü bazı işçi arıların hücrelerde yumurtlar vaziyette durduklarını gördük. Reim da bunun olabileceğini söylüyor; fakat Mösyö Bonnet bazı küçük kraliçelerin olabileceğini iddia ediyor. Birini iş üstünde yakalamadan işçi arıların da yumurtladığını iddia edemeyiz. Bu yüzden tam bir aydır her gün kovanları gözlemliyorum ve böyle bir olayın gerçekleştiğini henüz göremedim; tabii böylesi bir kalabalıkta bunu gözden kaçırmam çok olası. Yine de bu yumurtaları küçük kraliçenin bıraktığı iddiasını tamamıyla reddedemeyiz.

Mösyö Huber bu konuyu düşünürken ben de aklımdan bir şeyler geçiriyorum: Emin olmanın tek yolu, hiçbir kraliçe arının bulunmadığından emin olduğumuz bir kovan kullanmak; bu da kovana koyacağımız her arıyı tek tek incelememiz demek. Genelde onları incelemem gerektiğinde soğuk sudan geçirerek yaparım bunu, böylece daha uysal olurlar ve sokma ihtimalleri de azalır; ama aynı zamanda bu onları sertleştirir ve şekillerinde ufak da olsa değişikliklere sebep olur. Küçük bir kraliçe arı bir işçi arıya o kadar benzer ki, aradaki fark bu şekilde kaybolabilir. Bu yüzden bu inceleme işleminin, onları olduğu gibi, hareketsiz hale getirmeden kovana koyarak yapılması gerekir.

Bu da beni özgürce sokabilecekleri anlamına geliyor. Ayrıca ciddi sonuçlar elde edebilmemiz için bir kovan yetmez, iki kovanımız olmalı. Yani her kovan için en az elli bin arı! Of, aritmetik çok açık. Fakat bunu yapacak başka yol göremiyorum. Çok acı verecek ama sonuç buna değecek.

Yazdıklarım kulağa hoş geliyor, işin ortasında olmadığım sürece tabii.

*3 Ağustos*

Bugün kovanların oradaydık.

"Hâlâ işçi arıların yumurtlayıp yumurtlamadığını bilemiyoruz" dedi Monsenyör.

"Bunu öğrenmenin tek yolu kesinlikle kraliçe arılardan arındırılmış bir kovan oluşturmak.

"Fakat bunu yapabilmek için..."

"Bunun için ne gerektiğini biliyorum."

"Gerçekten mi?" Görmeyen gözleriyle bana baktı, ben de kafamı sallayıp evet dedim. "Bunu yapmanı asla isteyemem senden."

"Siz istemiyorsunuz zaten. Ben teklif ediyorum."

Derin bir nefes aldı. "İnsanüstü bir çaba gerektirecek."

"Biliyorum, efendim. Yapmak istememin sebebi de bu."

"O zaman önerin minnettarlıkla kabul edildi. Tabii gerçekten eminsen."

"Evet, efendim."

Elbette bu, ne kadar acı vereceğini bilmediğim anlamına gelmiyordu.

## *10 Ağustos*

Mösyö Bonnet akşam yemeği için gelmişti, öğleden sonra da Mösyö Huber onu kovanların oraya getirdi. İkisine de Pierre rehberlik ediyordu; çünkü Mösyö Bonnet'nin de görme yetisi iyiden iyiye azalmaya başlamıştı. Yine de vücudumdaki arı sokmalarının derecesini görebilecek kadar görüşe sahipti; bunu verdiği tepkiden anlayabiliyordum. Monsenyör'ün kulağına yüzünü buruşturmasına sebep olacak bir şeyler fısıldadı.

"Tahmin edebiliyorum" dedi yüksek sesle. "Sevgili François, acını tahmin edebiliyorum; bir an için bile olsa, fedakârlığını önemsemediğimi zannetme."

"Biliyorum, efendim. Acı kaçınılmaz."

Mösyö Bonnet başıyla onayladı. "Acın bir gün geçecek; ama bilgi sonsuza kadar kalacak, hiçbir yere gitmeyecek." Mösyö Huber'e bana sahip olduğu için ne kadar şanslı olduğu konusunda birkaç nazik iltifatta bulundu. İçimden evet dedim, bunu söyleyebilirsin çünkü sen olsan bunu yapmazdın. Ama bu Mösyö Huber için geçerli değil, görebilseydi bunu kendi de yapardı biliyorum, o yüzden de bunu onun adına ben yapmak istedim; bunu Mösyö Bonnet için yapmazdım. Ama yaşlı bir adam o, bunu da dikkate almalıyım.

Yine de, bazen bunu hiç söze dökmesem de Mösyö Huber'in onun onayını almak için bu kadar uğraşmasına çok kızıyorum; bence Mösyö Huber daha üstün bir zekaya sahip, ayrıca deneyler üzerine kafa patlatıp asıl işi yapan da o. Mösyö Bonnet ise bir şeyler bilmenin "ilginç olabileceğini" düşünüyor sadece. Hatta bazen Mösyö Bonnet'nin Monsenyör'ün buluşlarının kendisine ait olduğunu iddia etmesinden korkuyorum (fakat bu uygunsuz bir düşünce tabii; küçük köylü aklım yine devrede).

Misafiri gittikten sonra Monsenyör tekrar kovanlara döndü. Öğleden sonra saat üç sıralarıydı, hava çok sıcaktı; bense bir çentik daha attım, ne kadar olmuştu bilmiyorum, elli bin olabilir. Onları her günün sonunda saymak Pierre'in görevi. Mösyö Huber ise akşam yemeğinde her zamanki küçük birası yerine şarap içti. Kollarımı soğuk suyla yıkamak üzere bir dakika ara verdim.

Oturdu, derin bir nefes aldı, içtiği için değil de üzerindeki ağırlığı atabilmek için.

"François" dedi ciddi bir ses tonuyla. "Yaptığının ne anlama geldiğinin farkındayım."

"Biliyorum, efendim."

"Ben de çalışmamı sen olmadan başarmamın imkânsız olduğunu biliyorum."

"İmkânsız değildi, efendim. Karınız bunu geçmişte başardı ve Pierre de kısa zamanda size yardım edebilecek duruma gelirdi."

Başını salladı. "Senden istediğim şeyi onlardan asla isteyemezdim."

Bu hemen hemen doğru; çünkü onların bilgiye duydukları açlık benimki kadar yoğun değil. Hem ne olursa olsun, bir koca karısından buna katlanmasını asla isteyemez. Hiçbir şey söylemedim, arıları tek tek incelemeye devam ettim sadece: Tut, çevirip başparmağınla işaret parmağının arasına al, büyüteçle bak (gölgede) ve gerçekten bir işçi olduğunu anlayacak şekilde organlarını incele.

Bu dördüncü gün. Durmadan, deli gibi çalışıyor, sadece gözlerimi dinlendirmek için ara veriyorum.

"Bu işi seviyorum, efendim. Bir sonu olduğunu biliyorum ve adım adım, sonunda oraya varacağım. Oranları hesaplamayı seviyorum; kaçta kaçı bitti, kaçta kaçı kaldı. Ondalıkları kesirlere, kesirleri tekrar ondalığa çeviriyorum. Bunu neden bu kadar çekici bulduğumu bilmiyorum." Zayıf bir yönümü açığa vurmuş gibi hissettim kendimi birden; ama insani bir zayıflıktı bu, o anlardı.

"Meşgul olmanın verdiği zevk bu" dedi. Bana doğru nazikçe baktı ("baktığını" söylerken kör olduğunun farkındayım, yine de "baktı" diyeceğim). "Fakat bunun için büyük bir bedel ödüyorsun Burnens. Seni soktuklarında nasıl sessizleştiğini bazen hissediyorum."

Kafamı salladım. "Acı o kadar da kötü değil. Ödemeye değer bir bedel."

"Bütün acılar kalamin losyonuyla dindirilemez" dedi düşünceli bir şekilde. "Fakat çok çalışmak burada işe yarar. Sadece canımızı sıkan düşüncelerden uzaklaştığımız için değil, iyi geçirilmiş bir zamandan sonra duyduğumuz şevk de var. Sensiz bu işi yapamazdım François. Bu iş benim hayatımın çok önemli bir parçasını oluşturuyor."

"Ben de siz olmadan bu işi yapamazdım, efendim." Ayrıca hem Mösyö Huber kadar bir şeyler talep edip hem de onun kadar çok şey öğreten bir efendi bulamayacağımı biliyorum.

"Sana kör olacağımı nasıl öğrendiğimi hiç anlatmadım, değil mi?" diye sordu.

Heyecandan ürperdim, bundan hiç bahsetmediğini biliyorum; sık sık anlatılan bir hikâye değil bu, çok kişisel, çok acı. Ve bunu, benim çektiğim acıya karşılık anlattığını da biliyorum. Ellerim bu gece bunu yazmama izin vermeyecek kadar şişliklerle dolu, uzun uzun yazmaya vakit bulana kadar birkaç kısa not yazacağım şimdilik.

Hikâyesini anlatırken kovanların oradaki, her zaman oturduğu sandalyede oturuyordu, bakışlarını yere kilitlemişti. Doğrudan anlatmaya başladı.

"On beş yaşındaydım ve bir yetişkin olmak için çabalayan her genç gibi ben de zayıf ve uzun boyluydum. Üniversitedeki derslere giriyor, amcamın evinde simyayla ilgili deneyler yapıyordum. Kendimi o kadar kaptırmıştım ki, zamanın nasıl geçtiğinin farkında bile değildim. Ailem çalışmalarımla gurur duyuyordu. Bilmedikleri bir şey varsa o da, geceleri uyumayıp mum ışığında romanlar okuduğumdu. Kitaplara âşıktım; bütün o kahramanlıklar, genç kızların çektiği acılar. Her şeyi yapabileceğimi düşünüyordum; ödenecek hiçbir bedel yoktu. Gözlerimi günde on altı, on sekiz saat kullanıyordum; mum bitene kadar da diyebiliriz. Sonra, bunu bilmek istemiyor, korkuyordum ama, görme yetimin gittikçe azaldığını fark ettim. Bir gözümün tam olarak odaklanamadığını, ötekinin de ortasında görmemi tamamen engelleyen siyah bir nokta olduğunu fark ettim.

Başlarda bunu göz ardı ettim, ilerledikçe bunu aklıma getirmekten bile korkar oldum; ama sonunda o kadar kötüleşti ki, babama söylemek zorunda kaldım. Tabii o da çok endişelendi. Kasabadaki bir doktora gittik, o da bizi o zamanın ünlü iki doktorunu görmek üzere Paris'e gönderdi. İlki Dr. Tronchin'di. Varolan gücümden fazlasını kullandığımı söyledi, bu da benim yaşlarımda olağandı. Fakat tüketmeye olan eğilimim onu endişelendirmişti ve buna çare olarak tek önerebildiği bir yıl taşrada yaşamamdı; bir köylü olarak açık havada çalışıp köy yemekleri yemem ve gücümü toplamam gerekiyordu. O hayatı bilirsin işte François."

“Aslında efendim, etrafta yeterli yiyecek varsa köy yaşantısı çok sağlıklıdır.”

“Elbette, bu en önemli ihtiyaç. Durumumu göz önünde bulundurarak, hiçbir şeye üzülüp heyecanlanmamam ve bir yıl boyunca hiçbir şey okumamam gerektiğini de sözlerine ekledi. Bunu yapabileceğimi söyledim; ama yine de birkaç kitap aşırabileceğimi düşünüyordum.

Fakat ertesi gün Dr. Wenzel'i görmemiz gerekiyordu; kendisi Avrupa'nın en ünlü göz doktorlarından biriydi. Onu ziyaret ettiğimiz günü her düşündüğümde içimin titrediğini hissediyorum. Korkudan ölüyordum. Derinlerde bir yerde gerçeği zaten biliyordum.

Ve odasındaydık: Aynalı duvarlar, kitaplar ve lale oymaları... Gözlerimi muayene etmek için kullandığı parlak ışık çok acı vermişti. Sakin, çok sakin konuşuyordu ve ona görme kabiliyetimin çok yetersiz olduğunu söylemek beni rahatlatmıştı.

Muayene bittiğinde perdeleri çekip gerekli ışıkları açar açmaz gözlerimi yüzüne doğru döndürdü; fakat yararı yoktu. Sonra yanıma bir sandalye çekti, o zaman anladım. Daha sonra elini omzuma koydu ve işte o zaman gerçekten anladım.

‘Sana iyi haberler vermeyi çok isterdim. Bunu yapamadığım için üzgünüm’ dedi.

Durumumun ne kadar kötü olduğunu sordum, o da açıkladı, çok sakindi. Birinde katarak ötekinde de *gutta serena* vardı. İki gözün de farklı bir hastalığının olması çok büyük bir talihsizlikti ve bu nadiren olurdu.

‘Katarağın ne olduğunu biliyorum’ dedim. ‘Peki *gutta serena* nedir?’

‘Gözdeki sinirlerle ilgili bir hastalık’ dedi doktor.

‘Peki bu ne anlama geliyor?

'Eğer iki göz de aynı oranda kötüleşmeye devam ederse, ki sanırım öyle olacak; ancak üç ya da dört yıl daha görebileceksin.'

'On dokuz yaşında kör mü olacağım?' diye bağırdım.

Babam aniden kendini tutamayıp ağlamaya başladığını belli eden bir ses çıkardı. Arkasını döndü, eli hâlâ omzumdaydı. Ağlıyordu. Bu da başka bir darbeydi. Gerçek olduğunu şimdi daha iyi anlıyordum.

'Daha uzun süremez mi?' diye sordum en muzaffer tavrımla; sanki bir fark yaratacakmış gibi. Fakat Dr. Wenzel, 'Tecrübelerime dayanarak bunun pek mümkün olmadığını söyleyebilirim' dedi.

Kapıya yöneldim ama gözlerimde o kadar çok yaş vardı ki, kapının kolunu tam göremedim. Bunun henüz körlük olmadığını biliyordum; şekilleri, renkleri seçebiliyordum hâlâ. Nasılsa Dr. Wenzel'in babamı durdurduğunu anladım, bunun için ona minnettardım. Sokağa çıktığımda ağlamıyordum ama yüzümde kar taneleri vardı. Cildim sıcaktı, acıyordu, kar taneleri yüzümden aşağı yavaşça kayıp yüzümü serinletiyordu.

Babam yanıma geldiğinde kolumu tuttu, teselliye benden daha çok ihtiyacı var gibiydi. Otele dönerken arabadan dışarı baktığımda koşuşturan kadın siluetlerini görebiliyordum; alacakaranlıktı, üstelik kar yağıyordu, bu yüzden de belli belirsizdiler ama bu benim için yeterliydi. Sorun ayrıntıları görememek olacaksa ben buna razıydım. Loş ışıkta hepimizin paylaştığı belirsiz görüntü bana yeterdi.

Endamlı bir kadının yanımızdan geçtiğini gördüm, bir an tutup ona sarılmak istedim.

Dr. Wenzel bunun çok uzun sürmesinin imkânsız olduğunu söylememişti. Okumak, belki bu da mümkün olacaktı. İyi bir ışık, en iyi kalitede mumlar, yumuşak, parlak olmayan. Sadece en gerekli şeyler. Fakat on beş yaşında her şey gerekliydi, okuyacak öğrenecek o kadar çok şey vardı ki; bütün yetişkin dünyası benden öndeydi.

Arabanın camını açıp kar taneleri yüzüme çarpsın diye kafamı dışarı uzattım. Görmeden hissedebileceğim bir şeyler arıyordum.

Bütün umutlarımı Dr. Tronchin'e bağlamıştım. Eğer kahramanca bir çare gerekiyorsa ben dövüşe hazırdım. Bedenim de gözlerim de aynı kişiye aitti, değil mi? O zaman genel sağlığım düzelirse gözlerimin de düzeleceğini düşünmek gayet mantıklıydı. Kim buna karşı çıkabilirdi ki?

Ve sonra Marie-Aimée. Onu o öğleden sonra Candolleslarda gördüğüm haliyle o kadar iyi hatırlıyordum ki, beyaz kıyafeti içinde zarifçe yürüyüşünü, benimle acımasızca alay edişini, yine de günbatımı sırasında beraberce oturup pencereden dışarıyı izleyişimizi; sanki kelimeler olmadan anlaşabiliyorduk o anda. Öyle yumuşak bakıyordu ki, tek istediğim yanında kalıp ona şefkat dolu bakışlarla karşılık verebilmekti. İkimiz de çok gençtik ama sanki aramızdaki şey bizden yıllarca ötedeydi.

Ama şimdi... istediği zaman gidebilirdi. Neden kör bir adamı seçsin ki? İşte, kör olmamak için bir sebep daha.

Elbette içimden bir ses Wenzel'in doğruyu söylediğini fısıldıyordu. Fransız tarzında bir sürü mobilyayla doldurulmuş otel odamdaki koltukta oturup, duvar saatinin tik taklarına gözlerimi diktim, her hareketi izliyordum; bugün bile en ince ayrıntısına kadar çizebilirim o saati sana. Tuhaf olan şu ki, bu sallanma anlamsız da olsa garip bir şekilde tatmin ediciydi. Ona bakmayı bıraktığımda durumumun gerçekliği beynime işlemeye başladı; istemesem de biliyordum, boş umutlarla zaman harcamak anlamsızdı. Yine de doğal bir şeydi. Kim bu durumda en ufak bir umuda bile sarılmazdı ki?

Babam masaya oturmuş olup bitenleri anneme yazıyordu. Konuşamadı benimle. Elini bir an omzuma koydu, sanki bir şeyler söyleyecekmiş de sözler dudaklarında takılıp kalmış gibi duruyordu. Kendimi korkunç derecede yalnız hissetmiştim, gerçekten yalnız olmaktan da kötüydü bu; sevdiğim bu adamla, yani babamla aynı odadaydık ve birbirimize söyleyecek bir söz, tek bir teselli sözü bile bulamıyorduk. Geleceğimin böyle olacağından korkmuştum; sevdiğim ya da sevmeyi umduğum insanların benden uzaklaşmasından. Aslında bugüne kadar olayın kendisinden hiç bahsetmedik. Birtakım düzenlemeler yapmak kaçınılmazdı, kabul ediyorum, evet; ama olayın kendisi asla böyle değil. Marie-Aimée'yle baş başa kaldığımızda bile bu konunun bahsi hiç geçmedi. Bu onlara dayanılmaz bir acı veriyor. Asla... hiç yapmadım.

O gece odamıza getirilen akşam yemeğini yiyip Dr. Tronchin'den tanıdığı çiftçi aileye ilişkin gerekli ayarlamaları yapmasını rica etmeye karar verdik. İkimizin de dinlenmeye ihtiyacı vardı. Yan yana olmak zordu.

Sonunda karanlıkta yatağıma girdim. Sonra kendimi tümüyle serbest bırakıp ağlamaya başladım, üzüntüden öleceğimi düşünene kadar da ağladım. Katıksız bir acıydı hissettiğim. Başka hiçbir şey yoktu. Acının içine o kadar dalmıştım ki, yataktan çıkabilecek gücüm olduğunu bile unutmuştum.

Sonunda uyku geldi, Tanrı'ya şükür; parlak ve aydınlık bir güne uyandım. Hayatımın en kötü gecesini atlattığımı biliyordum. Bir daha duygularım hiç bu kadar yoğun olmayacaktı. Böylece geceleri bir bir atlatacağımı biliyordum; her gün bir adım daha ilerleyerek...

Paris'te bulunduğumuz sıralarda on beş yaşındaydım ve hâlâ görebiliyordum; ayrıca söylenene göre Parisli kızlar dünyadaki en güzel kızlardı.

Babam sanırım dikkatimizi başka yere çekecek bir şeyler arıyordu ki, Louvre Sarayı'na gidip resimlere bakmamızı teklif etti. Bunun üzerine ben, Tuilerie Bahçeleri'nde yürüyen kadınları izlemeyi tercih ettiğimi söyledim; o da gösterdiğim bu yaşam belirtisinden dolayı büyük mutluluk duydu. Sonuçta ikisini de yaptık. Resimlere ne kadar dikkatle baktığımı tahmin edersin; onları beynime kazımaya çalışıyordum adeta. Sonra bahçelere oturduğumuzda genç bir öğretmeni izlemeye başladım; o da bunun pekâlâ farkındaydı, yürürken kırıtıyor, omzunun üzerinden bana doğru cilveli cilveli bakıyordu. Tuval üzerine yapılmış soluk resimler gerçek bir kadının yerini asla tutamazdı.

Karanlıkta yatakta bir kadınla birlikteyken, düşündüm ki kör olup olmamak fark etmezdi; çünkü onu hissetmek, onu koklamak görseniz de görmeseniz de yapabileceğiniz şeylerdi. Fakat yine, kör bir adamla yaşamak zorunda kalacak olan Marie-Aimée aklıma gelmişti ve ben tam bulduğumu sandığım anda hayatımın aşkını kaybettiğimi düşünmeye dayanamıyordum.

Bu düşünce çok rahatsız ediciydi; ben de gidip babama, bir çift sağlam bot ve birkaç parça beni sıcak tutacak giysi almak için dışarı çıkmayı önerdim. Babam rahatlamıştı. Bütün dikkatini doğru mağazaları bulmaya verdi; küçük caddelerde kıyıda köşede kalmış pek çok güzel mağaza keşfettik. İşçiliği gayet iyi bir çift sağlam bot bulup aldık. Onları yıllarca giydim. Sonra arabada yer ayırttık ve hepsi o kadar işte.

Ertesi gün yola çıktım. Sanki Paris'e bir genç olarak gelmiştim ve buradan bir yetişkin olarak ayrılıyordum. Çok ani bir geçiş olmuştu, artık hiçbir şey aynı değildi. Babamın, Dr. Wenzel'in muayenehanesinde kendini tutamayıp ağlamaya başladığı o anda çocukluğum sona ermişti. Hem gözlerimi hem de her şeyi yoluna koyan babamı kaybettiğimi hissetmiştim. Bu çok ağır bir kayıptı."

"Evet, efendim." Ben bu kayıplardan yalnızca birini yaşadım ve ne kadar ağır olduğunu biliyorum.

### *20 Ağustos*

Kovanlarda kraliçe bulunmadığından emin olmak için yaptığımız işlemler sona erdi. Tam on bir gün sürdü bu. İçim çok rahat; çünkü üzerime düşen ne varsa hepsini yaptığımı düşünüyorum. Şişliklerin acısı gittikçe azalıyor. Anna'nın kalamin merhemi çok işe yaradı; deneyimiz sırasında çektiğim acıyla, sanırım Mösyö Huber'e ya da körlüğünden dolayı yaşadığı bunca acıya duyduğum saygıyı bir nebze olsun göstermiş oldum.

### *21 Ağustos*

Bugün kovanlardan birinde yumurta buldum; bu da sadece kraliçelerin değil işçi arıların da yumurtlayabileceğinin bir kanıtı. Monsenyör çok sevinmişti; ama bu zevki ancak birkaç dakika yaşayabildim çünkü hemen ardından kesin kanıt olması için işçi arıyı yumurtlarken yakalamanın mümkün olup olmayacağını merak etmeye başladı. Bu yüzden değerli, saf işçi arılarımızı, sonunda ölçülerini makul bir gözlem için uygun hale getirebildiğimiz gözlem kovanımıza koymam gerekiyor. Onları, birini iş üstünde yakalayana kadar izleyeceğim.

## 1 Eylül

Bir haftayı aşkın bir süredir, günün her saatini onları gözlemleyerek geçirdiğim halde hücrelere arkalarını koymaları gibi yumurta bırakmaya benzer tek bir hareket bile görmedim. Monsenyör de hayal kırıklığı içinde ama hâlâ umutlu. Sanırım ben daha büyük bir hayal kırıklığı yaşıyorum; çünkü fikrini doğrulayacak bu son kanıtı da ona sunmayı çok istiyorum.

Şevkim kırılmaya başlamıştı, sürekli hiçbir şey olmadığını bildiriyordum. Ayrıca zaten yeterli kanıta sahip olduğumuzu düşünüyordum; yumurtaları bulmuştuk, Tanrı aşkına, kovanda kraliçe bulunmadığından da emindik. Mantıklı hiçbir insan deneyimizden çıkardığımız bu sonuca karşı çıkamazdı. Bunların hiçbirini söylemedim elbette. Tuhaftı, bu sabah güneş gökyüzünde alçalırken havanın hâlâ sıcak olduğu sıralarda yanıma geldiğinde konuşmamızın aldığı yol çok tuhaftı.

"Müziği düşünüyordum" dedi. "Piyanoda bir parçayı çalmayı öğrenmek mesela. Kendi zevki için çalan bir adamla geçimini sağlamak için çalan adam arasındaki fark nedir biliyor musun?"

"Hayır, efendim."

"Kendisi için çalan adam parçayı doğru çalana kadar çalışır, iş için çalan adamsa onu artık yanlış çalmadığına emin olana kadar..."

Ne anlatmaya çalıştığını hemen anlamıştım; ama bunu kelimelere dökebilmem biraz zamanımı aldı. "Diğer bir deyişle, bu deneyde yumurtaları bulmamız düşüncelerimizi doğruladığımız anlamına geliyor; ama bir işçi arıyı yumurtlarken yakalamamız tezimizin yanlış olma ihtimalini ortadan kaldıracak, öyle mi?"

"Aynen öyle. Arılarla boş vaktimi değerlendirmek için uğraşmıyorum. Bu benim işim. Senden çok şey istediğimi biliyorum, François."

"Bunları yerine getirmekten memnunum, efendim."

Gülümsedi, ben de gözlemlerime daha büyük bir sabırla, sonuna kadar dayanmaya kararlı bir şekilde tekrar başladım. Bir hafta gün gün sayıldığında uzun gelebilir; ama bütün bir hayatın içinde çok kısa bir zaman.

### *4 Eylül*

Bugün işçi arılardan birini yumurtlarken gördüm. Hemen yakaladım, beni soktu elbette; ama hissetmedim bile. İnceledim ve ovarlarının kraliçeninki kadar gelişmiş olmasa da bırakılmaya hazır on bir yumurtayla dolu olduğunu gördüm.

"Tatmin edici" dedi Monsenyör, bütün gün mütebessim bir ifadeyle dolaştı etrafta. Bu akşam kütüphanede türün anatomik çizimlerini yapıyordum ki, yanımdan geçerken "Aferin" dedi. Ne kadar mutlu oldum bilemezsiniz.

### *10 Ekim*

Mevsim sona erdi. Kraliçesi olmayan kovanlardaki işçi arıların genel hücrelerdeki kurtları kraliçeye döndürmek için kraliyet jölesiyle beslediklerini gözlemledik. Bu esnada şans eseri etraflarındaki kraliyet yiyeceğiyle beslenen bu işçi arılar, daha sonra yumurtlayabiliyorlar.

Doğum günümü şarap ve kekle kutladık. Bulunduğum yer için hâlâ Tanrı'ya şükrediyorum; ama yine de bazen bütün hayatım böyle mi geçecek diye düşünmeden edemiyorum.

*30 Ekim*

Jacques domuzu öldürme zamanının geldiğini söylüyor. Anna'ysa birkaç hafta daha kalabileceğini. Yemek artıklarıyla beslendiği için masrafı yok. Fakat Jacques kesme zamanının geldiğine aklını takmış bir kere. Bunu duyan Mösyö Huber ise domuzu kesecek kişi Jacques olduğundan bunu ne zaman yapacağına da onun karar vermesi gerektiğini söylüyor. İkisi de bunu kabul ediyor.

Bir sabah erkenden Jacques onu ormana götürüp besledikten sonra boğazını kesti. Parçalara ayırmak (onun işiydi) ve tuzlayıp saklamak (bu da Anna'nın işiydi) üzere eve geri getirdi.

"Mutlu öldü" dedi. Her gün lezzetli, taze et yiyor, aylar boyu yetecek domuz budu ve pastırması olduğunu da biliyoruz.

# 1789

### *20 Ocak*

Ailenin daha önce hiç görmediğim bir İngiliz âdeti var: ekmek "kızartmak". Buz gibi akşamlarda, gün yavaş yavaş batarken hep beraber şöminenin önündeki kilimin üzerine oturuyorlar, Monsenyör de ateşin önünde ekmek parçalarını kızartıyor. Ekmek kızartırken halasının Londra'dan getirdiği pirinçten yapılmış, uzun saplı özel bir çatal kullanıyor. Önce bir taraf, sonra öteki kızarıyor ve sonra kokusundan hazır olduğunu anlayıp ekmeği Marie-Aimée'ye uzatıyor, o da kızarmış ekmeği çataldan dikkatle çıkarıp alıyor; çünkü henüz çok sıcak. Ekmekleri ikiye bölüp çocuklara vermeden önce üzerlerine bolca yağ ve bal sürüyor, çocuklar da ekmekleri alır almaz mideye indiriyorlar.

"Bir tane daha mı?" diye bağırıyor. "Bir tane daha? Bir sumsuk yuvası besliyorum sanki." Çocuklar kıkırdıyorlar, Marie-Aimée de şefkatle gülümsüyor.

Dördü yerde oturmuş, yüzlerine şöminenin ateşi vuruyor; bu huzurun ve sevginin bir resmi. Böyle zamanlarda onların yanından ayrılıp her zaman bir dilim kek bulunan mutfağa, Anna'nın yanına gidiyorum.

"Ballı ekmek yemenin en kolay yolu bu değil tabii" diyor. "Ve yerde oturmanın da. Fakat bunu seviyorlar işte, Tanrı onları korusun."

*4 Mayıs*

İki tane geç döllenmiş kraliçemizin sadece erkek arı yumurtlamaya devam edip etmeyeceklerini görmek için kışı geçirdik. Geçen kasım ayında yumurta vermeyi bırakıp nisanda tekrar başladılar; ama hâlâ erkek arı yumurtluyorlar. Sonuna kadar onları takip etmeye kararlıydık; ancak bugün bütün işçilerin onları terk ettiğini gördük. Kovanlar boştu ve kraliçelerin ikisi de ölmüştü.

"Görüyorsun" dedi Monsenyör üzgün bir şekilde. "Yeni işçi doğmadı. Kaynakları tüketecek daha çok erkek var; zavallı dişilerin moralleri bozuldu. Arkalarında bırakacak kraliyet kurtçukları yumurtlayamadıkları için kraliçelerinin kendilerine dışarı çıkmada öncülük edemeyeceklerini biliyorlar. Başka bir kraliçeye bağlanmalılar şimdi. Bu yüzden de civardaki başka bir kovana katıldılar."

"Ve onu besleyecek işçiler olmadığından kraliçe açlıktan öldü." Bunu soğukkanlılıkla söylemiştim; ama bir an kraliçenin, kalbi kırıldığı için ölmüş olabileceğini düşündüm. Monsenyör'ün de benzer bir şey düşünüp düşünmediğini bilmiyorum. O da altüst olmuştu. Bu küçük böceklerin yüreğimizde edindikleri yer ilginçti.

Kovanlarda çok fazla erkek arı olduğunu, hatta bunların bir kısmının kraliyet hücrelerine bırakıldığını gözlemledik. Kraliçenin içgüdüleri tamamıyla zayıflamış olmalıydı. Sonuçta kovanın düzeni bozulmuş, giderek kötüleşmiş ve sonuçta terk edilmişti; bu da kraliçenin ölümüne sebep olmuştu.

*20 Mayıs*

Arıların dünyasının ötesinde herkesin ilgilendiği bir başka konu da, 170 yıl sonra Fransa'daki Meclis'in yeniden toplanmasının ne anlama geldiğiydi. Ancak çok önemli dönüm noktalarında toplanan bu Meclis, bu sefer sadece vergi konusunu görüşmek üzere toplanmış gibi görünüyordu. Sanırım Madam'ın Paris'te yatırımları var, bu yüzden de oradaki gelişmeleri sürekli takip ediyor.

(*Not: Saçma gelebilir ama Huber'in "çok fazla erkek arı" olduğu düşüncesi ve kovanın çöküşüyle o yıl Fransa'da başlayan olaylar arasında olağanüstü bir paralellik olduğunu düşünmeden edemiyorum. A. de M.*)

*25 Mayıs*

İlk oğul verme gerçekleşti, hem de buna geçen yıl göğsünü kırmızı boyayla işaretlediğimiz eski kraliçe öncülük etti. İlk oğul vermeye her zaman eski kraliçenin öncülük ettiğine dair bir kanıt daha; tabii artık gerek varsa. Ancak o zamandan beri hava soğuk ve değişken; sadece birkaç günlüğüne, oğulun en azından bir kereliğine kovandan ayrılmasına olanak verecek kadar güneşli ve sıcak oldu. Mösyö Huber "panik" kelimesinin havanın kötü olma ihtimali belirdiğinde arıların gösterdiği tepkiyi anlatmak için hiç de abartılı bir kelime olmadığını, güneşin önünden bir bulut bile geçse yuvalarına uçtuklarını söyledi.

Havanın deney yapmak için uygun olmadığı zamanlarda Monsenyör zaten bildiğimiz şeyler üzerinden tahminler yürütür. Kovandaki kraliyet larvaları kurtçuklara dönmeye hazır olduğunda kraliçe oğulun kovandan ayrılışına öncülük ediyor. Peki neden o zaman?

Monsenyör, "Kovanda aynı anda iki kraliçe bulunamaz" diyor ve derin düşüncelere dalıyor, ben bu arada kütüphanenin camlarına vuran yağmur damlalarını izliyorum. Mayısın son günlerini yaşıyor olmamıza rağmen şömine yanıyor.

"Reaumur, Schirach, Hattorf; bunların hepsi, kovanda iki kraliçenin bulunmasını önlemek için tabiatın ikisine de ortak bir nefret aşıladığını söylüyor. Eğer kraliçeler aynı yaştaysa mücadele ikisi için de eşit oluyor ve sonuç şansa kalıyor. Eğer eski kraliçe yeni doğmuş kraliçeyle karşı karşıya kalırsa, genç kraliçenin fazla şansı olduğunu söyleyemem."

"Demek ki eski kraliçe kalmayı isterse, bütün rakiplerini geriye bir tane bile kalmayana dek tek tek yok edebilir."

"O zaman sürü kovandan ayrılamaz ve ayrılamazsa da kovan güçlenemez. Kraliçe gittikçe yaşlanır ve zayıflar, sonunda kovan da kendini savunamaz hale gelir ve tümden yok olmaya mahkûm olur."

Güçlü bir kovan yılda üç ya da dört kez oğul verir, bu da dört yeni kovan demektir. Çok zayıf bir kovanda bir tane bile gerçekleşmeyebilir, böylece kraliçeleri bir yaş daha yaşlanır ve yavrular taze kanla güçlenemezler. Yavaş yavaş kaynaklarını yenileyememeye başlarlar. Böyle durumlarda onları kovandan çıkarıp suda öldürür ve kovana yeni bir sürü bırakırım. Bunu yaptığım için hiçbir zaman vicdan azabı duymadım. Yazın işçi arıların ömrü çok kısa, iki aydan fazla sürmüyor. O zamana kadar da ya bacakları kırılıyor ya da kanatları kopuyor. Hiçbir sonuç elde edemeden bunca çaba harcamak gereksiz. Kovanların gelişmek için dirençli, genç kraliçelere ihtiyaçları var.

Monsenyör düşünürken her zaman yaptığı gibi yavaş adımlarla bir o yana bir bu yana yürüyor; her iki yana altışar adım... Halının bu kısmı, üstünde hiç eşya olmadığı için yıpranmış. Sanırım yolunu bulmaya çalışmadan ya da birinin yardımı olmadan yürümek hoşuna gidiyor.

"Onu terk etmeyeceklerini biliyoruz. Kraliçenin çok yaşlı olduğu, yumurta vermediği kovanlar gördük. Ve arılar dul kraliçeyi en karanlık köşelerde saklarlar. Kovandaki arıların hepsi onun yüzünden ölebilirler; ama onu asla öldürmezler. Güçlü bir kovanda kraliçenin oğulun ayrılışına öncülük etmesinin sebebi bu olsa gerek. Böylece geride kalanların yeni hayatlarına başlama şansları daha yüksek oluyor." Kaşları çatıldı. "Kraliçe gittikten sonra işçilerin nasıl davrandıklarını tekrar anlat."

"Yumurtadan çıkmaya hazır bir kraliyet kurtçuğuna sahip olduklarını gördüm. Daha önce de söylediğim gibi efendim, çıkışını geciktirmek için kozayı sürekli balmumuyla kaplıyorlardı."

"Çok güzel. Bu konu hakkında senin ne düşündüğünü sorabilir miyim?"

Benim de tahminler yürütmemi istemesi sık olan bir şey değil. Gözlemlerimi yaparken gösterdiğim özene duyduğu ihtiyacı çoğu zaman fark ediyorum ve bunu sağlamak için de elimden geleni yapıyorum.

"Şey efendim, kraliçeye en çok ihtiyaç duydukları vakit umutlarının önünü böyle kapamaları bence çok garip."

"Bence de. Hiç doğal gelmiyor. İşte araştırmamız gereken, tam da içgüdülerinde bozukluk olduğunu düşündüğümüz bu noktalar. Buna açıklama getirecek bir deney düşünemiyorum. Kurtçuğu kapadıklarını ve bunu ne zaman, nasıl yaptıklarını biliyoruz, bilmediğimiz tek şey neden yaptıkları. Ama biraz sabır; bunu sonunda bulacağız. Mutlaka bir sebebi olmalı. Sadece henüz bilmiyoruz. Bu arada gerçekliğinden emin olarak keşfettiğimiz her şeyi bir araya getirelim."

### *15 Temmuz*

Pierre, Echo ile umutsuz aşkı Narcissus'un hikâyesini okuyor bir süredir. Kayalıklı vadide yankı denemeleri yapma konusunda çok istekli. O, babası ve ben dün akşam üzeri vadiye doğru yürüdük. Hava durgun ve berraktı, yankıyı duyabilmek için en iyi zaman. Monsenyör çok zorlandı çünkü yol dik ve engebeliydi; sık sık tökezliyordu.

"Kahretsin" dedi aynı şey üçüncü kez olduğunda; ama bu, öfkesinin dışa vurduğu kadarıydı.

Bazı erkeklerin özellikle yaşlanmaya başladıklarında, en ufak aksilikte öfkeden hemen kudurduklarını fark ettim. Monsenyör'se bu konuda tam tersi bir tutum içerisinde, Tanrı'ya şükür. Belli ki körlüğü her adımında zaten sıkıntıya yol açıyor ve her seferinde sinirlense başka bir şey yapacak gücü kalmayacak.

Yarı yolda durup sesimizi vadinin öteki tarafında bulunan kocaman çatlak bir kayaya yönelttik. Önce Pierre denedi: "Çık, hadi neredeysen çık." Ve ses aynen geri geldi. Monsenyör'le ben de denedik; ama ikimiz de tam anlamıyla başarılı olamadık. Bunun üzerine Pierre ellerini beline koyup çabalarımıza güldü.

Eve dönerken Monsenyör çoğu insanın yankının zararsız olduğunu düşündüğünü söyledi. Ama bilinmeyen bir sebeple Virgil, yankının arılara zarar verdiğini düşünüyordu.

"Böceklerin duyamadığını sanıyordum" dedi Pierre.

"Gerçekten de, duymalarına yarayacak bir organ henüz bilinmiyor" dedi babası. "Ancak arıcılar kaybettikleri arı sürülerini madeni sesler çıkartarak, kovaya sopayla vurarak ararlar. Ve bu işe yarar. Sesi duyamasalar da sanırım titreşimi hissedebiliyorlar."

Bir aile dostu Pierre'e ağız borusu hediye etti. Bu, Monsenyör'e ve Madam'a göre biraz yanlış bir hediyeydi; çünkü yemeklere çağırmak ve gün içinde genel olarak duyuru yapmak için sık sık boru sesine maruz kalıyorlardı. ("Jacques beş dakika içinde kasabaya inmek üzere evden ayrılacak. Kasabada görülecek işi olanlar lütfen bir adım öne çıksın." Ya da, "Anna elmalı turta yapmak üzere. Onun yerine çilekli palûze isteyenler lütfen Anna'ya fikrinizi söyleyin!" gibi.)

Akşam kovanlarda işimiz bittiğinde defterimi orada bıraktığımı fark edip almak üzere oraya geri döndüm.

Alacakaranlıkta Pierre'i gördüm, borusuyla kovanlara doğru bağırıyordu. "Dışarı çıkın, hadi dışarı çıkın sizi kana susamış yaşlı arılar." Beni görünce zıpladı. "Duyup duymadıklarını öğrenmek istedim sadece" dedi kendini savunurcasına.

"Peki sonuç?"

"Hiçbir şey. Onlar için pek fark ettiğini sanmıyorum."

"Rahatsız olmadıklarını nereden biliyorsun?"

"Bilmiyorum."

"Belki de daha net bir amacın olana kadar deneyi ertelesen daha iyi olur, ne dersin?"

Göğüs geçirdi. "Evet. Arılarla çok da ilgilenmiyorum zaten. Babama söyleyecek misin?"

"Hayır. Fakat baban seslere karşı çok duyarlı ve ağız borunu kullandığında sesin çok yüksek çıkıyor."

"Pekâlâ."

Sesini alçaltacağından eminim. Makul olma konusunda inanılmaz bir kabiliyeti var.

Kendi oğlumla böyle konuşmak nasıl olurdu acaba?

## *20 Temmuz*

Paris'te korkunç bir isyan çıktığını, örgütün Bastil Hapishanesi'ne saldırıp çoğunluğunu Kral'a karşı suç işlemiş yaşlı adamların oluşturduğu mahkûmları serbest bıraktığını duyduk. Söylentilere göre bu örgüt sokaklarda elini kolunu sallayarak dolaşıyor ve ordu hiçbir şey yapmıyor; çünkü ordunun kendisi de Amerika'da yaşanan savaştaki cumhuriyetçi fikirlerden etkilenmiş durumda. Kral'a mutlak surette sadık kalan tek ordu İsviçreli paralı askerler.

Mösyö Huber usulca, "Gençken Paris'i gördüğüme seviniyorum" diyor.

Paris'i hiç görmediğimi düşünüyorum. Bir gün, belki...

İşimize dört elle sarılıyoruz. Gözlemlerimizi anlatıyoruz. Mösyö Bonnet'ye şimdiye kadar keşfettiklerini özetleyen bir mektup yazmak istiyor. Böylece Mösyö Bonnet bunların bir gazetede yayımlanmasını önerebilir.

## *15 Ağustos*

Bu mektup üzerinde ne kadar da çalıştık. Yaptığımız gözlemlerin yazılı olduğu mektubu yüksek sesle okuyorum. O da bunlar üzerinde yorumlar yapıyor, ben de yorumları ekleyip mektubu tekrar yüksek sesle okuyorum. Dinliyor ve birkaç yorum daha yapıyor. Kelimeleri ikinci kez gözden geçirip tekrar okuyorum. Tekrar yorum yapıyor. Haftalardır bu böyle sürüyor; şimdi dördüncü nüshadayız ve en sonunda doğal bir ton oluşmaya başladı. Bu kadar değişiklik ve düzeltmeden sonra bu en az doğalı gibi görünebilir; fakat bütün söyleyebileceğim en az çabayla okunabilecek bir eseri oluşturmanın çok çaba gerektirdiği.

## *18 Ağustos*

Sıcak bir yaz günü, öğleden sonra iyiden iyiye basan sıcakta, küçük göle doğru yürüdük. Oltalarımızı hazırladık ama balıklarda pek hareket yoktu.

Bir süre sonra Monsenyör, "Genç kadın kokusunun balıkları getirdiğini söylerler. Belki de Sarah'yı çağırmalıyız" dedi.

"Kadınlar balık tutmaz" dedi Pierre sertçe, belki de Sarah hakkında daha karmaşık düşüncelerin ortaya çıkmasını engellemek istiyordu. Sonra bu düşüncelerden silkinip, "Balıklar koku alabilir mi?" diye sordu.

"Almamaları için bir sebep göremiyorum. Neden su da hava gibi kokuyu tutuyor olmasın? Koklamaya yarayan bir organın henüz keşfedilip keşfedilmediğini bilmiyorum."

"Onları karanlık, zifiri karanlık bir tanka koyarak bunu öğrenebilirsin, hiçbir şey göremezler. Koca bir tank. Sonra içine biraz yem atarsın; görmedikleri halde doğrudan ona doğru yüzerlerse anlarsın ki koku alabiliyorlar."

"Çok güzel" dedi babası. "En azından çok güçlü bir varsayım olur."

Aklıma, eğer balıklar tamamıyla karanlıkta olursa hareketlerini gözlemlemenin imkânsız olacağı geldi; ama Pierre'in felsefi düşüncesinden en az ben de Monsenyör kadar etkilendiğim için bir şey söylemedim, ayrıca hevesini kırmak istememiştim.

Ama Monsenyör tereddüt etmedi. "Ancak, tank gerçekten karanlık olursa, gözlemcinin balıkların yaptıklarını göremeyeceği kesin."

Bu noktada biraz hayal kırıklığı yaşanacağını düşünmüştüm ama Pierre bunu kabul etti. "Evet, bu doğru."

"İyi deneyler için çok üzün süre düşünmek gerekir. Bazen nasıl yapacağını düşünmek onu yapmaktan daha çok zaman alır. Tabii her zaman değil, Burnens bunu çok iyi bilir."

"Balıklarla çok da ilgilenmiyorum zaten" dedi Pierre. Babası güldü ve sonra hepimiz sustuk. Oltalarımızı izliyorduk. Arada bir, sıçrayan bir balığın sesini duyuyorduk; Monsenyör de memnun bir ifadeyle göğüs geçiriyordu. O iyi bir balıkçı. Kıpırdamadan, sadece duyduklarına odaklanarak uzun süre oturmaya alışmış, böylece bir balık sıçrayıp ses çıkardığında nerede olduğunu anlamak için görme ihtiyacı duymuyor. Dokunuşu o kadar hassas ki, oltanın misinasındaki en ufak kıpırtıyı bile hissedebiliyor.

Suyun üstünde çok sayıda yarasanın uçtuğunu söyledim; suyun yüzünden geçerken nasıl su içtiklerini, bu arada onlar gibi susuzluklarını gidermek isteyen böcekleri nasıl yediklerini tarif ettim.

Evcil bir yarasası olan okul arkadaşından bahsetti. Yarasanın arkadaşının elinde nasıl durduğunu ve yesin diye verilen sineklerin kanatlarını yemeden önce nasıl koparttığını anlattı.

"Yarasalar bunu hep yapar" diye bağırdı Pierre.

Monsenyör omuzlarını silkti. "Biz kemik yemeyiz."

Eve sadece bir çift kurşuni tatlı su balığıyla ve bir de iyi geçirilmiş anların bize verdiği sükûnet ve huzurla döndük.

## *30 Eylül*

Monsenyör sonunda bal arısının kovanın dışında döllendiğini kanıtlayan güzel bir makale yazdı; makale, Charles Bonnet'ye yazılan bir mektup biçiminde.

Üç sayfalık bu mektubu yazmak tam üç ay sürdü. Monsenyör mektubu el baskı makinesini kullanarak tahta harflerle kendisi basmak istedi. Onun kimseye bağlı olmama isteğini anlayabiliyordum, yine de her harfe tek tek dokunuşunu izlemek bana acı veriyordu. Çok zahmetli bir girişimdi ve en anlaşılmaz sonuçları bile ona yüksek sesle okumak zorunda kalıyordum.

Yüzünde acı çektiğini gösteren bir kasılma ifadesi vardı; aynı acıyı ben de hissediyordum. Tüm kalbimle onun bağımsızlığına kavuşmasını diledim; sanırım ancak bir aile, çocuğu için böylesine bir şeyi bu denli içtenlikle isteyebilir. İçini çekip, "Ah Burnens, senin çok daha iyi yapabileceğin bir şeyi yapmak için bunca zamanı boşa harcamamın hiçbir anlamı yok" dedi. "Sen benim sekreterimsin, bunun için çok şanslıyım. Göndereceğimiz nüshayı hazırlamayı sana bırakmanın vakti geldi."

"Her kelime sizin, efendim."
"Benim, biliyorum, biliyorum."

*1 Ekim*

Fransa'da dramatik olaylar meydana geliyor. Bugünlerde eve ne zaman gazete gelse Monsenyör haberleri soruyor; ya Madam okuyor ya da ben okuyorum ikisi dinliyor. Üçüncü Zümre, Millet Meclisi'ni kurdu. Feodalizm yıkıldı. İnsan Hakları Beyannamesi duyuruldu. Kendi kantonlarımızdaki yetkililer gergin; fakat insanların çoğu, beraberinde kargaşa ve huzursuzluk getirecek olsa da, Fransa'da daha adil bir yönetim sistemi oluşturacak gibi görünen bu hareketi destekliyor.

*10 Ekim*

Bugün Monsenyör, Mösyö Bonnet'den, döllenmeden bahsettiği mektubunun cevabını aldı. Hem cesaret vericiydi hem de yumuşak bir dille yazılmıştı. Mösyö Huber'in daha fazla deney yapmasını ve yılların çalışmasını bir kitapta toplamayı öneriyordu.

"Ne söylemeye çalıştığını anlıyorum" dedi Monsenyör. Kovanların orada geçirdiğimiz iç karartıcı bir gündü. "Babamı düşünüyor." Sessizce oturuyordu, arılarda da fazla hareket yoktu. Kafasını geriye atıp, "Babamın avcı kuşuyla ilgili çalışması tabiat tarihine kesinlikle bir katkıydı. Ama ufak bir katkı. Gerisi gelmedi. Mösyö Bonnet benim de aynı yolu takip etmemden korkuyor. Söylemese de geniş çaplı, titiz bir çalışma yapmazsam sadece bu işlere meraklı biri gibi görülmemden korkuyor. Dahası kabul edilmiş düşüncelere karşı çıkıyorum. Ve dahası körüm, yani gözlemlerimden iki kez şüphe edilecek."

Onun adına çok kızgın hissettim kendimi. "Bırakın denetlesinler, efendim. Sizin fikirleriniz ve deneyleriniz var, benim de gözlem yapabilecek gözlerim. Hadi, gelsinler de bir hata bulsunlar bakalım."

Güldü. "Ellerinden geleni yapacaklar, bundan eminim. Bu yüzden her zaman emin olmaktan daha fazlasına ihtiyacımız var." Elini omzuma koydu, bunu hiç tereddüt etmeden yapmıştı. "Sana güveniyorum François. Bunu beraber yapacağız. Düz yolda bile zoru seçmeliyiz."

"Yine de kraliçenin erkek arıyla çiftleşmesini henüz doğrudan göremedik" diyorum.

Gülümsüyor. "Önemli olan elimizden geleni yapmamız; nasıl olsa ne olduğunu biliyoruz. Hiç görmeyebiliriz de." Durup omuzlarını silkiyor. "Bu çok büyük bir hayal kırıklığı olur. Ama çalışmamızı geçersiz kılmaz. Deneylerimizi yaptık, sonuçları biliyoruz, tartışacak bir şey yok."

Onu hayal kırıklığına uğramış bir şekilde görmektense, bu şekilde düşünmek beni de mutlu ediyor.

Bugünkü ikinci haber daha evrensel bir öneme sahip. Paris örgütü Versay'daki Kral'a gidip ondan Millet Meclisi'ni tanımasını ve şehirde açlıktan ölmek üzere olan insanlar için ekmek istedi. Kral, Meclis'i tanımayı reddetti ve Kraliçe Marie Antoniette omuzlarını silkmekle yetinip, "Neden pasta yemiyorlar?" dedi. Bu sözler Avrupa'da büyük yankı uyandırdı. Tarlalarda çalışan tüm çiftçiler bunu duydu. Sonuçta, tahmin edileceği gibi örgüt Kraliyet Ailesi'ni Paris'e, bugünlerde ihtilalin misafirleri olarak yaşadıkları Tuileris'e davet etti. Can güvenlikleri İsviçre Muhafız Alayı tarafından sağlanıyor.

Olacakların asla kestirilemediği bir zamanda yaşıyor gibiyiz; şu ana kadar süregelen doğal düzen alaşağı oluyor. Paris çetesi Kral'a emir veriyor! Bunu tahmin etmek bir hafta önce bile olanaksızdı.

Pierre, bu belirsizliğin ortasında dahi kendi sessiz dünyasını yarattı. Birkaç eski ahşap kutuyu birleştirip kendi antika dolabını yaptı. İçerde tuhaf şekilli taşlar, boynuzlu, ölü bir böcek, bir çayır yılanının derisi, kurutulmuş çiçekler, kırık bir toprak küngün parçaları bulunuyor. Her şey özenle etiketlenmiş.

Madam Monsenyör'ü çağırıp hayranlıkla eşyaları tarif ederken o da bundan büyük keyif alıyor. Pierre'in kurduğu bu küçük, düzenli dünya böyle bir zamanda hepimize mutluluk veriyor.

### *4 Kasım*

Jacques'ın eski dostlarından biri ziyarete geldi. Akşam yemeğinden sonra pipolarını içmek üzere mutfakta oturdular; Monsenyör'le ben de davet edilmiştik. Yaşlı adam yıllar önce köyünde yaşamış olan arı çocuğun hikâyesini anlattı.

Çocuk geri zekalıydı ve tek ilgilendiği konu arılardı; ancak bu ilgisi onu tüketiyor, varolan o minicik aklını da buna harcıyordu. Arıların alışkanlıklarına ilişkin bilgisi olağanüstüydü. Kışın kış uykusuna yatar gibi babasının şöminesinin yanından hiç ayrılmazdı; yaz aylarındaysa en az arılar kadar meşgul ve telaşlı olurdu. Balarıları, yabanarıları, eşekarıları, bunların hepsi onun kurbanlarıydı ve onların tarlalardaki yuvalarını bulmakta ustaydı. Böcekleri çıplak elleriyle yakalar, iğnelerini koparıp ballarını emerdi.

Onları bazen gömleğinin altında, tenine yakın, bazen de şişelerde saklardı. Vızıltı sesleri çıkararak etrafta çılgınca koşar dururdu. Arıcılar ondan nefret ederdi; çünkü bahçelerine girip arıları dışarı çıkarmak için kovanlara vururdu. Ya da balı alabilmek için kovanı ters çevirirdi. Bundan da çılgınca zevk alırdı. Arıcılar mayalanmış baldan likör yaptıklarındaysa, sık sık onlara gidip bir bardak "arı şarabı" için yalvarırdı.

Uzun boylu bir genç olduğunda uzak bir köye gönderildi ve bir erişkin olamadan öldü.

"Ya bir çukura düşüp boynunu kırmış ya da göle girip boğulmuştur" dedi Monsenyör kuru bir sesle. "Kendi köyü, onu bebekliğinden beri tanıyan insanlar bunu yapamadı ve onu yabancıların yanına gönderdiler. Onun için aynı şeyleri hissetmiyorlardı. Böyle kazalar oluyor."

"Başka bir köye gönderildi ve öldü" dedi yaşlı adam sertçe. "Bütün bildiğim bu."

"Geri zekalı olması ne yazık" dedi Monsenyör. "Yoksa çok büyük bir tabiat tarihçisi olabilirdi."

Kendi yaptığımı düşündüm: Yüz bin arıyı saymıştım ve Tanrı'ya şükür, sonunda kayda değer bir bilgi edinmiştik; aksi halde benimki de delilikten başka bir şey olmazdı.

"Merak ediyorum" dedi Monsenyör. "Eğer çocuk istediği kadar balla beslenmiş olsaydı ne olurdu acaba? Garip davranışları bal almak için miydi yoksa bal almaya çalışmak bu davranışları için bir bahane miydi yalnızca?"

"Sanırım arılar onun arkadaşıydı" dedi Pierre. "Geri zekalıysa başka arkadaşı olamazdı."

Monsenyör onayladı. "Belki de yanında birinin olmasına her şeyden çok ihtiyaç duyuyordu."

"Bir arının ne kadar beslenirse beslensin ya da sıcak tutulursa tutulsun, tek başına kalırsa öleceği doğru mu?" diye sordum.

"Elbette. Onun yalnızlıktan öldüğünü de söyleyebiliriz."

"Atlar da öyle" dedi yaşlı adam. "Bir tarlada tek başına yaşayan bir at asla hayatta kalamaz. Kendi türlerinden bir arkadaşa ihtiyaç duyarlar. Tarlasında bir tek atıyla kalakalan bir adam tanıyorum; at çok üzgün görünüyordu. Adam öylesine şanssız biriydi ki, tek bir tane de tavuğu vardı. Tavuk bir gün kendini tarlada buldu ve iki hayvanın arasında saygı çerçevesinde bir ilişki gelişti. Tavuk atın bacağına sürünür, at da onu ezmemek için çok dikkatli davranırdı. Ve yaşadı."

"Çocuk ve arılar da öyle" dedi Pierre.

"Ve başka bir adam, sellerden sonra; '65 yılı mıydı, yoksa 66 mı?' Her neyse, sular çekildiğinde gördü ki, aynı ağacın dalına tünemiş bir tilki, kedi ve tavuk birbirlerine bakıyor ama hiçbiri diğerine saldırmıyordu."

"Bazen bir arkadaşa duyulan ihtiyaç o kadar büyük olur ki, 'dünyada olmaz' dediğiniz şey bile bu ihtiyacı karşılayabilir" dedi Monsenyör. "Bu ihtiyacı karşılayacak kendi türümüzden arkadaşlara sahip olduğumuz için şanslıyız." Kadehini şerefe kaldırdı. Şöminenin başında oturuyorduk ve gölgeler titreşiyorken duyduğum bu dostluk hissi içimi ısıtıyordu; bu taşra inanışları belirsiz zamanlarda insana adeta ilaç gibi geliyordu.

# 1790

*(Not: Bu yıl Huber Ailesi için Fransız İhtilali'nin neden olduğu mali sıkıntıların başlangıcıydı. Madam Huber adına Paris'te yapılan yatırımlar öncekilere nazaran çok daha az gelir getirdi. Kemerleri sıkma dönemiydi ve ev halkı da bunu başarıyla yapıyordu. A. de M.)*

## *28 Nisan*

Oğulun kovandan ayrılması üzerinde, eski kraliçeler üzerinde, yeni kraliçeler üzerinde çalışıyoruz...

Güzel bir bahardı. Kardelenler, çuhaçiçekleri, yılan otları, nergislerle doluydu her taraf. Bu erkenci arılar için bolca bal özü demekti. Eski kraliçe kovandan oğulla ayrıldıktan sonra, arıların kovanda kalan kraliyet kurtçuklarına nasıl baktıklarını gözlemleyebileceğiz. Bazen yumurtadan çıkışını geciktirmek için bir kraliyet kurtçuğunu kapadıklarını biliyoruz. Gözlemle başka ne bulabiliriz?

*14 Mayıs*

İki kovandaki arıları cam bir kovana yerleştirdik. İki gün sonra, eskiden bol bol yumurtlayan bir kraliçe koyduk kovana. Kraliçeyi kabul ettiler, o da hem küçük işçi hücrelerine hem de büyük erkek arı hücrelerine yumurtalarını bıraktı.

*20 Mayıs*

On altı kraliyet hücresinin yapıldığını gördük.

*27 Mayıs*

Bunlardan onunun eşit olmayan şekillerde büyütüldüğünü gördük, hepsi de kuluçkanın farklı safhalarındaydı.

*28 Mayıs*

Kraliçenin karnı şimdi daha küçük; ama heyecan belirtileri göstermeye başladı. Hücrelerin, yumurtalarını bırakmaya uygun olup olmadığını inceliyor, hemen sonra yumurta hücrenin dibine tamamıyla yapışmasın diye karnının yarısını hücrenin içine uzatıyor. Kovandaki gezintisi esnasında karşılaştığı arılar o durunca duruyorlar; ona merhamet ediyorlar sanki. Bazıları sırtına tırmanıyor ama o aldırmadan yoluna devam ediyor. Kimse ona bal vermiyor, o ise, açık hücrelerin önünden geçerek kendini idare ediyor. Artık etrafında saygı çemberi oluşturmuyorlar.

Büyüttüğü ilk arılar heyecanla onu takip ediyorlar, dönüşte de öteki arıları heyecanlandırıyorlar. Heyecan her yeri kaplayana dek kovanın dört bir yanında dolanıyorlar. İşçilerin yavrularla ilgilenmeyi kestiği, tarladan dönen arılar polenlerini depolamayı ihmal ettiği bir sırada, yumurtalarını her yere bırakıyorlar. Peteklerde çılgınca dolanıyorlar, ta ki kraliçeyle birlikte girişe doğru koşup kovandan ayrılana kadar.

Bu kovanın nüfusunu yoğunlaştırmak için dışarı uçar uçmaz kraliçeyi tuttuk. Oğul, kraliçelerinin olmadığını fark eder etmez (bu ancak birkaç dakika aldı) hemen eski kovanına döndü. Eski kraliçenin hep aynı şekilde mi hareket ettiğini bilmek istiyorduk.

### *30 Mayıs*

Henüz bir yaşında, yeni bir kraliçe koydum kovana; kabul ettiler ve kraliçe hem küçük işçi hücrelerine hem de büyük erkek arı hücrelerine yumurtalarını bırakıyor. Arılar bunlardan bazılarını, genişletip kraliyet hücrelerine çeviriyorlar.

### *1 Haziran*

Eski kraliçenin ilk kraliyet hücresi işçiler tarafından kapatıldı, bu da kovanda büyümekte olan en az bir kraliyet kurtçuğu olduğu anlamına geliyor.

## *2 Haziran*

İkinci bir kraliyet hücresi de kapatıldı. Saat on bir, kovana sükûnet ve düzen hakim; ama öğle vakti kraliçe aniden heyecanlanıp peteklerde çılgınca dolanmaya başlıyor, bütün işçiler bir an birbirine giriyor. Birkaç dakika içinde girişe doğru koşturup kraliçeleriyle birlikte uçarak bir fındık ağacına yerleştiler.

Monsenyör, arılar kovana tekrar dönsün diye kraliçeyi almamı söyledi. Bunu hiç zorlanmadan yaptım; sanırım geceyi nerede geçirecekleri konusuyla fazlasıyla meşguldüler. Kraliçeyi alıkoyduk ve arılar kovana döndüler. Hâlâ heyecanlıydılar ve kraliçelerini arıyorlardı. Saat üçe doğru her şey eski haline dönmüştü.

## *3 Haziran*

Arılar her zamanki işlerine döndüler. Kraliçeleri yok. Üçüncü kraliyet hücresini de kapattılar.

## *7 Haziran*

Geçen birkaç gün içinde bazı kraliyet hücrelerini daha kapattılar. Aynı zamanda eski kraliyet hücrelerinin üstündeki balmumunu da inceltmeye başladılar. Şeffaflaşana kadar onu dalgalı çizgiler halinde ortadan kaldırıyorlar. Bunu kurtçuğun kraliçe olmakla sonuçlanacak son değişimini geçireceği gün olan yedinci günde balmumu tamamıyla ortadan kalkacak şekilde yapıyorlar. Kafasının ve karnının üstünde ince bir balmumu tabakası bulunuyor, muhtemelen büyük miktardaki vücut sıvılarının buharlaşabilmesi için.

Bütün gün bu ilk kraliçenin doğmasını bekledik; ancak sanırım arılar bunu henüz istemiyor çünkü dışarı çıkacağı noktayı daha çok balmumuyla kaplayıp tutsaklarını içeride tutuyorlar.

"Bizim beklediğimiz de buydu" dedi Monsenyör. "Yeni bir kraliçeye ihtiyaçları var, bir tanesi doğmaya hazır ama onu içeride tutuyorlar. Bekleyip ne olacağını görelim bakalım, belki sebebini anlayabiliriz."

Yüzünde tamamıyla bu işe yoğunlaştığını gösteren bir ifade vardı; kafası bir tarafa dönük, kovana yakındı. "Dinle. Bir şey duyuyor musun Burnens?"

"Olağandışı bir şey duymuyorum, efendim. Her zamanki vızıltı sesi." Yine de görmeyen insanların diğer duyularının çok daha gelişmiş olduğunu düşünürüm.

"Dinle. Dikkatle dinle. En eski kurtçuğun hücresinden tıkırtıya benzer sesler geliyor, hızlı bir tempoyla aynı ritimde, örgü ören şişlerin sesi gibi. Ama daha yüksek, daha ziyade bir kuşun ötüşüne benziyor."

Bunu duyuyor muydum yoksa duyabileceğime inanmak mı istiyordum, emin değilim.

"Gece sessizliğe büründüklerinde tekrar gelip sesi ayırt edebiliyor muyuz diye bakacağız."

Saat onda tekrar kovanların yanına gittik. Fenerim olmasına rağmen karanlıkta birkaç kez tökezledim; Monsenyör için fark etmiyordu tabii, her zamanki ağırbaşlılığıyla kenarlarında ip olan yolda yürüyordu. Yazın başlarında durgun bir geceydi. Gökyüzündeki binlerce yıldıza ve bütün ihtişamıyla uzanmış Samanyolu'na baktım. Bütün bunları görebildiğim için Tanrı'ya şükrettim. Kovanı dinledik ve Monsenyör sesi yine duyabiliyor, üstelik şimdi daha iyi ayırt edebiliyordu.

"Çok ısrarlı" dedi. "Sanki onlara artık hazır olduğunu söylüyor. Onu dışarı çıkarmalarını emrediyor."

Bundan emin olamıyordum; ama Monsenyör benim gözlerime nasıl güveniyorsa ben de onun kulaklarına o derece güvenecektim. Bir gün bu yaşında artık yarasaları duyamadığını söylemişti; yirmi dört yaşımdayım ve ben de duyamıyorum. Oysa Pierre on üç yaşında ve hâlâ duyabiliyor.

Geçen gece onu bahçede gezerken gördüm, onu kimsenin görmediğini sanıyor, sopayla yere vurup, "*Sen* onları göremiyorsun ve *sen* onları duyamıyorsun" diyordu. Sanırım babasından ve benden bahsediyordu. Şaşırmıştım. Babasına karşı sevgi ve saygı dolu oysa; babası da ona karşı aynı duyguları besliyor. Fakat kendi dünyasını oluşturmak da onun için bir o kadar önemli. Sopayı ve kelimeleri böyle kolayca, çocukça kullanabilmesini kıskanmıştım. Ben onun yaşına gelmeden çok önce çocukluğumu kaybetmiştim sanırım.

## *8 Haziran*

Kurtçuğun çıkardığı ses arılara hiç etki etmiyor, hücresini acımasızca kapamaya devam ediyorlar. Şimdi aynı ses ikinci bir kraliyet hücresinden daha yükseliyor. Doğmaya hazır bir tane daha. Her hücrenin başında birkaç arı duruyor.

*9 Haziran*

Sonunda! İlk hücre açılıyor ve içinden ince, hareketli bir genç kraliçe çıkıyor (K1), tatlı kahve bir rengi var ve isterse hemen uçabilecek kadar güçlü.

"Fazladan iki gün ekstra olgunluk anlamına geliyor" diyor. "Güçlü bir kraliçe olarak doğmasını sağladılar. Acaba onu bunun için mi beklettiler?"

Hiçbir uçma belirtisi göstermiyor. Bunun yerine öteki kraliyet hücrelerini görerek şaşırıyor. Bir kovanda iki kraliçe bulunamaz ve içgüdüleri ona her rakibini ortaya çıkar çıkmaz öldürmeyi buyuruyor; ancak ne zaman bir kraliyet hücresine yaklaşsa nöbetteki arılar onu sokuyor, itiyor, kovalıyorlar. Sükûnetiyse ancak bu hücrelerden çok uzaklarda olduğunda bulabiliyor. Günde iki kez tiz sesler çıkarıyor ve korkudan mı bilinmez, arılar hareketsiz kalıyor.

*10 Haziran*

Şimdi yirmi üç tane kraliyet hücresi var. Hepsi de sıkı bir şekilde korunuyor. Bu hücreleri koruyan arılardan kaçması çok zor; ne zaman yanlarına gitse arılar ona saldırıp onu uzaklara sürüyorlar. Hiçbir yerde sükûnete kavuşamıyor ve heyecanı arıları karmaşaya sürüklüyor. Kısa bir zaman sonra arılar girişe doğru koşturup dışarı uçuyorlar; fakat her zamankinin tersine kraliçe onlara öncülük edemiyor çünkü iki kraliyet hücresi arasında sıkışıp hareket edemeyecek şekilde sokulmuş. Onu kovandan çıkardım, arılar da kraliçenin onlarla birlikte olmadığını fark edince geri döndüler. Bu kovanın ikinci oğul verişiydi. Ve yine kraliçeleri yok. Şimdi içlerinde tamamıyla gelişmiş dişilerin bulunduğu dört kapalı kraliyet hücresi bulunuyor.

### *11 Haziran*

K2 doğmaya hazır oluşundan bu yana üç gündür kapalı.

### *12 Haziran*

Saat dokuz. K2'yi serbest bırakılmış ve güçlü bulduk. Ancak o da ablası (K1) gibi arıların zalim muamelesine maruz kalıyor. Hemen bir şey olmasını beklemiyorduk, o yüzden iyi bir kahvaltı için eve gittik. Geri döndüğümüzde, kovanı neredeyse boşalmış bulduk; büyükçe bir sürü, bir armut ağacına yerleşmişti. Ayrıca üçüncü hücrenin açık, kraliçenin de (K3) gitmiş olduğunu gördük.

"İkisi de sürüde olmalı" dedi Monsenyör ve öyleydi. Ağacı sallayıp sürüyü bir çuvala boşaltırken büyüklüklerinden dolayı onları ayırt etmek çok kolay oldu. Onları aldım, sürü de kovana döndü.

Biz bunlarla uğraşırken K4 de özgürlüğüne kavuşabilmek için bu karışıklıktan faydalanmıştı; arılar döndüğünde onu çok heyecanlı ve kalan kraliyet hücrelerine yaklaşmaya çalışırken buldular. Nöbetlerine kaldıkları yerden devam ettiler: Hâlâ korunacak on sekiz kraliyet hücresi vardı. Saat onda K5 doğdu. Yani kovanda şimdi iki kraliçe vardı.

Bütün gece kalıp ikisinin ne yaptığını görmek istediğimi söyledim, fenerimin ışığının yeterli olacağını umuyordum. Mösyö Huber bir süre yanımda kaldı.

"Umarım bu gece yıldızlar çoktur" dedi. "Gökyüzü sanki bu gece açık gibi."

"Evet, efendim, yıldızlar çok parlak. Hem her zamankinden daha çok göktaşı var."

Derin bir nefes aldı. "Görebildiğim en son saati gece gökyüzüne bakarak geçirdim. Sadece ayı, bir de göktaşını seçebiliyordum. Ertesi sabah uyandığımdaysa hiçbir şey göremiyordum, en ufak bir ışık bile. Daha kötüsü etrafta kalın bir sis var gibi görünüyordu. Havayı kokladım ama yanık kokusu yoktu. Sonradan anladım ki bu benden kaynaklanıyordu ve bundan kaçış yoktu."

"Çok korkunç bir an olmalı, efendim."

"Biliyor musun, aslında değildi. Tuhaf olan şu ki, çok büyük bir rahatlama hissettim. Korku içinde yaşıyordum ve korktuğum şey işte şimdi başıma gelmişti ve artık korkacak bir şey kalmamıştı. Üzerimden büyük bir ağırlık kalkmış gibiydi."

Tam bu sırada iki kraliçe dövüşmeye başladı, sonuç elde edemediler. Monsenyör dinlenmeye gitti, ben de sabah dörtte uyudum.

## *13 Haziran*

K5, K4'ü öldürdü. Galip gelen kraliçe, kraliyet hücrelerinden birine yaklaşıp sesler çıkarmaya başladı, arıları hareketsiz bırakacak darbeler indiriyordu. İşçilere saldığı korku sayesinde kraliyet hücresini açıp içindeki genç kraliçeyi öldürebileceğini sandık; ama hücreye tırmanıp ona saldırabilmesi için ses çıkarmayı kesmesi gerekiyordu. Bunu yapar yapmaz işçiler eski cesaretlerine kavuşup onu sokmaya, uzaklaşana kadar ona işkence etmeye başladılar.

### *14 Haziran*

K6 hücresinden çıktı. Saat on birde büyük bir sürü dışarı atıldı. Kargaşa o kadar büyüktü ki, kraliyet hücrelerinin açılmasını önleyemeyecek kadar az nöbetçi arı kalmıştı kovanda. K5, K6 ve K7'yi sürünün içinden çekip aldık. Sürü kovana döndürülmüştü böylece. Onların yokluğunda K8, K9 ve K10 hücrelerinden kaçmışlardı ve üçü de kovandaydı. Arılar hâlâ kapalı olan kraliyet hücrelerini koruma görevlerine tekrar geri dönüp, onlara yaklaşmaya çalışan kraliçeleri oradan uzak tutuyorlardı.

Gecenin büyük bir kısmını arıların faaliyetlerini gözlemleyerek uykusuz geçirdim. İki kraliçe arasında K8'in ölümüyle sonuçlanan bir dövüş oldu; ama bu arada K11 yumurtasından çıktığından kovanda hâlâ üç kraliçe bulunuyordu.

### *15 Haziran*

Bir başka ölümüne düello daha gerçekleşti. Hayatta kalan iki kraliçe var şu an kovanda ve ikisi de çok heyecanlı; ya birbirleriyle dövüşmek ya da kalan kraliyet hücrelerine saldırmak istiyorlar. Öğlen ikisi birlikte büyük bir sürüye öncülük ettiler; ama ne yazık ki sürü çok uzağa gittiği için onları gözden kaçırdık.

*16 Haziran*

Kovanda çok az arı var. Kargaşadan etkilenmeyip sürüye katılmayanlar ya da o sırada yemek toplamaya dışarı çıkmış ve her şey bittiğinde dönmüş olanlar kalmıştı geriye. Kraliyet hücrelerini koruyacak çok az arı var: Kraliçelerin çoğu hücrelerinden kurtulup geride yalnız bir tanesi kalana kadar ardı ardına birbirleriyle dövüşüyor.

*19 Haziran*

Geriye kalan son kraliçe, arılar tarafından ilgisizlikle karşılanıyor.

*20 Haziran*

Kraliçe dışarı uçup döllenmenin bütün belirtileriyle geri dönüyor. Çok büyük bir saygıyla karşılanıyor.

*22 Haziran*

İlk yumurtalarını bırakıyor. Bir sürecin tamamlanmış olmasından kaynaklanan o müthiş his etrafı sarıyor. Hem de şimdiye kadar bilinenden çok daha ince ayrıntılarıyla gözlemleniyor bizim tarafımızdan.

Monsenyör gözlemlerden çok memnun. "Artık yeni kraliçelerin öldürücü içgüdülerinin derecesini bildiğimiz için arıların kraliyet kurtçuklarını neden kapalı tuttuklarını daha iyi anlayabiliriz. Her kraliçenin hazır olduğunda yumurtasından çıktığını bir düşünelim ve aniden kötü bir hava dalgasının geldiğini, hiçbir kraliçenin sürüsüne öncülük edemeyeceği kadar kötü. Ne olurdu?"

"Kraliçeler yalnızca bir tane kalana kadar birbirlerini katlederlerdi" diye yanıtladım. "Sonuncusu da gelişmekte olan başka bir kraliçe olmadığından oğuluyla kovandan ayrılamazdı; çünkü hepsi çoktan doğmuş ve öldürülmüş olurdu."

"Aynen öyle. Yani sürünün çoğalması havanın güzel olmasına bağlı olacaktı. Ama tabiat aptal değil. Kraliçenin hemen uçamaması durumunda ortaya çıkmalarını garanti altına almak için rakiplerinin kapalı kalmasını sağlıyor. Bu sayede kovanda kraliyet kurtçuklarının bulunduğunu bilmenin rahatlığıyla ilk fırsatta sürüye öncülük edebilir. Çok başarılı gözlemler Burnens, çok başarılı."

## *30 Haziran*

Pierre bir haftadır ateşler içinde yatıyor. Doktor her gün geldi; dün nihayet ateşi düşmeye başladı, bugün de iyileşmeye başladığı söylendi. Monsenyör yatağının baş ucundan hiç ayrılmadı; ama şimdi tekrar çalışmalarına kafa yorabiliyor, bu yüzden kovanların olduğu yere gidiyoruz.

Hâlâ oğul verme olayıyla ilgileniyoruz. "Doğal" kovanlarımızdan biri bugün üçüncü kez oğul verdi. İlk ikisini yakalayıp yeni kovanlara koymayı başardık ama, üçüncüsü sadece birkaç dakikalığına bir ağaçta durup sonra çok uzaklara uçtu.

"Üç kez oğul verdi ve hâlâ geride güçlü bir sürü var. Tabiat bazen çok cömert davranabiliyor."

"Bu yılki yumuşak hava sayesinde, efendim."

"Ve senin kovanları idare etme konusundaki kabiliyetin sayesinde Burnens."

"Bu bana ilk öğrettiğiniz şeylerden biriydi. Arıların şevkini kıracağı için asla çok fazla bal almamak. Bunu daha önce hiç bu şekilde düşünmemiştim. Daha önce bunun üzerine düşünseydim sadece mekanik bir iş gibi gelirdi bana. Onlara kışın yetecek kadar bal bırakmak, işte o kadar."

"Kasabadaki pek çok arıcı da böyle düşünüyor. Bu da onlara yetiyor, kış çok sert geçmediği ya da bahar çok geç gelmediği sürece. Uzun dönemli düşünseler onlar için daha iyi olacak."

"Merak ediyorum, kovanları yağmalandığında arıların şevki kırılıyorsa, onlara cömert davranıldığında da bunun tersi mi oluyor?"

"Sanırım birini kabul ediyorsak ötekini de etmeliyiz. Onlara köpeğimize, hatta çocuğumuza davrandığımız gibi, yani nazik ve sıcak davranırsak sürü güçlenir."

Bu sözlerin ardından elini tuttuğum küçük bir çocukla, oğlumla birlikte bahar çimenlerinin üzerinde yürümek için ani bir istek duydum içimde. Ona öğretecek o kadar çok şey vardı ve bundan alacağım zevk o kadar büyük olacaktı ki. Bunun gerçekleşmesi ne kadar basit ve tabii gözükse de, bir aileyi geçindirecek durumum olmadığından aynı derecede imkânsızdı. Biriktirebildiğim kadarını biriktiriyorum; ancak rahat bir yaşam sürmesi için anneme bir miktar para da gönderince geriye pek fazla bir şey kalmıyor. Daha kötüsü kız kardeşim alkol bağımlısı olmaya meyilli bir adamla evlenerek çocuklukta yaşadıklarını tekrarlıyor sanırım. Onun annemin çektiklerinin aynısını yaşadığını düşünmeye dayanamıyorum. Bu yüzden kirasının ödendiğinden ve minik yeğenim Alise'in karnının tok, sırtının pek olduğundan emin olabilmek için onlara da para yollamak zorundayım. Onları görmeye gittim. Jeanne'la konuşup tuttuğu yolu değiştirmesini istedim ondan, o da yapacağına söz verdi. Ancak sözlerin ne kıymeti var ki?

*(Not: Ailem ve benim hakkımda yazılan bu cümleleri okumak ilginç. Yazılanlarda acı var elbette; ama aynı zamanda amcamın ta en başlarda bana karşı duyduğu sevginin de bir kanıtı bu. A. de M.)*

*1 Temmuz*

"Şimdi de Burnens, gözlemlerimizi kullanarak kovanın oğul verdikten sonra kendini nasıl yenilediğini bulmaya çalışalım. Bunca arı kovandan ayrılıyor. Kovan nasıl oluyor da kendini bu kadar çabuk yeniliyor?"

"Birincisi efendim, kuluçka safhasında olup birkaç gün içinde yumurtalarından çıkacak pek çok arı var."

"Evet. Peki ya hava?"

"Kovan yalnızca sıcak, kuru bir günde oğul verir. O zaman da işçilerin en az dörtte üçü dışarıda yemek arayışında olur ve onlar dönene kadar da heyecan sona erer. Yeni doğan işçiler de dışarı uçamayacak kadar zayıf olur."

"Başka bir şey?"

“Hepsinin bir anda girişe doğru koşturduğu tam bir coşkunluk durumundaysa, güruhun altında kalan arılar üsttekilerin teriyle ıslanıp uçamayacak kadar ağırlaşacaklardır ve böylece eski hallerine dönene kadar kovanın dibinde kalırlar; o zamana kadar sürü de gitmiş olur.”

“Not al. Bunu da eklemeliyiz.” Bu, Charles Bonnet’ye yazılan ve ilk şeklini almaya başlayan mektuplara bu notu da ekleyeceğiz demekti.

“Onlara büyük bir itinayla bakmamıza rağmen havanın iyi olmasına bağlılar. Geçen yıl hava kötüyken, kışın onları yaşatmak için sağladığımız şartlara rağmen sadece bir kez oğul verebildiler.” Sakalına asılı kalmış gibi o soruya takılı kalmıştı. “Peki arılar kurtçukların yaşını nasıl biliyorlar? Çıkardığı sesten olmalı. Sen sesteki değişikliği fark edemiyorsun değil mi Burnens?”

“Tam olarak emin değilim, efendim; ama sizin duyduklarınıza güveniyorum.”

Kurtçuk olgunlaştıkça sesin yoğunlaştığına inanıyor; bunu biliyorum. Sesin, vücudun bir parçasının ötekine çarparak çıktığını tahmin ediyoruz; ama gözlemlerimiz ve organ incelemelerimiz sonucu bu sesi çıkartabilecek bir organa rastlamadık.

Mösyö Huber bunu da, başka şeyleri olduğu gibi soğukkanlılıkla karşılıyor. Yine de duyduklarının onaylanmamasından dolayı yüzünde oluşan ifadede hayal kırıklığını görebiliyorum.

*2 Temmuz*

Beklenmedik bir şey oldu. Monsenyör’ün yaklaşık çeyrek yüz yıl önce Paris’te uzmanlığına başvurduğu Dr. Wenzel emekli olmak üzere ve Monsenyör'e Cenevre'deki bir göz doktorunu öneriyor. Mektubu okurken, sesimin heyecandan titremesine engel olamıyorum. Dr. Wenzel son birkaç yıl içinde göz cerrahisinin müthiş bir hızla ilerlediğini açıklıyor. Katarak olan göz bir ameliyatla görme yetisini kısmen de olsa yeniden kazanabilir. Katarak iğneyle delineceğine artık tamamen ortadan kaldırılabilir.

Sesimin titrediğinin farkındayım. Bu bana dünyadaki en harika haber gibi göründü. Tekrar görebilmek, az da olsa. Bundan daha güzel ne olabilir?

"Randevu alayım mı, efendim?"

Benim heyecanımı paylaşmadığını görüp şaşırıyorum. Piposunu çıkarıp, "Aceleye gerek yok. Marie-Aimée'yle konuşacağım önce" diyor.

Ve Madam'ın da hiç heyecanlanmadığını görüp yine şaşırıyorum. "Nasıl istersen öyle yap François." Eliyle yanağına dokunuyor, bir öpücük konduruyor ve ardından elleri birleşiyor.

Sonunda yeni doktora danışmanın bir zararı olmayacağına karar verdiler; ancak randevu bakkaldan alışveriş yaparcasına sıradan, günlük bir olay gibi alınmıştı. Döndüklerinde heyecan sadece küçük Marie için alınan oyuncakta ve Pierre'e karşı gösterdikleri sevgide vardı.

Kimse göz doktoruyla olan randevudan bahsetmedi.

### *9 Temmuz*

Kovanların yanında otururken, "Ameliyatla uğraşmayacağım. Bunu tuhaf buluyorsun değil mi?" diye sordu Monsenyör

"Şey, efendim..."

"Kısmen de olsa görme yetimi kazanmam muhtemel görünse bile işe yarayacağı kesin değil." Çaresizce elini kaldırdı. "Bunu yapamam Burnens. Durumuma alışmam tam yirmi beş yılımı aldı. Ve artık tam olarak alıştım diyebilirim. Bunu kaybetmek istemiyorum. Boş umutlarla gençken yeterince uğraştım, bu çok aptalca olur. Bunu bu yaşta tekrar yapamam."

"Bunu anlayabiliyorum, efendim." Anlayabiliyordum da. Yine de...

Gülümsedi. "Hem ayrıca tekrar görmeye başlarsam ne kadar sevildiğimi nasıl anlayabileceğim. Karımın karanlığıma ışık tutan elleri. Onu hatırlıyorum, on yedisindeki görünüşüyle hâlâ hayalimde resmi. Sesi o zaman bile şefkat doluydu, bu sesin ardında ancak çok hassas bir kalp olabilirdi. Ve bugün hâlâ aynı, hâlâ bana karşı çok nazik, yüzü bile o zamankinden daha yumuşak. Daha ne görmem gerekiyor ki?"

Ya çocukların? Bunu sesli söylemedim elbette ama cevabı kendisi verdi.

"Tabii ki çocuklarımı hiç görmemiş olmaktan dolayı üzülüyorum; ama annelerinin zihnimdeki resmine bakarak onları o kadar iyi hayal edebiliyorum ki. Onları *görebiliyorum*. Onların yüz hatlarını hissediyor, seslerini duyabiliyorum, onları *görebiliyorum*. Hareketlerini hissediyorum, bizimkine benzemeyen çocuksu hareketlerini. İçimde bir yerlerde bunların hepsini kuvvetle hissediyorum. Gözlerimin yaptığı gibi beni hayal kırıklığına uğratacak bir şeye de bağlı değilim bunlar için. Yıllarca bunun için uğraştım, yavaş yavaş. Şimdi bunları bırakamam. Bütün bunları sağlamak için çok zaman harcadım. Böyle oldukça iyi. Oldukça iyi yeterince iyidir."

Söyleyecek bir şeyim yok. Onun yaşadıklarını yaşamadım ben. Marie-Aimée onun körlüğünü o kadar iyi idare ediyor ki, tekrar görebilse onun için zor mu olurdu acaba diye merak ediyorum. Bu yıl ikisi de kırk yaşında; bildiğim kadarıyla bu yaşlar bir kocanın karısına karşı genç bir kadınken hissettiği o eski tutkuyu yitirdiği yaşlar. (Canlılığı Madam'ı yaşından daha genç göstermesine rağmen.) Fakat mutlu evlilikleri söze dökülmeyen bir şekilde onun kör kalmasına mı bağlı? Monsenyör onun yönetimine, o da Monsenyör'ün bunlara bağımlı olmasına ihtiyaç duyuyor. Bu şekilde ikisi de mutlular.

## *10 Temmuz*

Böylece arıların oğul vermesiyle ilgili çalışmalarımıza devam ediyoruz.

Genç kraliçenin sürüye öncülük etmeyi istemesi anlaşılır bir durum; kovandaki yaşamı, onun rakiplerini öldürme içgüdüsüne acımasızca müdahale eden arılar tarafından cehenneme çevriliyor. Fakat bir yıldan fazladır aynı kraliçenin bulunduğu kovanlarda durum farklı, isterse genç kurtçukları öldürmesi için kraliçeye izin veriliyor.

Öyle bile olsa kraliçe hepsini öldürmüyor yine de. Sayıca fazla oldukları için belki de bu, dehşete ya da nefrete dönüşebilir; katledecek on sekiz ya da yirmi tane var. Cesareti onu terk ediyor; çok fazlalar, çok çok fazlalar, bu yüzden telaşa kapılıyor. Hava da iyiyse uygun anı yakalıyor ve işçi sürüsünü de alıp hemen kovanı terk ediyor.

Ona alışmış, onu anneleri gibi seven, onun varlığına ihtiyaç duyan arıların onun peşinden gitmesi anlaşılabilir. Fakat ona karşı çok ilgisiz göründükleri hiç döllenmemiş genç kraliçeyi neden takip etsinler?

Kovanda termometrelerimiz var ve cevap çok basit: Kraliçenin çılgın bir şekilde peteklerde koşturup bütün sürüyü heyecanlandırarak 32-36 derece olan sıcaklığı 40 derecenin üstüne çıkarması. Bir insanın sayıklamasına sebep olabilecek bir sıcaklık, tıpkı Pierre'de daha önce görüldüğü gibi.

*11 Temmuz*

Artık tamamıyla iyileşmiş olan Pierre yalnızca birkaç gün önce doğmuş kirpilerin bulunduğu bir yuva buldu. Kirpilerden birini babasına getirdi. Gözleri hâlâ kapalıydı. Monsenyör ona nazikçe dokundu.

"Dikenleri sertleşmiş. Doğduğunda yumuşak olmalılar yoksa zavallı anneleri onları nasıl doğurur?"

Minik yaratık ancak beş altı santimetre uzunluğunda, Monsenyör ona hafif hafif vuruyor. "Görüyor musun, hemen top halini alamıyor. Sanırım bu yaşta kasları bunu yapacak kadar güçlü olmadığından."

"Onu besleyebilir miyiz baba?"

"Hayır. Kendi türünden ayrılan hayvanların yaşama şansı çok azdır. Tek başına kalan bir arı yalnızlıktan ölür. Elimizle beslersek bu küçük kirpi hayatta kalabilir; ama vahşi hayata döndüğünde asla yaşayamaz. Bu adil değil. O vahşi bir hayvan. Onu yuvasına geri götür. Hayatta kalabilir ya da ölebilir; ama ne olursa olsun onun hayatına müdahale etmememiz daha doğru."

Pierre onayladı. "Peki ya Annette? O farklı, değil mi? O vahşi değil."

Annette yavrulamak üzere olan ev köpeğimiz.

Monsenyör derin bir nefes alarak pes etti. "Eğer Annette bakamazsa onun yerine yavrularına biz bakacağız."

## *12 Temmuz*

Monsenyör kovana yabancı bir kraliçe girdiğinde ne olacağı üzerinde düşünüyor. İkisinden biri ölür, bu kaçınılmaz. Fakat Reaumur bir taraftan ikisinin arasındaki mücadeleden bahsederken öte yandan Schirach, Hattorf ve Reim gibi Alman gözlemciler işçi arıların bu istilacıyı sokarak öldürdüklerini iddia ediyorlar.

"Buna inanmıyorum" diyor Monsenyör. Onların gözlem kovanları o kadar acemice hazırlanmış ve peteklerin arasında cereyan eden arı dövüşleri o kadar hızlı ki, çok kesin gözlemler yapamamış olmaları kuvvetle muhtemel." Bizimse cam kovanlarımız var.

## *13 Temmuz*

Beş ya da altı kraliyet kurtçuğunun bulunduğu bir kovanı gözlemledik. İlki, doğduktan on dakika sonra bir diğer kraliyet hücresinin tepesini açmaya başladı. Tepesinden giremeyince alttan denedi. Bir süre sonra da, onu öldürene kadar birçok kez sokmak üzere karnını sokacak büyüklükte bir delik açmayı başardı. Onu izlemekte olan öteki arılar da, deliği büyütüp genç kraliçenin vücudunu dışarı sürüklediler, hücrenin alt tarafındaki lapayla birlikte onu da yediler.

İki kraliçe aynı anda hücrelerinden çıktı. Görür görmez birbirlerine saldırdılar. Çok kızgın görünüyorlardı, ikisi de ötekinin antenini ağzıyla koparmıştı. Kafaları, karınları aynı anda birbirlerini öldürebilecek şekilde karşı karşıyaydı. Fakat anlaşılan tabiat bunu istemiyordu. İkisi de, bu savunmasız duruma düştüklerinde arkalarını dönüp birbirlerinden uzaklaştılar.

Bu olayı pek çok kez gördük.

"O halde" diyor Monsenyör, "kovanda tek bir kraliçenin olması tabiatın bir kanunu. İkinci bir kraliçe doğduğunda ya da kovana girdiğinde ne oluyor peki? Birisi ölmek zorunda. Ama tabiat bu işi işçi arılara bırakamaz; çünkü bir grup arı birine saldırırken öteki grup da bilinçsizce öteki kraliçeye saldırabilir, ki bu da kovanın kraliçesiz kalması demek olur. Bu yüzden kraliçelerin teke tek dövüşmeleri gerekiyor. Fakat başabaş geldiklerinde birbirlerini öldürebilirler. Ve kovan yine kraliçesiz kalabilir. Bu da onları, kaçmaları gerektiği konusunda harekete geçiriyor."

Kraliçelerimizin tekrar birbirlerine yaklaşıp geri çekildiklerini görüyoruz. Sonra rakibinin ani bir hareketle arkadan saldırıp zavallı yaratığı kendini tehlikeye atmayacak şekilde kanatlarından tuttuğunu ve rakibinin üstünde karnındaki halkaları parçalayacak şekilde durduğunu görüyoruz. Mağlup kraliçe kısa süre sonra ölüyor.

Bu gözlemlerimiz döllenmemiş kraliçelere ilişkin. Döllenmiş kraliçeler için de aynı şeyin geçerli olup olmadığını görmek istiyoruz.

## *15 Temmuz*

Annette'nin dört sağlıklı yavrusu oldu; birisine biz bakacağız diğer üçüne ne olacağı da çoktan konuşulup kararlaştırıldı. Pierre ve küçük Marie bu durumdan çok memnun ve neşeyle oyun oynuyorlar.

## *22 Temmuz*

Döllenmiş bir kraliçenin kurtçuk hücrelerinden üçünü tahrip ettiğini gözlemliyoruz. Eski kraliçe hâlâ oradayken kovana döllenmiş yeni bir kraliçe bırakıyoruz. Nöbetçilerin yeni kraliçenin etrafında kümelendiğini ve bir dakika içinde kraliçenin tam bir tutsak konumuna düştüğünü gözlemliyoruz. Garip olan şu ki, aynı şeyi o kadar yoğun olmasa bile varolan kraliçelerine de yapıyorlar, bu yolla iki kraliçe birbiriyle dövüşmek isteyene kadar onları ayrı tutup vakti geldiğinde kenara çekiliyor ve olacakları izlemeye koyuluyorlar.

Bunu Mösyö Schirach ve Reim'a güvenle karşı çıkabilecek ve doğal bir kovanda arıların davetsiz misafiri asla ölümüne sokmadıklarını iddia edebilecek kadar çok gözlemledik. Bunun yerine etrafını o kadar sıkıca sarıyorlar ki, hüküm süren kraliçeyle mücadeleye girişmek için yeterince güçlü ve atik davranmadığı takdirde havasızlıktan boğularak ölüyor.

Yalnızca bir kez kovanlarına giren bir kraliçeyi soktuklarını gördük; bir ihtimal yolunu kaybedip başka bir kraliçenin kovanına girmiş olan genç kraliçeye acıyarak hareket ettiğim için bu benim hatamdı. Girişteki nöbetçiler onun yabancı olduğunu o kadar çabuk anlayıp toplandılar ki, hiç kurtuluş şansı yoktu, ben de aptallık edip onu bu çemberin ortasından almaya kalktım. Bunun üzerine arılar öfkeden çılgına dönüp hem onu hem de beni hiç ayrım yapmaksızın soktular (ve birçoğu bu sırada niyetleri bu olmayabilirdi ama, sokularak öldüler).

Kendi kraliçeleri çıkartıldıktan sonra yabancı bir kraliçeyi nasıl karşılayacaklarını bilmek istiyorduk. Mösyö de Reaumur'un, arıların, eski kraliçeleri gider gitmez yeni kraliçeyi ne kadar iyi karşılayacakları konusunda yazdıklarını okuduk.

Mösyö Huber, "Ben öyle düşünmüyorum" diyor. Haklı olduğunu da biliyor; ama Mösyö de Reaumur'un ünü o kadar yaygın ki, yanılmış olamayacağımızdan emin olana kadar gözlem üstüne gözlem yapmalıyız. Mösyö Reaumur iddiasını dört yüz arıyı onları gözlemleyebileceği cam bir kutuya koyarak yaptığı deneye dayandırıyor. Başta çok heyecanlanıyorlar, kutuya yeni bir kraliçe konduğundaysa kargaşa sona eriyor ve onu gayet iyi karşılıyorlar.

"Deneyin sonuçlarına bir itirazım yok; fakat sonucu geçerli kıldığını düşünmüyorum. Kovandaki yetmiş bin kadar arıdan birkaç yüzünü alıyor. Bu arılar kendi doğal ortamlarında değiller. Az sayıda arı bir arada olduğunda, bu arıların çalışma isteklerini kaybettiklerini, bu yüzden içgüdülerinin değiştiğini kendisi de biliyor. Bu deneyden kesin sonuç elde edebilmek için bunu tamamıyla dolu bir kovanda gerçekleştirmek gerekir.

Tabii ki biz de bunu yaptık.

Arılar kraliçelerinin gittiğini başta fark etmeyip işlerine devam ediyorlar; ancak birkaç saat geçince heyecanlanıyor, peteklerde koşturmaya başlıyorlar. Tekrar kendi kraliçeleri kovana konduğunda onu hemen tanıyorlar (onu antenleriyle hissediyorlar) ve ortalık yeniden sakinleşiyor. İlk on iki saat içinde kovana yabancı bir kraliçe konursa hiç kraliçeleri olmamasına rağmen onu reddediyorlar. Etrafını çeviriyorlar, o da ya açlıktan ya da boğularak ölüyor. İşte aslında ölümcül bir tutsaklığın başlangıcı olan bu hareketi Mösyö de Reaumur, kraliçeye hoş geldin dansı olarak yorumlamıştı.

Yabancı bir kraliçeyi koymak için on sekiz saat beklersek yine etrafını sarıyorlar; ama zayıf bir şekilde, öyle ki kraliçe bazen hayatta kalıp hüküm sürmeyi başarabiliyor. Eğer yirmi dört saatle otuz saat arasında bir süre beklersek yabancı kraliçe çok iyi karşılanıp kovana girdiği andan itibaren hüküm sürüyor. Bu da, arıların yeni kraliçelerinin nesline yer açmak için eski kraliçelerinin büyük hücrelerini ve kraliyet larvalarını yok etmeleri derecesinde gerçekleşiyor.

"Peki buna ne demeli?" diye soruyor. "Öz annelerini bu kadar çabuk mu unuttular?"

"Efendim, belki de o zamana kadar bir anneyi, herhangi bir anneyi kabul edecek kadar çaresiz kalmış olabilirler."

Onayladı. "Evet" dedi düşünceli bir şekilde. "İnsanlar çaresizliğe kapılabiliyorlar, arılar neden kapılmasın?"

### *2 Ağustos*

Mösyö Jean Huber birkaç ay hasta yattıktan sonra geçtiğimiz hafta öldü. Kanserdi ve vücudu en sonunda iskelete dönmüştü. Bir uzman tarafından ameliyat edilmek üzere Paris'e gitmişti; ama bir deri bir kemik halinden durumunun hiç de iyiye gitmediği, aksine daha da kötüleştiği anlaşılıyordu. Daha doğrusu yattığı odaya girer girmez anlamıştım bunu; ancak yatak kapıya çok yakındı, ben de bu yüzden Monsenyör'e bu gerçeği zamanında söyleyemedim. O ise bunu, babasını öpmek için eğildiğinde öğrendi. Kuruyup kalmış yüzünü ellerinin arasına aldı, parmakları kemiklerin üstünde kalan son et parçasına dokunduğunda gözlerinin fal taşı gibi açıldığını ve parmaklarını hızla geri çektiğini gördüm. Fakat tepkisini hemen dizginleyip babasının incecik bir deriyle kaplanmış elmacık kemiklerinin ve alnının çıkıntısına dokunmaya başladı. Sevgi sözleri mırıldandı.

Babamı çok küçük yaşta kaybettiğim için, Monsenyör'ün yaşındaki insanların, üstelik saygı ve hürmet besledikleri bir babaya sahip olmaları hep dokunmuştur bana.

Doktorun hastalığın sürecini anlatmasına gerek yoktu, Monsenyör bunu parmaklarıyla anlayabiliyordu zaten.

Mösyö Jean Huber iki yüz meclis üyesinden biri olduğu için cenazesine pek çok kişi katılmıştı. Cenazeden sonraki yemek Monsenyör'ün kardeşinin Cenevre'deki evinde düzenlendi. Baş sağlığı dileyenler evden ayrılıp kalanlar sayıca azaldığında, uşaklar evin dışında beklerken sadece yakın aile dostları (ben de bunlardan biri sayılıyordum) mutfakta toplandılar. Konuşmalar şarabın da etkisiyle daha sevgi dolu ve daha az resmi hale geldi.

Konuşma, Mösyö Jean Huber'in bir köpek, bir parça peynir ve Voltaire'in profiliyle yapmış olduğu dekupaj sanatındaki yeteneği üzerineydi. Daha doğrusu bunu kendi başına makas ve kağıtla gözü kapalı veya elleri arkada yapmasıydı (sanırım bu görmeyen oğlunun önünde oynadığı etkileyici bir oyundu). Bazen de bunu kediye yaptırırdı. Hatta bazen bunu, makas bile kullanmadan kağıdı yırtarak yaptığı da olurdu. Bu parşömen eserlerin pek çoğu şimdi İngiltere'deki antika dolaplarındaydı.

İyi oldukları şüphesizdi; peki yapmaya değer miydi? Kimse bundan bahsetmedi; çünkü takdir ve hoşgörü zamanıydı. Tıpkı babamın cenazesinde olduğu gibi, herkes onun askeri başarısından söz etmiş, hemen ardından gelen üzücü çöküşü konuşulmamıştı.

Ancak Mösyö Jean Huber'in yeteneği ona birkaç alanda ün sağlamıştı. Yirmi yıldır tanıdığı Voltaire'in ev yaşamıyla ilgili bir dizi portre çizmişti. Büyük adam, Huber'in kendine has konuşmasından çok zevk almıştı. Çariçe Katerina da bu çizimlere sahip olmayı çok istemişti ama, onları ilk kez gravürlere işleten Senebier olmuştu. Ne yazık ki gravürleri işleyen usta, resimlerden birini çalmıştı. Resimde Voltaire bir yandan sekreterine bir şeyler yazdırırken, diğer yandan yataktan çıkıp külot pantolonunu giyiyordu; resim yayımlandığında altına şöyle bir dize eklenmişti: Voltaire poposunu gösterdiğinde Freran ona bir şaplak atarken, d'Alembert onu öpmüştü.

Bir de Mallet du Pan'a yaptığı şaka vardı. Halk gazetesine Kemplen'in ünlü satranç oynayan makinesinin Nyon'a geldiği haberini koymuştu. Mallet'e gidip makineyi görmeyi önerdi; fakat randevusuna gitmeyince Mallet tek başına gitti. Makineyle satrancını oynadı ve kaybetti. Mallet şaşkın bir halde dönüp hayranlığını gazetecilere bildirmek üzereydi ki, Mösyö Jean Huber kahkahalar içinde makinenin yerine geçip satrancı kendisinin oynadığını açıkladı. Ne yetenek! Rolünü o kadar iyi yapmıştı ki, arkadaşı bile şüphelenmemişti. (Ayrıca iyi bir şakaydı da. Henüz...)

Sonunda elli yaşını geçince daha ciddi işlere dalmış ve "*Note on the Flight of Birds of Prey*" adlı yazısı *Mercure de France'da* yayımlanmıştı; ancak deneme niteliğindeki bu yazı çok ses getirmemişti. Ertesi yıl yazısını on iki (kısa) bölüm ve kendine ait yedi çizimiyle birlikte *Observations* adlı bir kitaba dönüştürdü. Oluşturduğu kurama göre avcı kuşları kanatlarını kullanış şekillerine göre ikiye ayrılıyordu. "Kürekçiler", şahinler gibi yüksek uçuculardı, "denizciler" ise kartallar ve akbabalar gibi alçak uçucular. Kuyruğun dümen görevi görmediğini, yalnızca kuşun aşağı ya da yukarı uçmasına yardım ettiğini iddia ediyordu. Bu gözlemler oldukça iyi karşılanmıştı; fakat konu üzerinde daha fazla araştırma yapmadı ve başka da bir şey yayımlamadı.

Gün sona erdiği sırada Monsenyör kadehini kaldırıp, "Onsuz hepimizin daha fakir oluşuna içelim" dedi.

Güne damgasını vuran bu sözle aile yeterince tatmin olmuştu. Hepimiz, insanın babasını kaybetmesinin nasıl bir şey olduğu düşüncesine kendimizi kaptırmış bir şekilde sessizce evlerimize dağıldık.

## *3 Ağustos*

Ertesi gün kovanlardayken, Monsenyör eski soğukkanlılığına yeniden kavuşup mantıklı bir yargıda bulundu. Ailenin, kendini teselli edeceği şu anki kısmi gerçekle avunmak yerine, bu kadar kısa zamanda gerçeği bütün haliyle görebiliyor olması onları çok üzeceğinden bundan kardeşine, hatta karısına bile bahsetmedi. Piposunu eski ahşap sandalyesinin bacağına biraz sertçe vurdu.

"Onsuz daha mı fakiriz? Evet. Yeteneklerini sonuna kadar kullandı mı? Hayır. Boşa harcandı, acı olan da bu. Yapılabilecek olup da yapılmayanın verdiği his. Şimdi parmaklarını sinirle birbirine vurarak çöpe attıklarına mı bakıyor?"

Neden bilmem, "Evet, efendim, olabilir" diyecek cesareti bulmuştum kendimde.

Bana keskin bir bakış fırlattı. "Babanın, yeteneklerini hayata geçirmediğini biliyorum."

"Hayır, efendim. Fakat sizinkinden daha müsrifti."

Şefkatle gülümsedi, bunu daha önce hiç bu kadar samimi bir şekilde açıklamadığım için birden bir rahatlama hissi duydum.

Bir süre sonra, "Babalar bize ömür boyu bizimle kalacak şeyler öğretirler. Hızla gelen bir atmacaya nişan almak, bir bitkiyi ötekinden ayırmak, gökyüzünü ve havayı tahmin etmek, adım atmak, bir yabancıyı, bir komşuyu ya da bir arkadaşı selamlamak gibi şeyler."

Hararetle onayladım; çünkü bunların hepsini babamla dağlarda yürüyerek geçirdiğim çocukluk yıllarımdan hatırlıyordum. Kolayca, doğal olarak öğrenilen ve asla unutulmayan dersler.

"Ama öğrendikçe daha zor olur" dedi. "Saniyede bir adım atabilirsen bütün gün yürüyebileceğini, gece kırmızı bulutların ne anlama geldiğini, bir horozun kargadan ne farkı olduğunu bir öğrendin mi, bu bilgiyle ne yapacağını sorarsın. İşte babaların hataya düştükleri nokta burası. Babalarının öğrettiklerini bırakıp kendi yollarını çizmeleri gereken nokta. Bazıları kendi yollarını çizer, bazıları da çizmez..."

Hiçbir şey söylemedim. Kalbim çok doluydu.

"Benim için babam Dr. Wenzel'in muayenehanesinde ağlamaya başladığında öldü. Hâlâ derin bir sevgi beslediğim bir adam vardı ama aynı değildi."

"Benim için sanırım ilk kez eve içkili gelip yakındığı için annemi dövdüğünü duyduğumdaydı." Bunu daha önce hiç söylememiştim.

"Of, bu daha zor bir durum" dedi. İkimiz de sustuk.

"Ama bize bir şeyler öğretmekten asla vazgeçmezler." Tekrar gülümsedi. "Kendileri bizzat örnek olur ve bize bir şeyler öğretirler. Olumsuz bir örnek olduğu için başlangıçta sorun gibi gözükebilir. Ama onları hayatlarını yaşarken görerek kendi hayatlarımızı nasıl yaşamamamız gerektiğini öğreniriz. Bu başta bizi üzebilir, her anlamda örnek alabileceği babasıyla gurur duyanları kıskanabiliriz; ama aslında bu bizi daha güçlü kılar. Artık gitmek istemediğimiz yolu çok iyi biliyoruzdur ve başarı dolu yol da apaydınlık duruyordur önümüzde."

Kırkına merdiven dayamış bu adam ayağa kalktı, ellerini dizlerine koyarak onlardan destek alıyordu. "Ve bu yolun aydınlık kalabilmesi için yarın arılar üzerinde dikkatli gözlemler yapılması gerekiyor."

Bütün kalbimle onayladım.

## *14 Ağustos*

Arıların, özellikle de kraliçenin, kozalarını örüşlerini inceliyoruz. Bir yumurta şeklinde başlayan süreç, üç gün sonra bir kurdun ortaya çıkıp beş gün içinde büyümesiyle devam ediyor. Bu zamanın sonunda arılar onun hücresini kapatır kapatmaz kurt kozasını örmeye başlıyor, bu da yirmi dört saatini alıyor. Yaklaşık üç gün boyunca tam bir istirahate çekildikten sonra bir kurtçuğa dönüşme evresi başlıyor. Bundan dört gün sonra da tam bir kraliçe haline geliyor.

"Peki kraliçenin farkı ne? Kozasını işçiler ve erkek arılar gibi mi örüyor o da?"

"Hayır, efendim. Ötekiler hep iki ucu da kapalı, vücutlarını çepeçevre saran tam bir kozayla çeviriyorlar etraflarını. Kraliyet kurduysa farklı. O sadece başını, göğsünü ve karnındaki ilk halkayı saran yarım bir koza örüyor."

"Emin misin? Bunu yapan kaç tane kurt gözlemledin?"

"Şimdiye kadar bir tane, efendim."

"Bunun sadece bir kraliçenin kusurlu içgüdüsü olmadığından emin misin?"

"Hayır efendim, emin değilim. Birkaç tane daha gözlemleyeceğim." Birkaç gündür farklı kovanlarda bunu yapıyorum.

## *20 Ağustos*

Birçok kraliçe üzerinde birçok defa bu gözlemimi gerçekleştirdim. Bazılarına göre bu önemsiz bir konu olabilir, Monsenyör içinse çok zevkli bir konuydu; çünkü tabiatın arıları yönetme sanatını ortaya çıkarıyordu.

"Genç kraliçeler üzerindeki çalışmalarımızdan öğrendiğimize göre ilk doğan kraliçe, ötekiler kozasından çıkmadan onları öldürmeye çalışıyor. Eğer onu çepeçevre saran bir kozanın içinde olurlarsa bunu yapamaz. Neden?"

"Çünkü kozayı oluşturan ipek o kadar güçlü ki, iğnesini batıramaz. Hem batırmayı başarsa bile ucundaki kıvrım yüzünden ağa takıldığı için iğnesini geri çekemez."

"Böylece kendisi ölür, öfkesinin kurbanı olur. Tabiat bir kraliçenin ötekini öldürürken ölmesini istemiyor. Öyle olursa geriye hiç kraliçe kalmaz. Rakiplerini yok etmesini sağlamak için tabiat, kraliyet kurtçuklarının yalnızca kısmi bir koza örmesini emrediyor."

Bütün bunların anlamını sindirmeye çalışırken ikimiz de sustuk.

Göğüs geçirdi. "Tabiatın türlerin korunması ve çoğalması konusunda gösterdiği itinaya defalarca şaşırabiliriz; buradaysa bazılarının ölmesi için gösterdiği aynı derecedeki itinaya hayranlık duymalıyız."

"Bu çok makul bir düşünce, efendim."

"Yine de şaşırtıcı değil. Bunun başka türlü olmasını bekleyebilir miyiz? Tabiat kadar zengin ve çeşitli bir şeyin temkinli bir imhayı içermemesini bekleyebilir miyiz?"

Nedense babamın ölümü aklıma geldi; halbuki o, savunmasız kraliyet kurtçuklarının aksine en azından iki çocuk yapma şansına sahip olmuştu.

*21 Ağustos*

Gelecekte bir çocuğun olma ihtimali evde de kendini hissettirmeye başlıyor; çünkü Martha, eve gelip giden ve Monsenyör'ün de onayladığı, saatçinin çıraklığını yapan hoş, genç bir adamla sözlendi. İsviçre Muhafız Alayı'nın dışında görev yapan ağabeylerinden başka kimseleri olmayan Martha ve Sarah, Monsenyör'ü babaları gibi görüyor, o da bu görevi memnuniyetle ve tüm sorumluluğu üzerine alarak kabul ediyor.

Monsenyör'ün genç adamla görüşmesi sırasında ben de yanlarındaydım.

"Peki ustan kim?"

"Mösyö Tissot, efendim."

"Ah, usta bir zanaatçı. Sana çok şey öğretir. Peki ya Martha'yla ilgili niyetin nedir?"

"Onu karım yapmak, efendim. Çalışarak bir aile kurmak ve bu aileyi ayakta tutmak."

"Sen de biliyorsun ki, Martha uzun süredir ailemin bir parçası. Onun sahip olmadığı babası konumundayım. Kim onu ihmal eder ya da ona zarar verirse, ona karşı bir babanın hissedeceklerini hissederim."

Genç adam telaşlanmıştı. "Sizi temin ederim efendim, onu seviyorum ve niyetim onun için elimden gelen her şeyi yapmak yalnızca."

Bunun üzerine Monsenyör huzurlu bir şekilde gülümseyerek ayağa kalkıyor. "O zaman buna içelim."

Herkes kütüphaneye çağrılıyor; Henri ve Martha'nın şerefine kadeh kaldırılıyor.

Bütün kalbimle onun iyiliğini diliyorum. Bence çok ideal bir çift olacaklar. Henri çok çalışacak, Martha da titizlikle evi idare edecek; ne de olsa, geçen onca yılda Madam'dan çok şey öğrendi. Yeni fırsatlar da çıkacak karşılarına ama biraz daha sonra; çünkü çıraklığının sona ermesine henüz üç yıl var.

### *22 Ağustos*

Monsenyör yarım koza olayının içgüdüsel mi olduğunu yoksa sadece kraliyet hücrelerinin, kurtçuğun işini tamamlamasına izin vermeyecek kadar geniş olmasından mı kaynaklandığını öğrenmek istiyordu. Kozanın yarım kalmasının sebebinin içgüdüsel olmayıp hücrenin büyüklüğüyle ilgili olduğunu kanıtladık. Kraliyet kurtları küçük hücrelerde kozalarını tamamladılar ve bütün başkalaşımlar da aynı şekilde gerçekleşti. Kozanın açık kalması gelişimleri için gerekli değil. Tabiatın tek amacı onları ölüme mahkûm etmek; kovan da buna yardımcı oluyor.

Tabiatın inceliğinin bir örneği daha: Bütün arılar tam bir koza örme içgüdüsüne sahip; ama işçi arılar aynı zamanda kraliyet kurtlarının bunu yapmasını önlemek amacıyla kraliyet hücrelerini daha geniş yapma içgüdüsüne de sahipler.

*24 Ağustos*

"Yine de devam edelim" diyor. "Normalden daha küçük erkek arılara rastlıyoruz, bazen kraliçelere de. Bonnet kovandaki bütün işçi hücrelerini çıkartıp sadece erkek arılar için olan büyük hücreleri bırakmamızı öneriyor. Eğer kraliçe bu hücrelere normalden daha fazla büyüyen dişi yumurtalarını bırakırsa, hücre büyüklüğünün büyümede önemli bir rolü olduğu sonucunu çıkartabiliriz."

Her zamanki gibi deneyi hazırladım; ancak bir gün içinde korkunç kafatası güveleri kovanı istila etti. Saldırıdan sağ çıkmayı başaran arılarınsa şevkleri kırılmıştı, tabii ki bizim de... Çünkü çok sayıda arı olan bir kovandan işçileri belirleyip çıkarmak az çaba gerektirmiyor. Bu tür olaylardan sonra arıların eski düzenlerine dönmesi uzun zaman alıyor; bu yüzden de başka bir kovandaki bütün küçük hücreleri sadece daha büyük olan erkek arı hücreleri kalacak şekilde çıkarttık. Ayrıca kovanı doldurmak için de, daha fazla erkek arı hücre peteği ekledik.

*25 Ağustos*

"Ne görmeyi bekliyoruz?" diye soruyor Monsenyör.

"İşçi peteklerinin çıkarılmasından kaynaklanan hasarı onarmaya başlamalarını."

"Başladılar mı?"

"Henüz değil."

## *27 Ağustos*

"Hâlâ bir hareket yok. Petekte toplanmış duruyorlar, içeriyi ısıtmıyorlar."

"Şevkleri kırıldı. Peki kraliçeye karşı tutumları?

"Her zamanki gibi saygı gösteriyorlar. Ama alışılmış faaliyetlerinin hiçbirini yapmıyorlar."

"Kraliçe ne yapıyor?"

"Yumurtalarını taşımakla meşgul; ancak büyük hücrelere bırakmak yerine bulduğu her yere bırakıyor yumurtalarını."

Birkaç sabahın ardından kovanı sessiz, soğuk ve kasvetli bulduk. Dışarı uçmuş arılar da elleri boş döndüler.

"Onları canlandırmaya çalışalım. Erkek arıların doldurduğu küçük hücrelerden oluşan bir petek koyalım. Bakalım bu, yeni peteği eskisiyle birleştirmek için onları harekete geçirecek mi?"

## *30 Ağustos*

"Petekleri birleştirmediler, efendim; ama boş da durmuyorlar. Erkek arıların küçük hücrelerini temizleyip boşaltarak yumurta bırakmaya hazır hale getirdiler."

"Gerçekten mi?"

"Şimdi de efendim, kraliçe boş, küçük hücrelere yumurtalarını bırakıyor, bir hücreye bazen beş altı yumurta bıraktığı oluyor."

"O zaman öteki büyük hücreli petekleri de kaldır ve yerine küçük hücrelileri koy."

Dediğini yaptım, arılar tamamıyla olağan faaliyetlerine geri döndüler.

*2 Eylül*

"Çok ilginç" dedi Monsenyör. Derin düşüncelere dalmıştı. "Kraliçe yılın belli zamanlarında belli yumurtaları bırakabiliyor. Eğer dişi yumurtlama zamanıysa, sadece erkek arı hücresi boyutunda hücreler olsa bile erkek arı yumurtlayamıyor. Onları yanlış büyüklükteki hücrelere bırakmaktansa gelişigüzel bırakmayı yeğliyor. Görünüşe göre işçi arılar bu durumda daha zekice davranıyorlar; her zaman yaptıkları gibi erkek arı yumurtalarına bakmak yerine onların bulunduğu hücreleri temizleyip dişi arı yumurtlamak üzere olan kraliçeye bir şans veriyorlar."

"İncelemelerimizden öğrendiğimize göre, kraliçenin beyni ovarlarıyla karşılaştırıldığında çok küçük kalıyor, efendim."

Derin bir nefes aldı. "Öteki bütün işler gibi düşünme işini de işçiler yapıyor. Kraliçe sadece küçük hücreler var diye dişi yumurta bırakma içgüdüsünü engelleyemez; onlar da bu sorunu, küçük hücrelerdeki erkek arı yumurtalarını temizleyip yeni yumurtalar için yer açarak çözüyorlar."

"Bunu yapabilmek içinse, cinsiyeti ne olursa olsun yumurtaya bakma içgüdülerini engellemek zorundalar."

"Evet. Bu kendileri için daha çok iş demek. Eğer onları zeki kabul ediyorsak, onların kraliçelerine karşı duydukları sevgiyi de görebiliriz."

*14 Eylül*

Sanırım Madam'ın Fransa'daki yatırımlarıyla ilgili sorunlar sürüyor. İhtilalin etkilerinden biri de paranın değerinin her geçen gün biraz daha düşmesi ve vergilerin toplanmaması. Görünüşe göre Paris'te Vaud mültecileri tarafından desteklenen ihtilalci bir grup İsviçreli Yurtsever var. Daha çok İsviçre Muhafız Alayı'nı tuttuğumu söyleyebilirim.

*10 Ekim*

Monsenyör'le Madam kırkıncı doğum günlerini kutlamak üzere aileleri ve arkadaşları için danslı yemekli bir eğlence düzenlemeyi düşünüyorlar. Monsenyör'e babasından çok güzel tabaklar ve servis takımları, ayrıca güzel kilimler, mobilya ve resimler kalmıştı.

Ev şimdi daha zengin görünüyor. Monsenyör kendisine çocukluğunu hatırlatan şeyleri seviyor. İçlerinde meşeden yapılmış öyle bir sandık var ki, Monsenyör onun yanından her geçişinde, eğilip gülümseyerek parmaklarını üstünde gezdiriyor. Pierre onu neden bu kadar çok sevdiğini sordu.

"En eski anılarımdan biri, onun içine bakamayacak kadar küçük olmam ve hizmetçilerin içinden çamaşır aldıklarını görmeme rağmen içinde gizemli ve heyecan verici bir şeyler olduğunu düşünüp, bunları görebilmeyi çok istememdir."

"İçinde sadece çamaşır olduğunu gördüğünde hayal kırıklığına uğradın mı?"

"Daha da kötüsü oldu. Bir gün, üç ya da dört yaşlarındayken kendimi kapağını açabilecek kadar güçlü hissettim; ancak birkaç santimetre araladıktan sonra kapak taşıyamayacağım kadar ağırlaşıp parmaklarımın üstüne düştü. Acıyla inledim. Tabii ki çok acımıştı; ama daha acı veren şey onun sırrını açığa çıkarmaya çalıştığım için beni ısırmış olmasıydı. Babam bir şeylere üzüldüğümün farkına varsa da, ben bunu bir türlü kelimelere dökemiyordum. Bir hizmetçi beni tutup kaldırdı ve bütün çamaşırları tek tek çıkarırken içini görmemi sağladı.

'Şimdi içinde ne olduğunu biliyorsun, artık bakmana gerek yok' dedi.

Bu konuda endişelenmesi gerekmiyordu; çünkü buna hiç niyetim yoktu. Boyum biraz daha uzayınca bacak bacak üstüne atıp kapağının üstüne oturmaya başlamıştım, kendimi bir şatonun kralı gibi hissediyordum; çünkü oturduğum yerden beni ısıramayacağını biliyordum."

Kendinden emin bir şekilde sırıtarak babasının gençlik resmine bakan on üç yaşındaki çocuğu görebiliyordum. "Artık ondan korkmuyorsun, değil mi baba?"

"Hayır" dedi babası hemen; Pierre de utanmıştı. "Şimdi onun sadece bir sandık olduğunu biliyorum; ama yine de seviyorum."

Bugün elini sandığın üzerinde gezdirmek için uzattığında küçük Marie'yi onun üstünde bacak bacak üstüne atmış otururken bulunca çok şaşırdı.

"Marie, in aşağı" dedi annesi.

"Hayır sevgilim, bırak otursun. Neden burada oturuyorsun küçüğüm?"

"Bilmem. Hoşuma gidiyor."

"Küçük bir çocukken benim de hoşuma giderdi." Bunun hikâyesini anlatmadı, yalnızca alnından öpmek için kaldırdı onu, o da babasını öptü; onu yere koyduktan sonra Marie mutlu bir şekilde annesinin peşinden gitti, biz de kütüphaneye doğru yöneldik.

Bu tür aile sahnelerini hem seviyorum hem de kıskanıyorum.

*6 Kasım*

Parti için hazırlıklar tüm ciddiyetiyle sürüyor. Anna uzun süredir pastalarla, böreklerle meşgul ve tabii ki güveçle; kısacası gün içinde yapılabilecek her şeyle. Jacques ise üzgündü. "Çiçek konusunu ne yapacakları hakkında bir fikrim yok. Madam'ın çiçeğe para harcamak istemediğini biliyorum. Bana baharda söyleselerdi bir şeyler yapabilirdim; ama şimdi sadece yeşillikler ve meyveler var."

"Yılın bu zamanı için de çok uygun" dedi Anna sertçe o gün kasabaya ikinci kez gitmesi için Jacques'ın eline bir liste tutuşturarak.

Martha'yla Sarah da bir o yana bir bu yana koşturup duruyorlardı; sonunda Martha mutfaktan ayrılıp Madam'a hizmet etmek ve onun saçlarını yapmak için izin alabildi.

Monsenyör'ün yeni kıyafetlerini taşıyarak soyunma odasının önünden geçerken Madam'ın Martha'ya şöyle dediğini duydum: "Sokakta bir centilmenin yanından geçerken, sana baktığını, sonra da kibarca kafasını çevirdiğini fark etmeye başlarsın. Gözleri bir genç kadına takıldığı gibi takılıp kalmaz sana. Bir daha başına gelmeyinceye kadar fark edemeyeceğin bir şey bu." Hafifçe içini çekti.

"Monsenyör için siz hâlâ dünyadaki en güzel kadınsınız."

"Evet, bu doğru, doğru."

Monsenyör'ün, yaşına ilişkin birtakım tereddütleri yok. Aslında hayatından çok memnun; bir karısı, taptığı iki çocuğu ve yerleşmiş bir düzeni var. Hayatının en iyi dönemini yaşadığını biliyor.

Bu sırada Madam misafirleri karşılamak üzere en şık mücevherlerini takmış aşağı iniyordu; öyle zarif, (bunu söylememeliyim) öyle güzeldi ki.

Yemekler, içki ve neşe; hepsi vardı. Hepimiz buna dahildik. Yemek bittikten, halılar katlanıp toplandıktan sonra, getirttiğimiz kemancılar müziği başlatıyorlar. Martha ve genç adam dans ediyor. Sarah çok istekli görünüyor. Onu dansa kaldırıyorum, benimle güvende. Kadril dansı, eski geleneksel danslar yapılıyor; misafirler ve uşaklar dahil hepimiz bu dansları biliyor ve büyük bir neşeyle karşılıyoruz.

Monsenyör de, piyanonun başına geçip canlı parçalar çalarak bize katılıyor. Bir sonraki yemeği hazırlamak için eğlenceden vazgeçen Anna gecikmiş bir akşam yemeği ziyafeti çekiyor. Yemeğin ardından misafirlerin evlerine gitme zamanı gelip çatıyor.

Kimse, Madam'ın Fransa'da işler düzelmezse, ki bu da şu şartlarda pek mümkün görünmüyor, böyle bir kutlamanın son kez yapıldığını açıkça belirttiğinden bahsetmiyor.

# 1791

*3 Şubat*

Evde geçen uzun kış ayları boyunca pek çok ziyaretçinin yanında bir de bayan ziyaretçisi vardı Monsenyör'ün. Ötekiler gibi doğa tarihiyle çok alakalıydı, belki daha önemlisi o da kördü. Bu durum da sık sık yüzlerin ve ellerin masum temasına izin veriyordu. Marie-Aimée'yse hep yanlarında oluyor, soğuk bir ifadeyle oturuyordu. Elbette ikisi de yüzündeki ifadeyi göremezlerdi. Ama onları gözlemleyen biri, kör birinin arkadaşlığının onun kocasına müsaade etmeyeceği tek şey olduğunu ve bu şekilde yanlarında oturmanın hiç de umurunda olmadığını kolayca anlayabilir.

Her sabah kütüphanede Monsenyör'e gelen mektupları açıp özel ve işle ilgili olmak üzere ikiye ayırırım. Bugün, genç bayanın mektubunu okuduğumdaysa onu hangi gruba koymam gerektiği konusunda bir an tereddüt ettim. Birden Marie-Aimée kütüphanede belirdi, bu hiç de olağan bir şey değildi. Sabahları genelde kendi ev işlerine dalmış olurdu. Belki de bir şeyden şüphelenmişti. Her ne olduysa kararsız ellerimden mektubu alıp, ne yazdığını satırı satırına okudu diyebilirim.

Doğrudan şömineye attığı mektup birkaç saniye içinde kül oldu. Başkaldıran bir ifadeyle bana baktı. "Düşünecek zaten çok şeyi var. Bununla ilgilenmeyecektir." Ve bu şekilde rakibini ortadan kaldırmıştı.

Bana meydan okuyan bir bakış fırlatması üzerine, kaşlarımı hafifçe kaldırıp yüzümü çevirdim. Bu hareketle Monsenyör'e mektuptan ve Madam'ın onu imha ettiğinden bahsetmeyeceğimi belirtmiş oldum. Kendimi rahat hissetmiyorum; sadece ailesinin Basle'ye taşınmasından dolayı yazılmış bir veda mektubu da olsa kör bayan için de üzgünüm. İşin gülünç tarafı, Monsenyör birkaç gün önce bana onun görünüşüyle ilgili fikrimi sorduğunda, soluk fakat masum bir yüzü olduğunu söyledim. Tatmin olmuş bir şekilde kafasını sallayıp bu kadar tiz bir sese sahip birinin güzel olmayacağını anladığını söyledi. Açıkçası, ortada Marie-Aimée'nin kıskanmasını gerektirecek bir durum yoktu aslında. Tabii ki bundan bahsetmedim; laf taşıyıp üzerine vazife olmayan işlere burnunu sokan biri olmak istemiyordum.

Bütün bunların ardından ateş için odun getiren Sarah içeri girdi; girer girmez havayı kokladı, şımarık bir havası vardı. Hoppa bir kız, Martha gibi sorumluluk sahibi bir genç kadın olamadı.

Madam belirgin bir şekilde onu görmezden gelince, Sarah biraz irkilip odayı çabucak terk etti.

### *20 Şubat*

Birkaç gündür her taraf buz ve bütün yollar etraflarındaki çitlerin tepesine kadar karla kaplı. Bir engeli olmayan herkes yollardan karları kürüyor. Monsenyör deli gibi çalışıyor, kürekler kürekleri, saatler saatleri takip ediyor. Hiç ses yok, kar hepsini susturuyor. Bunun bir lütuf olduğu düşünülse de, aslında korkutucu ve rahatsız edici.

Jacques'a zarar görecek bitkileri olup olmadığını sorduğumda bana, karın genç bitkiler için en iyi örtü olduğunu söyledi. "Kar çok çabuk erimediği sürece güvendeler."

Monsenyör de kovanlarımızla ilgili aynı şeyi söyledi. Sabah güneşini alsın diye dikkatsizce yerleştirilip sert bir donla karşılaşan kovanların tersine soğuk kaldıkları sürece sağlıklı olacaklardı.

Buzlar bir çözülüyor bir donuyordu. Sonuçta göldeki buz şimdilerde kaymak için idealdi.

Gökyüzü canlı bir mavi renkte, buz ise dümdüzdü. Kaymayı, düşünce ve hareketin bu kadar mükemmel bir şekilde bir araya gelişini çok seviyorum.

Önce Madam, sonra da Pierre Monsenyör'e dış çemberde dönebilmesi için yardım ettiler. Ben de, henüz kendine tam olarak güvenemeyen altı yaşındaki Marie'ye yardım ettim. Belinden hafifçe tutup ona destek olurken dengesini bulmaya başladı ve çok çabuk ilerledi. Çok büyük bir zevkti. Pierre beni yarışa davet etti, konuşmasının yarısında sesi boğuk çıkmıştı. Artık küçük bir çocuk olmadığı kesin. Ben kazandım, bu seferlik. Gelecek yıl beni geçebilir.

Monsenyör'le Madam kenarda biraz dans ettiler. Sonra Marie-Aimée buz pistinin ortasına geldi; kendi çevresinde hızla dönerek adeta uçuyordu. Muhteşem bir buz dansıydı, özgür bir dans. (Monsenyör'ün de görmesini dilerdim.)

Yanaklarımız kırmızı ve gözlerimiz parlak bir halde eve döndüğümüzde, Anna bizim için mükemmel bir fondü hazırlamıştı. Hep birlikte mutfakta yedik.

"Bu kısa anlar hayatımızın en muhteşem anlarıdır" dedi Monsenyör.

*10 Nisan*

Ayaz yüzünden ardıçkuşlarının ve karatavukların sayısının çok azaldığını gözlemledik.

*20 Nisan*

Fransa'daki ihtilal adım adım ilerliyor. Orada kraliçe arıya yumurtlayan arı deneceği duyurulmuş.

Monsenyör şaşkınlıkla irkiliyor. "İsmini değiştirmek onun doğasını değiştirmez. Arılar onsuz idare edebileceklerine asla karar vermezler. Bizimkilere kraliçe demeye devam edeceğiz."

Pregny'de çalışmalarımızı sessiz sedasız sürdürüyoruz; aslında eski düşüncelere ters olduğu için Monsenyör'ün bazı keşiflerinin ihtilal niteliği taşıdığı söylenebilir. Bir süredir işçi arıların, içlerinde yumurta olan hücrelere kafalarını ve göğüslerini sokup neden dakikalarca hareketsiz kaldıklarını araştırıyoruz. Bunu, pek çok gözlemcinin inandığı gibi yumurtayla ilgilendikleri için mi yapıyorlar acaba?

"Hücrenin içinde ne yaptıklarını görmek imkânsız mı?"

"Evet, efendim. Yine de, gözlem kovanımızdaki camın üstüne hücre oluşturmalarını sağlayabilirsek bir şansımız olabilir."

"O zaman bir de tersini deneyip arılar onlara ulaşamadığında yumurtalara ne olduğuna bir bakalım."

Yeni bırakılmış yumurtaları arıların giremeyeceği kadar küçük hava deliklerinin bulunduğu bir kutuya koyup kutuyu da yeterli sıcaklığın olduğu güçlü bir kovana yerleştirdim.

Bugün her zamanki gibi, yani hücrelerinde kaldıklarında çıktıkları vakitte yumurtalarından çıktılar.

"O zaman yumurtadan çıkmak için arıların bakımına ihtiyaç duymadıkları ortada. Peki ne gördün?"

"Onları, içlerinde yumurta ya da bal gibi dikkatlerini çekecek hiçbir şey olmayan hücrelere girerken gördüm" dedim. "Orada her seferinde yirmi dakika boyunca, hiç kıpırdamadan ölü gibi duruyorlar."

"Ne yaptıklarını düşünüyorsun?"

"Dinleniyorlar, efendim. Bundan eminim."

Onayladı. "O kadar çok çalışıyorlar ki, bir o kadar da dinlenmeleri gerekiyor, tıpkı ölü gibi. Ama erkek arılar her seferinde on sekiz saatlik uzun bir süre boyunca dinleniyorlar."

"Sonunda bedelini ödüyorlar."

"Ah evet, tabiat her zaman doğru dengeyi kurar."

## *30 Haziran*

Fransız Kraliyet Ailesi'nin kılık değiştirip sahte pasaport kullanarak kaçmaya çalıştığı haberi geldi. Marie Antoinette'in, bir orduya katılıp Paris'e gidebileceklerini düşündüğü Rhine sınırına varabilmeyi umuyorlardı. Epey bir mesafe katettiler; ancak fark edilip yakalandıkları Varennes'e kadar takip edildiler. Paris'e götürüldüler, şimdiyse eskiden Meclis'in "ricası" üzerine yaşadıkları Tuileris'te mahkûmlar. İki yıl öncesinin iyimserliğinden çok uzak, korkunç derecede şaşırtıcı olaylar oluyor.

"Yumurta kırmadan omlet yapamazsın" oluyor Anna'nın şaşırtıcı ihtilalci görüşü. Jacques göğüs geçiriyor. Sarah ona üzüntüsüne ortak arıyormuşçasına bir bakış fırlatıyor; Jacques ise bunu görmezden geliyor. Eh, ne de olsa akıllı adam.

### *2 Temmuz*

İşlerimiz bu aralar çok yoğun; bir yandan gözlemlerimize devam ederken bir yandan da beş yıllık çalışmamızı Charles Bonnet'ye yazılan mektuplar haline getiriyoruz.

Monsenyör bunların yayımlanması için çok istekli. Sanki, bir yıl önceki babasının ölümü, onu bir şekilde, babasının başarılarını küçümsemeden açıkça hırslı olabilmesi için özgür bırakmıştı. Artık tek başına ayakta durmaya hazırdı. Bazı erkekler gençliklerinden itibaren babalarıyla acımasız bir rekabete girişirken, bazılarının kanatlarını açabilmek için babalarının sahneyi terk etmesini beklemek zorunda olması ne garip.

Bunu fark ettim; çünkü benim de kendi babamla ilgili fikrim değişti. Çok uzun zaman önce ölmüş olmasına rağmen sanki ona olan borcumu, bir dereceye kadar bu son yıl içinde ödedim. Bizi yıllarca tok ve sıcak tutan ordudaki yaşamı için ödediği bedeli şimdi daha iyi anlayabiliyorum.

Bu yaşamın, bizim küçük (ve dar kafalı) köyümüze hiç uymayacak şekilde onu içkiye alıştırdığını ve beraber içki içecek arkadaşlara ihtiyaç duymasına sebep olduğunu görebiliyorum. Duyduğu yalnızlık yüzünden onun için üzülüyorum şimdi. Yalnız öldü; sosyal bir insan için ne acı bir kader. Şimdi anlıyorum ki, onun köyden kaçmasına yol açan güdü, benim çiftlikte çalışmak yerine Monsenyör'e hizmet etme fırsatına balıklama atlamama neden olan duyguyla aynıydı.

Sonunda ikimiz de babalarımızın kurallarından sıyrıldık. Monsenyör için bunun sonuçları ortada. Benim için ne gibi sonuçlar doğurduğundan o kadar emin değilim.

## *4 Temmuz*

Yıllardır yaptığımız gözlemlerimize dayanan mektuplar makale biçiminde: "Kraliçe Arının Döllenmesi Üzerine", "Oğulun Kovandan Ayrılışı Üzerine" gibi başlıklar altında.

Bir taslak oluşturup Monsenyör'e okuyorum, o da beni sık sık durdurup değişiklik yapmamı söylüyor ya da daha başka gözlemler eklememi istiyor. İkinci bir taslak oluşturuyorum, yine ben okurken o beni durduruyor, bu sefer daha seyrek. Üçüncü bir taslak hazırlıyorum, küçük birkaç değişiklik yapılıyor. Tatmin oluyor. "Mösyö Bonnet'nin zamanını almaya değer" diyor.

Mösyö Bonnet'nin çalışmanın ciddiye alınmasını sağlayacağını ve bu yüzden de onun fikrinin Monsenyör için çok önemli olduğunu biliyorum. Fakat beni rahatsız eden bir şeyler var; belki gereğinden fazla saygı, bilmiyorum. Bonnet bana göre organların kesilmesine fazlasıyla meraklı; yine de bazen gerekli olabiliyor.

Mesela Monsenyör antenin ne işe yaradığını anlamak istediğinde bunun tek yolu, önce bir anteni, sonra da ikisini kesip ne olduğunu gözlemlemekti. Bir anteni kesildiğinde kraliçe hâlâ eskisi gibi davranıyor ama ikisi de kesildiğinde peteklerde çılgınca koşuşturup her yere yumurtalarını bırakıyordu. Bu şekilde ikinci bir kraliçe kovana konulduğunda birbirlerine zarar verecek hiçbir harekette bulunmadılar, aynı şekilde arılar da yabancı kraliçeye bir şey yapmadılar.

Acaba antenleri olmayınca kraliçeler ayırt edilemiyor da bu yüzden arılar ikisinden de aynı yakınlık hissini mi alıyorlar? Antenleri olan bir kraliçe kovana konulduğunda arıların ona acımasızca saldırdığı kesin. Bazılarının öne sürdüğü gibi antenin işe yaramaz bir süs eşyası olmadığı, muhtemelen dokunma ve koku almaya yarayan bir organ olduğu sonucuna vardık. Bu çok önemli bir buluştu ve bunu anlar anlamaz, deneyi bir kez daha tekrar etme ihtiyacı duymadık.

Mösyö Bonnet döllenmeyi canlı olarak izlememiz konusunda ısrarlı, bu yüzden de iki yıl önce yaptığı gibi kraliçenin çok hızlı ya da çok yükseğe uçamaması için kanatlarını kesmemizi istiyor.

Biz de Mösyö Bonnet'nin merakını gidermek için kraliçenin kanatlarını kesiyoruz. (Ve bir gün bu işlemi gerçekleştirirken Monsenyör'ün "Üzgünüm" dediğini duyduğuma yemin edebilirim.)

Kraliçenin kanatlarını biraz kestiğimde eskisi kadar hızlı uçabiliyor. Çok kestiğimdeyse hiç uçamıyor. Birkaç denemeden sonra Monsenyör, "Bunun bir ortası olmalı ama biz onu bulamadık. Bunu böyle kanıtlayamayız. Bırakacağız" dedi.

Saygısının sınırları olduğu için memnundum. Fakat Monsenyör sonuçları ona bildirdiğinde, Mösyö Bonnet kraliçenin gözlerine ışık geçirmeyen bir cila sürerek görüşünü azaltmamızı istedi. Kendi görüşü de hemen hemen kaybolmuştu; ama kendisi neredeyse yetmiş yaşındaydı. Monsenyör ise kördü.

"Sanırım denemeliyiz" dedi. "Yalnızca bir kez."

Bugün, yüreğim acıyarak cilayı uyguladım. Gözlerine dokunduğumda acıyla kıvrandı. İkimizin de kraliçeye büyük bir acıma duyduğumuzu biliyorum. Dışarı uçma içgüdüsünün peşinden gidecek, belki de eve dönüş yolunu bulabilecek güce sahip olmadığını bilmeden yalnız bir ölümle karşılaşacak.

Cila hiç döllenmemiş kraliçe için bir fark yaratmadı. Ama geri de dönmedi.

"Bu deney buraya kadar. İşe yaramıyor. Bir daha yapmamıza gerek yok" dedi Monsenyör.

Bu arada Paris'teki Champs de Mars'da korkunç bir katliam olduğunu ve Marie Antoinette'in hapiste olmasına rağmen, Ulusal Muhafızlar'ın, onca vatandaşını öldürmesini açıktan onayladığını duyuyoruz. Fransa'daki en çok nefret edilen kadın olmalı. Rakiplerini acımasızca katleden kendi kraliçe arılarımızı düşünüyorum; ama onlar asla, kesinlikle işçilerinin aleyhine dönmezler.

## *2 Ağustos*

Bugün daha önce keşfedilmemiş bir şey keşfettik. Yazılması basit ama gurur verici.

Er suyunun havayla temas ettiğinde pıhtılaştığını biliyoruz; döllenme uçuşundan dönen kraliçenin vulvasında bulduğumuz şeyin de bu pıhtılaşmış er suyu olduğunu varsaydık şimdiye kadar. Sonunda gerçek bir döllenmeyi asla görmeyeceğimizi kabul edip hiçbir şeyi göz ardı etmemek için Monsenyör, dönen kraliçelerin organlarının ne durumda olduğunu incelememize karar verdi.

"Bunu yapmayı düşünmek neden bu kadar zamanımı aldı?" dedi.

Kütüphanedeki mikroskobu ve organları kestiğimiz tahtayı hazırladıktan sonra dönen kraliçeleri yakalamak üzere kovanların orada beklemeye başladık. (Tesadüf eseri döllenmiş bazı kraliçelerin hâlâ yumurtasız olduğunu gözlemledim. Böyle olduğunda kraliçe bir iki gün içinde tekrar uçuyor. "Bu da bazı erkek arıların çiftleşme için ötekilerden daha uygun olduğunu gösteriyor" diyor Monsenyör. "Beklenmedik bir durum değil.")

Bugün yakaladığım döllenmiş ilk kraliçeyse, bize hiç beklemediğimiz bambaşka bir şey gösterdi. Onu kanatlarından tutup karnının altını inceledim. Vulvası kısmen açıktı; büyüklüğü ve konumu yüzünden vulva ağzının kapanmasını engelleyen beyaz bir parça görünüyordu. Onu mikroskobun olduğu yere götürdüm; tam bromür dumanıyla öldürmek üzereydim ki, karnının durmadan kıvrılıp bükülerek çırpınırcasına hareket ettiğini fark ettim. Sonunda bacaklarıyla arka tarafına ulaşmayı başarıp vulvasındaki o şeyi çıkarabildi. O şey elime düştü.

Hayretle bakakaldım. "Efendim, bu pıhtılaşmış er suyu değil. Biçimsiz bir kütle değil."

"Nedir? Ne görüyorsun?"

"Bu vücudun bir parçası. Onu dölleyen erkek arının vücudunun bir parçası olmalı."

"Büyüteci kullan, çabuk."

Beyaz maddeyi ayrıntısıyla incelediğimde bunun kesinlikle erkek arının üreme organı olduğunu söyleyebilirdim. Kökünden koparılmış bir penis. Bu Reaumur'un lentil adını verdiği şeydi, er suyunu tutan bir tür kese. Şimdiyse dişinin vücuduna tamamıyla girdiğini görebiliyordum.

Erkeklik organını incelediğimde lentilde vajinaya yapışmak için kanca görevi gören pul pul boynuzumsu parçalar buldum. Yapışan bu şeyden kurtulmak için dişinin çok çaba sarf ettiği muhakkaktı.

"Artık döllenme sırasında ikisinin bir arada nasıl durduğunu biliyoruz. Doğal olarak dişi için kendini bu birleşmeden kurtarmak ciddi güç harcaması gerektiği anlamına geliyor."

Penisin kökü lentilin arkasında kalan yerin yarısından biraz ötede kırılmıştı; biz de, dişinin erkekten ayrılmasını kolaylaştırmak için tabiatın o noktayı daha kırılgan yaptığını düşündük. "Belki de" diye düşündüm, "acıdığı erkeğin işini çabuklaştırmak içindir."

"Sanırım burada acımaktan ve tabiattan aynı anda bahsedemeyiz" dedi. "Kraliçenin çıkarları her şeyden üstün."

### *3 Ağustos*

Lentili parçalara ayırdığımda içinde küçük, beyaz, silindir şeklinde bir parça buldum. Canlı bir arıyı incelerken lentiline bastırdığımdaysa benzer beyaz bir parçanın ortaya çıktığını, bastırmayı bıraktığımdaysa bu parçanın bir salyangozun boynuzları gibi geri çekildiğini gördüm. Er suyu keselerine bastırdığımdaysa beyaz sıvı lentile doğru akıp onu tıkadı ve beyaz parça ortaya çıktı. Bunları Monsenyör'e ayrıntısıyla anlattım.

"Bu yeterince iyi. Beyaz parça penis, buna şüphe yok." Başını merakla sallıyordu. "Ah, Burnens, bunu daha önce kimsenin görmemiş olmasının ne anlama geldiğinin farkında mısın? Bunu ilk kez gözlemleyen biziz." Zannedersem tarifim olup biteni zihninde o denli canlandırmasına neden olmuştu ki, gördüğüne neredeyse ailesi üzerine yemin edecek kadar inanıyordu. İkimizin de yüzünde kocaman birer gülümseme vardı. Ve bu doğru. Çok müthiş bir buluş bu.

"Böylece, döllenen kraliçenin vulvasında pıhtılaşmış spermle dönmek yerine aslında bu konuda başarılı olmuş erkek arının penisini taşıdığını öğrendik. Peki erkeğe ne oluyor?"

Birbirimize baktık. (Demek istediğim bazen ben ona bakıyorum, o da gözlerini bana doğru kaldırıyor ve böylece aramızda görmekten çok daha güçlü bir anlayış oluşuyor.) İkimiz de erkeğiz ve ikimizin de penisi var. Cinsel organını kaybeden erkeğin ölmesi gerektiğini biliyoruz. O an, penisin kökünden koptuğu gerçeği üstünde durmuyoruz. Erkekten ziyade doğabilimci olarak konuşuyoruz.

"Bir sonraki kanıt bu şekilde organını kaybetmiş bir erkek arı bulmak olacak" dedim.

"Evet. Onu bulabileceğimiz kovanın yakınlarına uçabilecek kadar uzun yaşamış olabilir."

Tekrar sessizleşiyoruz. Öyle bir arı bulursam, bu demek oluyor ki ölümü bizim düşündüğümüz kadar hızlı gerçekleşmiyor.

"Böyle bir arıyı ayırt edebileceğimden eminim."

"Yapabilirsen, bu çok işimize yarayacak."

## *20 Ağustos*

Günlerdir kovanların yakınlarındaki yerleri ve güneşin altında, uzun saatler boyunca eğilip topladığım bütün ölü erkek arıları hiçbir sonuç alamadan inceliyorum. Ta ki bugüne kadar; nihayet bir tane buldum. Vücudundan çıkan penisinin uzun kökünün yarısını ve kayıp penisi gördüm. Tabiatın erkek arıdan neden bu kadar büyük bir fedakârlık istediği sorusuna verecek bir cevabımız yok. (Ve eksiksiz erkekler olarak hiçbirimiz bu dakikada bu gizemi çözmeye niyetli değiliz.)

Bu son gözlemimize rağmen döllenme anını izlemeyi başaramadık. Bunu hiç başaramayacağımızı içimizden bilsek de, bu bizim için her zaman bir üzüntü kaynağı.

"Dört yıl oldu" dedi Monsenyör, "döllenmenin havada gerçekleştiğini keşfettiğimizden ve kraliçenin er suyuyla döndüğünü sandığımızdan bu yana tam dört yıl geçti. Bunun son kanıtı olan olayı gözlemlemeyi o kadar çok istedim ki bununla ilgili başka hiçbir şey düşünmedim. Dönen kraliçeyi incelemek gibi basit bir şeyi akıl edebilmem için dört yıl geçmesi gerekti. Çünkü aklımda bu yoktu. Aklım fikrim birleşme anını görmekteydi ve bunu yapamazsam başka hiçbir şey yapamayacağım fikriyle fazlasıyla doluydum." Göğüs geçirdi. "Sanırım hayattan bir ders daha aldım."

"Ama sonunda düşündünüz, efendim. Bunu kimse yapmadı."

"Ah François, sevgili dostum, sensiz ben ne yapardım?"

Bana o kadar sıkı sarıldı ki, bir cevabım olsa dahi veremezdim.

(*Not: Mösyö Huber ve amcam bu son kanıtın yokluğuna hep üzülseler de, gökyüzünün kırk elli ayak yüksekliğinde gerçekleşen bu anlık birleşmenin nasıl gözlemlenebileceğini düşünmek bile zor. Daha sonraları doğabilimciler Mösyö Huber'in döllenme konusundaki bir dizi etkileyici ve ayrıntılı kanıtına kesin doğru olarak bakmakta hiç zorlanmadılar. Fakat açıkça görülüyordu ki, Mösyö Huber deneysel çalışmalarında bütün şüpheleri ortadan kaldırmak istiyordu. A.de M.*)

## *10 Ekim*

Sonunda Mösyö Bonnet'ye yazılan mektuplar sona erdi. *New Observations on Bees* (Arılar Üzerine Yeni Gözlemler) başlığı taşıyorlardı. Mösyö Bonnet onay verdikten sonra basımevlerine gönderildiler.

"Ben elimden geleni yaptım" dedi Mösyö Huber.

## *15 Ekim*

"Şimdilik kağıtlarla yeterince uğraştık. Bu yıl başka gözlem yapmayacağız. Biraz da gezelim. Gelecek hafta kasabada bir gün geçirmeye ne dersiniz?"

Marie-Aimée mektuplar üzerinde çalışarak geçirdiğimiz uzun saatler boyunca çok sabırlı davrandı; ancak biraz eğlenceyi daha güzel karşılayacağını beklerdim, soğuk tepkisi beni şaşırtmıştı. O anda Jacques'ı pencerenin önünden geçerken görüp pencereyi açtı ve onu çağırdı.

"Bana ormandaki mantarlardan bahsetmiştin Jacques ve yermantarı toplayan bir domuzu olan arkadaşın vardı hani."

"Evet Madam, Michel."

Heyecanla bize doğru dönüp, "Mantar toplamaya gidebiliriz. Hepimiz. Bütün bir günü piknik yaparak geçirebiliriz. Michel bize rehberlik eder mi Jacques?" diye sordu.

"Tabii ki; ancak sizi yermantarlarının bulunduğu yere götürüp götürmeyeceğinden emin değilim."

"Yermantarına ihtiyacımız yok. Bir sürü mantar vardır oralarda. Hangisini güvenle yiyeceğimizden biz emin olduktan sonra."

Piknikle ilgili Anna'ya talimat vermek üzere mutfağa gitti.

Akşam yemeğinin ardından Jacques'la ben pipolarımızı içerken Anna elindeki listeye bakıp, "Benim fikrimi soran olursa bir piknik büyük bir akşam yemeği hazırlamaktan on kat daha yorucu" diye yorum yapıyordu.

Martha'yla Sarah o kadar heyecanlıydılar ki, ona her konuda yardımcı olmaya söz verdiler, o da bu konuda yeterince ikna oldu.

### *18 Ekim*

Erzakla ve sabahın erken saatinde kalktıkları için aksileşmiş kalabalık bir insan topluluğuyla dolu olarak yola çıkan araba sabah saat dokuzu biraz geçe piknik yerimize varmış bulunuyordu. Michel bizi karşılamak üzere orada bekliyordu.

Jacques kahveler için suyu kaynatmak üzere hemen ateş yakmaya başladı. Biz de sabahın ayazında ayaklarımızı yere vura vura yürüdük biraz. Anna bezlere sarılı sıcak ekmekleri çıkardı. Kahveler hazır olduğunda Monsenyör içine biraz içki koymak istedi, ben de getirmemi istediği bir şişe konyağı kapıp geldim. Marie-Aimée yan gözle bana bakıyordu; ben ona bakmamayı tercih ettim, o da bir süre sonra vazgeçti. Jacques, kahvesine biraz içki koyduğum sırada bana Anna'yı işaret etti; Anna'ya da biraz içki koyabildim.

Yerde alçak bir sis ve son birkaç yaprağın içinden geçen güneşin ilk ışıkları vardı. Michel domuzunu gezdiriyordu; hoş bir hayvandı. Bizi mantarlarla dolu bir yere götüreceğini söyledi. Yermantarlarının bahsi geçmiyordu. Onların yerleriyle ilgili bilgisi oğluna miras kalacaktı, sadece ona.

Anna kesinlikle bu nemli havada ormanda yürümeye niyeti olmadığını, kalıp akşam yemeğini hazırlayacağını söyledi. Karşı çıkan olmadı. Sonbahar yapraklarının arasından yürümeye başladık; çocuklar tekmeliyor, yapraklar uçuşuyor, ortalığı küf kokusu kaplıyordu. Ağaç köklerinin arasında mantarlar bulmaya başladık, Marie-Aimée de Michel'in zehirsiz olduğunu söylediği bütün mantarları toplamamızı istedi.

Domuz kendi halinde etrafı koklarken Pierre onu gezdiriyordu. Burnunun nasıl bazen yerde bazen de havada titreştiğini babasına tarif ediyordu. Marie-Aimée'yle kol kola yürüdüğü sırada Monsenyör bu tarif üzerine dört ayak üstüne inip, "Bunun gibi mi?" diye bağırarak domuz taklidi yapmaya başladı. Küçük Marie sevinçle bir çığlık atıp sırtına binmek istedi. Tabii ki sırtına bindirildi; Monsenyör de dört ayağının üstünde bir ağaca doğru hantal hantal yürümeye başladı. Gülüyordum; ancak başımı kaldırdığımda Marie-Aimée'nin yüzünde tuhaf bir ifade gördüm. Kaygı vardı elbette, bir yerlerini inciteceklerinden korkuyordu ama bir şey daha vardı. Acı belki de? Ya da tahammülsüzlük?

Döndüğümüzde bir ziyafetle karşılaştık: ançüezler, turşular, balıklı börekler, kızarmış tavşan, çömlekte pişmiş biftek, salam, peynir... Ve ateşte kızarmış patatesler. Anna, Sarah da dahil herkese büyük özen gösteriyordu. Biz yokken yiyeceklerin kıyısından köşesinden biraz tırtıkladı mı diye merak ettim.

Sonra ortalığı toplayıp biraz gezindik, aniden gün bitti ve rutubetli, soğuk bir hava bastırdı. Eve vardığımızda herkes üşüyordu ve her gezinin ardından yaşanan hüzün sardı hepimizi.

Ama Anna koşturmaya devam edip, kalan yiyeceklerden bize güzel bir akşam yemeği hazırladı. Hazırlarken yiyeceklerden tırtıkladığından kesinlikle emindim artık. Madam içeri girip sepetlerdeki mantarları gösterdi.

"Hepsini şimdi yiyemeyeceğimiz kesin; ama kurutabiliriz, değil mi Anna?"

"Evet, Madam. *Kurutabiliriz.*"

"Nasıl yapıldığını biliyor musun?"

"Evet, Madam, biliyorum. Ancak bunu bilip bilmemem ve kurutulup kurutulmamaları gerektiği birbirinden farklı konular."

"Fakat Michel iyi olduklarını söylüyor."

"Yermantarlarını iyi bildiğinden şüphem yok" dedi Anna küçümseyen bir tavırla.

"Diğer mantarları da biliyor" dedi Jacques.

"Soğanlarını da biliyor mu?" dedi Pierre ve kendi yaptığı espriye gülerken neredeyse sandalyeden düşüyordu.

Annesi onu görmezden geldi. "Bence hepsini kurutabiliriz." Azametle odadan çıktı. Pierre ailesiyle yemek yemek üzere gönderildi.

O gittikten sonra Anna, "Bu evde daha önce hiç mantar kurutmamıştık. Meyve ve sebzelerin her çeşidini kuruttuk: reçeller, konserveler, turşular, bunların hepsini yaptık ama hiç mantar kurutmadık."

"Bedava yemek işte, öyle değil mi?" dedi Jacques.

"Evet; fakat Michel'in bildiğini söylemesi çok iyi. Bazıları mantarlar piştiğinde suyun rengi siyaha dönüyorsa zehirli olmadıklarını, bazen de siyaha dönüyorsa zehirli olduklarını söylüyor. Ben, nasıl biliyorsam öyle yapacağım." Mantarları ayırıp tehlikesiz olanları kurumaları için iğne iplikle ipe dizmeye başladı.

Kafasını sallıyordu. "Mantarlar. Mantarlar çözüm değil."

Sarah ile Martha telaşlanıp ne demek istediğini sordular ona; ama o başka bir şey söylemedi ve kısa bir süre sonra da yatağına gitti. Biz de kalanları ayırdık. Sanırım Anna'nın ne demek istediğini biliyorum.

Kedimiz yavrularken öldü. Küçük Marie, Emily yavrulayacağı için çok heyecanlıydı; ama Madam, Emily'nin yavrulamak için seçtiği çekmeceye bir göz attığında işlerin yolunda gitmediğini anlayıp Marie'yi bir yolunu bulup mutfağa gönderdi. Ondan, pazar günü yapılacak kek için Anna'nın yeterli unu olup olmadığını sorup öğrenmesini istedi. Anna gözlerini kısıp Marie'den, her zaman yapmaya bayıldığı şeyi, hamurları küçük parçalara ayırıp yuvarlamasını istedi.

Madam mutfağa girdiğinde manalı bakışmalar yaşandı ve ardından Madam, Marie'yi babasını görmek üzere kütüphaneye götürdü. Öldüğü ona söylendikten ve ağlama faslı bittikten sonra Emily'nin gömülme hazırlıkları yapıldı. Nereye gömüleceği sorusu gündeme geldi. Jacques tuhaf şekilde telaşlıydı ve ilk fırsatta Madam'ı kenara çekti. Sonunda kedinin tatlı bezelye tarhının dibine gömülmesine karar verildi. Onun için daha iyi bir besin kaynağı olamazdı...

Gömüldüğü yere üzerinde Emily'nin adının, tarihlerin ve "İyi bir fare avcısıydı" cümlesinin yazılı olduğu bir haç dikildi.

Onlar dışarıda cenaze töreni düzenlerken, içeride Anna bir kovayı suyla dolduruyordu.

"Madam haklı, iki kedi yavrusuyla baş edemeyiz." Her iki eline de birer yavru alıp onları suyun altında bekletti. Mücadele edecek güçleri yoktu ve her şey çok kısa sürede bitmişti. Tam bu sırada Pierre içeri girdi. Bir an şaşırmış görünse de bir yorum yapmadı.

Birkaç dakika sonra küçük Marie mutfağa girip yavruların nerede olduğunu sordu.

"Bir anneleri olmak zorundaydı, o yüzden onları, kendi yavruları ölmüş ve onlara kendi yavruları gibi bakacak bir kedinin yanına gönderdik" dedi Anna.

Marie hâlâ üzgün de olsa tatmin olmuştu. Fakat ailesi yavruların yeni bir anneye gittiğini söylediğinde Pierre dayanamayıp bağırdı. "Hayır, kediler hiçbir yere gitmedi. Onları boğdular."

Bu sözleri üzerine kardeşinin fena halde üzüldüğünü gören Pierre, ona suçlu suçlu sarılıp, "Onlar için en iyisi buydu. Onların iyiliği için" dedi.

"Hayır, değildi." Durmadan ağlıyor, onu kimse teselli edemiyordu.

Monsenyör göğüs geçirdi. "İşte bu yüzden baştan doğruyu söylemek daha iyi. Gerçek daha sonra ortaya çıktığında, ki hep çıkar, asıl acının üstüne bir de kandırılmanın acısı eklenir."

Kızını dizlerine oturttu. "Yavrular çabucak ve acısız bir şekilde öldürüldüler; çünkü anneleri olmadan zaten fazla yaşamayacaklardı, üstelik yavaş yavaş ve annelerini çok özleyerek öleceklerdi. Son derece mutsuz olacaklardı; hiçbirimiz bunun olmasını istemedik."

Babasının boynuna sarılıp hıçkırmaya başladı Marie. O ise bir yandan şefkatle kızını sallıyor, bir yandan da oğluna *bakıyordu.*

"Her zaman gerçeği söylemeliyiz" dedi, "ama bunu sevgiyle yapmalıyız."

Pierre utanıp odasına çekildi.

# 1792

*1 Ocak*

Yeni yılın ilk günleri, Wolfgang Mozart'ın otuz beş yaşında tifüsten öldüğü haberiyle gölgelendi. Onun müziğini tutkuyla seven Monsenyör haberi okuduğumda ağladı. "Çok genç ve bu kadar kısa sürede çok büyük işler yapmış. Ve bir bu kadar daha yapabilirdi." Piyanosunun başına geçip usulca bir melodi seçti. Bir süre sonra "Tanrı'ya şükür, vaktimizi boşa harcadığımız için kendimize kızmak zorunda değiliz" dedi.

"Evet, efendim." Çaldığı müziği dinlerken gözüm mikroskoba doğru kaydı; yanında itinayla dizilmiş duran çizim kalemlerine ve kesim aletlerine, sonra cilalı bir masanın üstünde duran içinde çobanpüsküllerinin çiçek açtığı sürahiye, camın ve şöminedeki ateşin yumuşak ışıltısına. Bu oda sevgi ve itina kokuyordu. Ve minör tondaki müzik çok dokunaklıydı. Bir gün hepimiz –bu sapasağlam oda bile– küle dönüşecektik. Kahve getiren Sarah bile gözlerini indirme inceliğini gösterdi.

## *3 Şubat*

Bugün hepimiz çok heyecanlandık; çünkü *New Observations on Bees*'in düzeltilmiş hali gönderilmişti. Paketin içinde ne olduğunu hemen anlayıp Marie-Aimée ve Pierre'e haber verdim, sonra da Monsenyör belki de ilk kendisi açmak ister diye onu kütüphaneye götürdüm. Monsenyör ne demek istediğimi hemen anladı, masaya oturup paketi dikkatle açmaya başladı. Yüzünde tam bir mutluluk ifadesi vardı. Marie-Aimée ona şefkatle bakıyordu. Pierre önce annesine sonra babasına baktı, sonra da bana; gülümsedik. Monsenyör paketi açar açmaz kağıt yığınını yüzüne doğru kaldırıp burnunu yığının içine gömdü; baskı mürekkebini kokluyordu. Defalarca bunu tekrarladı.

Ardından sarılmalar, öpüşmeler, mektupları basılmış halde görmekten duyulan gurur ve hayranlık sözleri geldi. Monsenyör şarap ısmarlayıp bütün ev halkını topladı. Anna kusursuz önlüğü içinde üfleyip püflerken, Jacques iş kıyafetini giymeyi tercih etmişti. Sarah gün ortasında içki içileceği fikriyle heyecanlanırken, Martha bunu yakında evlenecek genç bir kadın olarak ağırbaşlılıkla karşıladı. Pierre evin erkeği olmayı öğrenen bir delikanlının gururuyla *New Observation on Bees*'in şerefine kadeh kaldırdı. Madam'sa Monsenyör'e, sevgili babasının yaşasaydı bununla ne kadar gurur duyacağını söyledi. Böylece aramızda olmayan dostlar için de kadeh kaldırıldı.

Günün ilerleyen saatlerinde, bütün heyecan dindiğinde ayrıntısıyla olmasa da hakkında bir fikir edinmek için metne bir göz attım. Çok müthiş bir şaşkınlık içindeydim: bütün o kişisel anların, her günün, yılın, her arı sokmasının bir düzene, şekle girip basılmış olmanın itibarıyla damgalanmış olmasına inanamıyordum. Monsenyör de odadaydı, duygularımı söyleme ihtiyacı hissettim.

"Efendim ben... Bunu anlatabilmek imkânsız. Onu basılmış görmek." Bunun körlüğüne dikkati çekeceğini biliyordum ama başka yolu yoktu. "Bütün bu çalışma. Bazen ağaçlar yüzünden ormanı göremediğimi düşünüyordum. Ve şimdi hepsi önümde ve muhteşem bir çalışma görüyorum karşımda. Bu çok etkileyici; buna benim de katkım olduğuna inanamıyorum."

"Ama var, sevgili François, hem de büyük bir katkı. Görmeye gelince, bunun nasıl bir şey olduğunu gayet iyi hayal edebiliyorum." Sonra omuzlarını silkti ve ardından yüzü aydınlandı. "Ama koklamaya gelince, üstüme yoktur!"

## *5 Mart*

Sarah için endişeleniyorum. Her gece kız kardeşini mutlu bir şekilde çeyizini hazırlarken gördükçe sanki onu da benzer bir geleceğin beklediğini düşünüp korkuyor ve bu gelecekten kaçma ihtiyacı duyuyordu. Ve iki gün önce bu sebeple bir girişimde bulundu; tam olarak bana yaklaşmaya çalışmak olarak yorumlanamasa da, bu şekilde algılanabilecek bir hareketti.

Marie-Aimée çıkıp Pierre'i bulmamı istemişti benden. Saat yediydi ve çoktan eve gelmiş olmalıydı. Çiftlikten arkadaşlarıyla yolun aşağısında olduklarından emindik; ama bütün çevreye yayıldıkları için onu bulmak zaman alabilirdi. Sarah onun nerede olduğunu bildiğini ve bana yolu gösterebileceğini söyledi. Nedense bu genç kadının delikanlıların nerede olabileceğini bilmesi beni şaşırtmamıştı.

Böylece o soğuk akşamda birlikte yola çıktık; beni iki tarlanın arasından geçen dereye doğru götürüyordu. Derenin ortasında bir yerde küçük bir ada oluşmuş, buraya çiftliğin sahibinden dolayı Martin'in Adası denmişti. Adaya yaklaştıkça kahkaha seslerini ve içlerinden birisinin kahkaha atmaktan ziyade öksürdüğünü duydum. Bir de tütün kokusu geldi burnuma. Hava kararmıştı ama kabaca kurulmuş bir sığınağı seçebiliyordum. Hiç düşünmeden derenin üzerinden atladım, kıyıda durup ona seslendim. Kampta hemen bir telaş başladı, ardından fısıldaşmalar. Pierre karşı kıyıya atlayıp eve kadar koşacağını söyledi. Suçluluk duygusuyla kıvranan bir delikanlının hızıyla koşmaya başladı. Gülümsedim; ama orada neler döndüğünü de merak etmiştim.

Ayrıca Sarah'nın bana neden onların Martin'in Adası'nda olduğunu söylemekle yetinmeyip benimle geldiğini de merak etmiştim. Aslında merak etmedim, neden olduğu hakkında iyi bir fikrim vardı. Karanlıkta önünü göremediği için koluma girmek istediğini söyledi. Bana biraz daha sokuldu. Monsenyör'e olan bağlılığıma hayranlık duyduğunu belirtti. Ne kadar çok çalıştığımı ve bana hak ettiğim rahatlığı sağlayacak bir kadına sahip olmamamın utanç verici olduğunu dile getirdi. Bunun gelecekte olacağını söyledim ona. İyi güzeldi de, şu an için biraz yakınlığın da zararı olmazdı; ardından parmaklarını yüzümde gezdirdi. Bunca ev işine rağmen onları nasıl böyle yumuşak tutabiliyordu? Şu an biraz yakınlaşsalar kıyamet kopmazdı ya; o da ne, bir tınaz tarlası! Tökezleyip bileğini burkmasın mı? Bileğini biraz dinlendirmeye ihtiyacı vardı.

Akşam yemeğine zaten geciktiğimizi ve acele etmemiz gerektiğini söyledim. Göğüs geçirip koluma yaslandı.

(Bu Sarah'yla "yakınlaşmayı" istemediğim anlamına gelmiyordu, bununla alakası yoktu; ama bu hiç akıllıca olmazdı çünkü onu karım yapmayı düşünmüyordum.)

Başka bir şey söylemedi. Eve döndüğümüzde Anna'nın sorgulayıcı bakışlarıyla karşılaştık. Sarah bir sır saklıyormuş havasına bürünüp yukarı çıktı. Çok kızmıştım ve "Hiçbir şey olmadı!" diye bağırmak istiyordum; tabii ki bunu yapmadım. Yüzümdeki ifadeden bu anlaşılmış olmalıydı. Biraz önce hoş anlar geçirmiş bir adam yüzünde bir gülümsemenin oluşmasına engel olamaz. Benim durumumsa böyle değildi. Odama çok erken çıkıp kendimi tamamıyla günlüğümü yazmaya verdim. Şimdiyse, Tanrım lütfen uyuyabileyim.

### *28 Nisan*

Monsenyör'ün çalışmasıyla ilgili haberler gazetelerde yer almaya başladı. İlki onaylayan bir yazıydı; fakat bir sonraki yazı öfkeden kudurmama sebep oldu. Yazı çalışmayı geçersiz sayıyordu: Monsenyör'ün körlüğü başarılı bir çalışma yapabilmesine büyük bir engel teşkil ediyordu ve bu yüzden de deneylerinin ve bulgularının doğruluğu şüphe götürürdü. Gözlemleri eğitimsiz bir köylünün zekasına bağlıydı ve şüphe edilmeden ya da dikkatle incelenmeden kabul edilemezdi. Okurken sesim öfkeden titriyordu. Monsenyör derin bir nefes aldı, önce hiçbir şey söylemedi. Sonra acı acı gülümsedi.

"Özetle, 'Bir köylünün yardım ettiği kör bir adam.' Çok güzel uymuş. Benim hakkımda söyledikleri konusunda tartışamam ama sen sevgili Burnens, sen bu eve girdiğin günden itibaren bir köylü değildin artık. Geçmişte öyleysen tabii. Bir köylü olmak sadece yaptığın işle ya da konumunla ilgili değildir; düşünme tarzıdır, açık olmak gerekirse dar kafalılıktır. Sen asla böyle olmadın. Halbuki bizim eleştirmenimiz tahmin edebileceğinden daha da köylü."

"Teşekkürler, efendim. En azından artık eğitimsiz olmadığımı umuyorum."

"Doğru söyledin, son birkaç yıl içinde pek çok insanın bütün hayatı boyunca okumadığı kadar çok kitap okudun bana." Gülümsedi. "Bunun için kendimizi üzmemeliyiz Burnens; biz çalışmamızı yaptık, doğru yolu takip ettik ve her yönüyle doğru bir çalışma yaptık. Bunu yaptığımızı biliyoruz, hile yapmadığımızı ya da kimseyi aldatmadığımızı da... Biz sinirlerimize hakim olalım, onlar da elbet gerçeği göreceklerdir. Bu şartlar altında hiçbir şey kolay olmayacaktı zaten."

Bu gerçek bir sabır, ağırbaşlılık ve kabullenişti. Her gün ondan yeni bir şeyler öğreniyorum.

## *15 Temmuz*

Monsenyör'ün yanına geldiğim ilk günden beri gölün kenarında açılan ikinci el kitap sergilerine gidip bazı ilginç çalışmaların fazla pahalı olmayan nüshalarını alırım. Bugünse, en eski cüzdanlarımdan birini satmak istediğimde bana verdikleri fiyatı duyunca hem şaşırdım hem de sevindim; çünkü birkaç yıl önce ödediğimden daha fazlası önerilmişti.

Monsenyör'ün kütüphanesini kullanma özgürlüğüm sayesinde çok şey öğrenmiştim; ama bunun sadece kendi çıkarım ve tabii ona yardımcı olmak için olduğunu düşünüyorum. Sahip olduğum bilgiyi paraya dönüştürme fikri kulağa hiç de fena gelmiyor.

Evde büyük bir kargaşa vardı. İçeri girer girmez karşılaştığım sahneden hemen uzaklaştım. Sarah kollarını kavuşturmuş mutfak masasında oturuyor ve dünyanın sonu gelmişçesine ağlıyordu. Bir yanında Marie-Aimée, öteki yanında Martha vardı ve ona sarılmışlardı. Anna da sessizce arkada duruyordu. Bir dakika sonra koridorda Jacques'a rastladım. Kafasıyla mutfağı işaret edip kaşlarını kaldırarak elleriyle karnı şişmiş bir kadın şekli çizdi.

Sarah'nın hamileliği bütün ev halkını büyük bir sessizliğe gömmüştü. Ama elbette bu durum, omuz silkmeleri ya da manalı bakışları göremeyen Monsenyör'e sözlerle anlatılmalıydı. Marie-Aimée onunla konuştuktan sonra yüzünde daha önce hiç görmediğim bir ifadeyle bana baktı. Kısmen bir suçlamaydı: Babası ben olabilir miydim? Ayrıca bir sorgulamaydı: Babası acaba ben miydim? Sanki fiziksel ilişkiye girebileceğimi, bir çocuğun babası olabileceğimi daha önce hiç düşünmemişti. Bir erkek olarak yani.

Sarah'nın durumuyla ilgili gerçekler kısa sürede ortaya çıktı. Çocuğun babası yakınlardaki amcasının çiftliğinde çalışan genç bir adamdı. Yakında kendine ait küçük bir çiftliğe sahip olacaktı ve bu çiftlikten, getireceği bir sürü ek işin yanında küçük bir aileyi geçindirebilecek kazancı sağlayacaktı; ancak ailesinin kafasında Sarah'dan başka bir gelin vardı. Martha ve Sarah'nın anne ve babası ölmüşler. İkisi bir aile artık. Monsenyör genç adamı çağırttı. Onu Monsenyör'ün beklediği kütüphaneye götürdüm. Monsenyör görüşmeyi tek başına yapabileceği konusunda ısrarlıydı. Odadan çıkarken genç adamın başı öne eğikti ve Sarah'nın kız kardeşiyle paylaştığı küçük odadan onu izlediği pencereye bakmıyordu. O akşam genç adamın amcası Monsenyör'ü ziyaret etti. Ertesi gün Sarah'nın evleneceği haberini duyduk. Martha'ya, "Belki çifte nikah yaparız" diyordu. Ancak Martha kendi sözlüsünün ustalığa terfi edip onunla evlenmesine daha bir yıl olduğunu ve onu sıkıştırmaya gerek duymadığını söylüyordu.

Sarah çok da yıkılmadı. Yanıp tutuşarak istediği geleceğin bu olduğunu sanmıyorum; ama çiftlik evlerine yeni bir oda eklemek ya da patates yerine salatalık yetiştirme konularıyla ilgili gayet heyecanlı bir şekilde planlar yapıyordu. "Salatalık patatesten daha çok kazandırır. Onları Cenevre'deki pazara bizzat kendim götürürüm. Ve çiçekler; çiçek de yetiştirmeliyiz. Çiçekler pateslerden daha çok kazandırır."

"Bu doğru" diyor Jacques, kafasını bilgece sallayarak. "Fakat hiçbir şey vermeden bir şey kazanamazsın. Bunlar çok daha fazla emek gerektirir."

Havalı bir şekilde elini sallıyor. "Ben yeterince güçlüyüm."

"Başlangıç için tohumları nereden isteyeceğini biliyorsun."

"Sağ ol, Jacques."

"Ve hazır buradayken sana biraz ahçılık dersi de vereyim" diyor Anna.

"Zaten çok şey öğrendim."

"Mmm."

Hepimiz içimizden onun iyiliğini diliyoruz; ama eğer şans ondan yana olmazsa hem çocuk doğurup hem de yoğun bir şekilde çalışarak birkaç yıl sonra ne halde olabileceğini tahmin bile edemiyoruz. Ama o canlı bir kişiliğe sahip, kolay kolay pes etmez, sağlam bir hayat kurmayı başarabilir. (Genç adamı gördüğüm kadarıyla gereken güç ve zekanın Sarah'dan geleceğini söyleyebilirim, tabii o da göründüğü kadarıyla güçlü ve çalışkan. Sarah için daha iyisi olabilirdi, daha kötüsü de.)

*1 Ağustos*

Monsenyör çalışmalarına devam etmek için sabırsızlanıyor. ("Arılar, François, orada asla beklenmedik hamilelikler olmaz. Ne büyük rahatlık.") Komşu çiftliklerde yaşayan pek çok çiftçi, kovanlarının endişe verici bir şekilde tahribata uğraması sonucunda Monsenyör'e danışmaya geldi. Bazen yakınlarda tuhaf bir ses duyuyorlar ve bir grup işçi arı normalde hiç yapmadıkları şekilde gece dışarı uçuyordu. Sabahları kovanın önünde birçok ölü arı bulunuyor, bütün bal genelde bitmiş, hatta tüm kovan tamamıyla boşalmış olabiliyordu.

Kovanlarımızdan birinde biz de aynı şeyi yaşadık. Arıları ölmüş ve onca çalışma sonucunda toplanmış balın bir gecede uçup gitmiş olduğunu gördüğümde duyduğum üzüntü ve kızgınlığı anlatamam. Yağmalanıyorlar. Elbette bunu tabiatın bir işi olarak kabul ediyorum; ama yine de üzüntü veriyor.

Yabanarıları, eşekarıları, güveler ve fareler kovanları yağmalamalarıyla bilinirler; ama böyle durumlarda genellikle arıların verdiği mücadelenin izine rastlanır. Bu son saldırılarsa farklı. Çiftçiler bunu yarasaların yapıyor olabileceğini söylüyorlar; ancak yarasalar gece uçan böcekleri yerler ve yılın bu zamanlarında onlardan çokça bulunur. Ayrıca balla da ilgilenmezler; öyleyse neden bir kovana saldırsınlar ki? Bu yüzden Monsenyör çiftçilere kovanlarını yakından gözlemleyip etraflarında ne bulurlarsa alıp getirmelerini söyledi. Onlar da *sfenks atropos*, kafatasına benzeyen şekli yüzünden daha yaygın kullanılan ismiyle kafatası güvesi getirdiler. Bu bölgeyi istila etmişlerdi. Bu her on yılda bir olurdu ve muhtemelen geldikleri yerdeki havayla ilgiliydi.

Bu iğnesi ya da binlerce arının onu soktuğu bir mücadelede iğneye karşı savunması olmayan bir böcekti.

Kendi arılarımızı korumak için kovanın girişine, üstünde arılarımızın girebileceği kadar büyük ama büyük bir güvenin giremeyeceği kadar küçük delikler bulunan barikatlar kurduk. Saldırganları uzak tutma konusunda bu çok işe yaradı. Bunu yapmayı düşünmemiş olan çiftçilerle konuştum; kovanlarına baktıklarında arıların balmumundan ve reçineden kendi duvarlarını ördüklerini gördük. Girişleri üst üste denk gelmeyen iki katlı bir barikattı bu. İkisinin arasında, her seferinde yalnızca tek bir arının geçebileceği darlıkta geçitler vardı. Monsenyör bu gözlemden çok memnun olmuştu.

"İşte arıların ve insanların çalışmasının kesiştiği yer" dedi. "Eğer biz onlar için bir şeyler düşünüp yapmazsak, onlar kendileri için yapıyorlar. Bu barikatlar son dakikada yapılmış, tehlikeden korunmak için önceden düşünülüp yapılmış değiller. Düşmanla yüz yüze geldiler. Ama arıların basit birer askerken mühendisliğe geçişlerine bir bakın. Bunlar içgüdüyle oluşturulmuş altıgen hücreler değil. Bunlar alelacele yapılmış savunma hücreleri, üstelik şekilleri duruma göre değişiyor. Ve tehlike geçip de oğul verecekleri ya da yoğun bir şekilde bal toplayacakları zaman onları yıkacaklar. Sanırım bu noktada zekalarından bahsedebiliriz."

### *3 Ağustos*

Akşam Monsenyör'e bir şeyler okuyordum ki, mutfaktan bir çığlık sesi geldi. Hemen demir bir çubuk kapıp mutfağa koştum, Monsenyör de arkamdan geliyordu. Anna bir köşeye büzüşmüş titreyen elleriyle lambanın etrafında uçuşan kocaman bir güveyi işaret ediyordu.

"Evde bir kafatası güvesi var" diye bağırdı. "Bu, evde bir ölümün gerçekleşeceğine işaret."

"Bu öyle bir anlama gelmiyor" dedi Monsenyör nazikçe ama emin bir şekilde. Ben de elimdeki çubuğu bir kenara bırakıp güveyi kolayca yakalayarak dışarı attım. "Bu sadece sıcak ve karanlık bir gecede, pencereyi açık bırakıp içerideki ışığı yaktığın anlamına geliyor."

"Ama öyle efendim. Kardeşim tam çocuk doğurmak üzereyken evine bir kafatası güvesi giren bir kadın tanıyor. Çocuk ölü olarak doğmadan bir saat önce tekmeliyormuş. Ve zavallı kadın güveyi görür görmez çocuğunun öleceğini anlamış ve az daha kendisi de ölüyormuş, üzüntüden."

"Bu korkunç bir şey Anna; ama bunu yapan güve değil."

"Bunu güvenin yaptığını söylemiyorum. Bunu önceden haber verdiğini söylüyorum. Bu doğru."

"Güve mutlaka bir ölümü haber veriyor diyorsan söyleyeyim, ben öleceğim, bundan senler sonra yaşlandığımda, kendi yatağımda; Tanrım bana böyle bir ölüm bağışla! Yataktan bahsetmişken, hepimizin dinlenme vakti geldi sanırım."

Anna sakinleşmişti. "Evet, efendim. Çığlık attığım için özür dilerim."

"Önemli değil Anna; fakat unutma ki batıl inançlar yaşama ya da ölüme yol gösterme konusunda pek yardımcı olmaz. Voltaire'in şu sözüne kulak ver: Batıl inançlar bütün dünyayı ateşe verirken, felsefe söndürür."

"Felsefe kısmını size bırakmak zorundayım, efendim."

"Bu konuda için rahat olsun Anna."

Yatmaya gitti, yeterince sakinleşmişti.

Bir güveyle dövüşmek için demir bir çubuk almış olmam onu çok eğlendirmişti.

"Anna'nın batıl inancı taşra insanları arasında çok yaygın" dedim.

"Uzun zamandır da bu böyle. İsmine bir bak, sfenks atropos. Atropos üç Kader Tanrıçası'nın en yaşlısı; doğum, yaşam ve ölüm. Hayat bağını kesen Tanrıça. Taşra insanları bunu unutmuş olabilirler; ancak binlerce yıl önce yaşamış atalarıyla aynı korkuyu paylaşıyorlar."

"Hâlâ güvenin nasıl olup da arıları saldıramayacak kadar hareketsiz kıldığını anlayamıyorum. Arılar da batıl inançlara sahip olamaz herhalde?"

"Belki bir çeşit koku yayıyordur. Gerçi bütün bir kovanı hareketsiz kılmak için çok fazla yayması gerekecektir. Kayda değer başka ne var?"

"Gece olmadan asla uçmaması... Halbuki öteki güveler yiyeceklerini gündüz topluyorlar."

"Demek ki karanlıkta görebiliyor, bu da kovanın etrafında yolunu bulabilmesini sağlıyor. Fakat bu tek başına sonucu açıklamaz."

"Ve çıkardığı ses, can çekişiyor gibi Anna'ya göre."

"Sanırım buradan bir şeyler çıkarabiliriz. Kulak tırmalayıcı tiz bir ses, genç kraliçelerin çıkardığı sese çok benziyor ama biraz daha yüksek. Bu tiz sesin arıları hareketsizleştirdiğini biliyoruz ve tam olarak emin olamasak da bunun korkudan olduğunu düşünüyoruz. Güvenin çıkardığı ses de neden aynı etkiyi yaratmasın? Hatta daha yüksek olduğu için belki de daha etkilidir."

"Öyleyse arılar korkudan hareketsiz kalıyorlar ve saldırganla dövüşecek cesareti bulamıyorlar."

"Bu, sokmalara karşı savunmaya ihtiyaç duymamasını çok iyi açıklıyor. Ama henüz bir varsayım. Yine de, saldırı esnasında sfenksi bu sesi çıkarırken ve arıları da direniş göstermeden teslim olurken gözlemleyebilirsek çok büyük bir önem kazanacaktır."

*5 Ağustos*

Cam kovanlarımızın hepsi başka deneyler için kullanılıyor; ancak Monsenyör içeri bir atropos bıraktığımızda ne olduğunu gözlemleyebilmemiz için cam bir kutu yapıp içine bir yabanarısı yuvası koymamı söyledi. Tabii ki bunun gece yapılması gerekiyordu.

"Ne görüyorsun?"

"Çok sessiz, kutunun bir köşesinde duruyor. Balın kokusundan heyecanlanmış görünmüyor."

Yarım saat boyunca hiçbir şey olmadı, sonra güve yuvaya doğru hareket etmeye başladı. "Yabanarıları ona saldırıyorlar, hem de vahşice. Birbiri ardına iğnelerini batırıyorlar. Kaçmaya çalışıyor." Tam o anda yaratık büyük bir çabayla kutunun cam kapağını itip kaçtı. Onu hemen yakalayıp başka bir kutuya koydum. Bütün gece sessiz kaldı ve yaraları çok acı veriyormuş gibi bir hali yoktu.

"Bunu tekrar yapmanın bir anlamı yok. Bu çok zalimce olur; bir şeylerin onun içgüdüsüne zarar verdiği açık. Belki kapalı tutulmak onu etkilemiştir ya da fenerin ışığı onun bir üstünlüğü olan gece görebilme özelliğini ortadan kaldırmıştır. Kapatılmış olmanın içgüdülerine nasıl etki ettiğini bir görelim."

Bunun için iki güveyi balla dolu bir peteğin yanında bir hafta boyunca kapalı tuttum; ona hiç dokunmadılar. Bugünse bir tanesini açık havada yakalamayı başardım. Organlarını incelediğimizde, ki bir arı yerine bu kadar büyük bir yaratık üstünde çalışmak çok tuhaftı, karnının bir yemek kaşığını dolduracak kadar çok balla dolu olduğunu gördük. Çok şaşırmıştım, bir tek yaratık için çok fazlaydı bu, çok fazla yaratığın emeğini çalmıştı.

Bunun hakkında bir şeyler söyledim.

"Ama atropos içgüdüsüyle hareket ediyor. Bazı insanlar da aynı şeyi yapıyor, üstelik onların böyle bir mazeretleri de yok. Sanırım arılara olan düşkünlüğün seni atroposlara karşı biraz acımasız kılıyor."

"Korkarım arılara olan bağlılığım bazen yeterince adil olmamı engelliyor."

"Bu, onların davranışlarına bir yorum getirme meselesi ve burada birçok görüşe yer var. Ama senin gözlemlerin tamamıyla adil, bundan eminim."

"Evet, efendim."

"Sonuç olarak gördüklerinden ne gibi varsayımlara ulaşabiliriz? Kapalı tutulduklarında bala dokunmadılar. Böylece, kapalı kalmanın bal toplama içgüdülerini etkilediğini söyleyebiliriz. Bu yüzden onları yabanarılarıyla bir araya koymak zalimlikti; çünkü kapalı olmak onların doğal içgüdülerine zarar veriyor."

"Demek ki adil bir dövüş değildi?"

"Kesinlikle. Tabiat rakip türler arasında her zaman bir denge kurmaya çalışıyor; ama insanlar gelip de idareyi ele aldıklarında düzen bozuluyor. Tıpkı hayvanları kendi çıkarlarımız için beslediğimizde daha çok korundukları için daha az tetikte olmaları gibi. Bu kayıplarını telafi etmek bizim görevimiz, arılar için barikat hazırlamak gibi ya da onları tilkilerden korumak için tavuklarımızın etrafına çit örmemiz gibi. Ve arılarımızdan aldığımız verimi artırmak istiyorsak bundan daha fazlasını yapmalıyız; ama içgüdülerini de her zaman hesaba katarak. Belki de her şeyi yanlış anlamışızdır?"

"Efendim?"

"Güvenin sesinin onları, genç kraliçenin çıkardığı sese benzediği için korkuttuğunu düşünüyordum. Belki de sonuçta onlara hiçbir zarar vermeyecek olan kraliçenin çıkardığı ses onları korkutuyor; çünkü bir güvenin içeri girdiğini sanıyorlar. Kendileri bir kafatası saldırısına uğramamış olsalar bile belki de geçmiş yıllardan onlara içgüdüsel bir hafıza yoluyla bu korku geçmiş olabilir ve genç kraliçeye de o yüzden böyle tepki veriyor olabilirler."

"Çok muhtemel görünüyor, efendim."

"Ama bunu doğrulayacak bir yol yok. Bir varsayım olarak kalmak zorunda. Yine de ilginç bir varsayım."

## *15 Ağustos*

Sarah kasabamızdaki kilisede sessiz bir törenle evlendi. Tören kocaman bir yabanarısıyla, tembel, ağır bir kraliçenin bembeyaz duvağa tırmanıp düşmesi ve sonra tekrar tırmanmasıyla hareketlenmişti. Pierre'in bunu hayranlıkla izlediğini fark ettim. Sarah'nın düğününden çok yabanarısının yaptıklarını gözlemlemekle ilgileniyordu. On beş yaşında, olayla ilgili kendine ait düşünceleri olmalı. Sarah'nın onun gizlediği sırla ilgili bildikleri ya da o adada geçenlerin düşüncelerine nasıl etki ettiğini tahmin etmek bile istemiyorum.

Damadın ailesinden yalnızca iki kuzen geldi. Bizim bütün ev halkı oradaydı elbette, ayrıca şimdiye kadar onunla pek ilgilenmeseler de, böylesi durumlarda aile fertlerinin bir şeyler yapması gerektiğini düşünen Sarah'nın halası ve amcası da oradaydı. Onu amcası evlendiriyordu. Onlar dışında tek akrabası Paris'teki İsviçre Muhafız Alayı'nda görev yapan erkek kardeşiydi.

Parasını Madam'ın ödediğini düşündüğüm yeni muslin kıyafeti içinde çok güzel ama çok az sayıda insan olmasından dolayı çok kederli görünüyordu.

Marie-Aimée onu kolundan tuttu. "Canım, ben Mösyö Huber'le evlendiğimde koca Cenevre Kilisesi'nde yanımda sadece beni evlendiren amcam ve Madam de Candolle vardı. Bu evliliğin yalnızca kısa bir anı."

Benzer durumlarının arkasında yatan farklı sebeplerden bahsetmeyerek gösterdiği dikkat hoşuma gitmişti. Sarah mümkün olduğunca uzun bir süre burada çalışmaya devam edecek, kendine ait gecelerde de kocasıyla olacak.

### *29 Ağustos*

*Observations*'la ilgili haberler çıkmaya devam ediyor, bilgi arttıkça önyargılar da bahar mevsimindeki karlar gibi eriyip gidiyor. Paris Bilim Akademisi Monsenyör'ü üye olarak kabul etti. "Buluşların yeniliğine ve titizlikle yapılmış deneylerin doğruluğu"nun yarattığı büyük etkiye dikkati çekiyor. Sonunda!

"Ne zamanlama" diyerek gülüyor Monsenyör. "Bu onuru kişisel olarak alma şansım şu an için pek yok sanırım."

Fransa'daki olaylarsa bir arı dövüşünden çok daha hızlı gelişiyor; aklı olan kimse bugünlerde Paris'in yakınlarından geçmez.

## *30 Ağustos*

Bugün Fransa'dan öteki bütün haberleri gölgede bırakacak haberler geldi. Ilımlılar yani Jirondenlerle aşırı cumhuriyetçi Jakobenler arasında bir savaş yaşanmıştı. Marseilles ihtilalcileri tarafından desteklenen Jakobenler 10 Ağustos'ta, İsviçre Muhafız Alayı tarafından korunan Kraliyet Ailesi'nin yaşadığı Tuileries'e ansızın saldırmışlardı. Ulusal Muhafızlar özel olarak sarayı korumakla görevlendirilmişti; ancak onlar da saldırıya katıldılar. Kan dökülmesini önlemek için Louis Meclis'e sığınıp İsviçre Muhafız Alayı'nın saldırıyı durdurmasını istedi, onlar da durdurdular. Fakat ayaktakımı bu kararların hiçbirini dikkate almayarak silahlarını bırakmış olan sekiz yüz İsviçreliyi katletti. İşte davanın soyluluğu.

İsviçre Muhafız Alayı'nın katli bütün kantonlarda büyük öfkeye yol açtı. Hepimizin İsviçre Muhafız Alayı'nda bir akrabası ya da tanıdığı var. Doğrudan bizim ülkemizi savunmamış olsalar da bizi *gıyaben* korumuşlardı. Onlar çalışan insanlardı, sıradan vatandaşlardı, babalarımız, amcalarımız, oğullarımızdı. Acıya boğulan Martha ve Sarah'nın durumunda olduğu gibi.

Monsenyör, "XIV. Louis'nin şu sözünü hatırlıyor musunuz? 'İsviçre Muhafız Alayı'na ödediğim paralar Paris'ten Basle'ye bütün yolları döşerdi' " dedi.

Ve İsviçreli bütün çocuklar buna verilecek cevabı bilirdi: "Ve akan bütün İsviçreli kanı Basle'den Paris'e kadar uzanan bir tüneli doldururdu." Ama bu farklıydı, adil bir dövüş değildi.

Hepimiz birbirimizi teselli etmeye çalışıyorduk, özellikle de uzaktaki çok sevdikleri ağabeylerini kaybeden Martha ve Sarah'yı.

Birkaç gün içinde monarşi "kaldırılmıştı" ve Kraliyet Ailesi, Komün'ün mahkûmları olarak Tapınak'taydı. Dehşet... sürüyor.

### *15 Eylül*

Monsenyör'e, Pierre'e gözlem sanatını anlatırken rastladım. "Erkek arıyı nasıl ayırt edeceğini biliyorsun. Kovandan çıkan ya da kovana giren erkek arı var mı? Erkek arıların katliam mevsimi geçti. Hayatta kalan var mı?"

Pierre büyük bir dikkatle bakıyor. Buradaki ilk günlerimi anımsıyorum. Sorularla öğretebilmenin Monsenyör için ne denli önemli olduğunu şimdi anlıyorum. Kaç tane? Nerede? Hangileri? Ne kadar sıklıkta? Ne taşıyorlar? Ne yapıyorlar? Sonuç ne? Sebep ne?

Sanırım bu sorular gören birinin sessizce kendi kendine sorduğu sorular; ama Monsenyör bunu kelimelere dökmek zorunda. Bu soruları Pierre'e de sorduğu için memnunum, onları cevaplamak için eğitim gören tek kişi ben değilim. Yine de benim yapabildiğim her şeyi Pierre'in de yapabileceğini henüz bilmek istemiyorum. Çünkü bu, zor bir karar vermemi gerektirecek zamanın daha da yaklaştığını gösterir. Şimdi yirmi altı yaşındayım. Monsenyör bundan çok daha önce kör olmuştu. Ben onun görmediği pek çok şeyi gördüm. Bazı şeyler hakkında ondan daha çok bilgiye sahibim. İltimas ve çürümüşlükler hakkında bilgiler. Günlük yaşamında onun düşünmek zorunda olmadığı şeyler.

Bu arada Fransa'daki korkunç olaylar sürüyor. Birçok gönüllünün cepheye gitmesiyle Paris savunmasız kalmış, Marat da bu fırsattan yararlanarak varlıkları sivil halka tehdit olarak gösterilen bin iki yüz kadar rahip ve aristokratı giyotinle öldürmüştü. Ancak sonradan bu öldürme olayları halkın ve fahişelerin öldürülmesini de içermeye başladı. Kimse bunun ne zaman sona ereceğini bilmiyor, sona erdiğini hiç görmeyecekler gibi.

Sınırdan geçişler oluyor. Prusyalılar Paris'in 140 mil kadar içerilerine ilerlediler. Fransızlar onları tekrar Valmy'e püskürttü. Şimdi de Ulusal Meclis monarşinin kaldırıldığını ilan ediyor. Olayların bu noktaya vardığına inanamıyorum; sanki ihtilal eskiden emin olduğumuz şeyleri yıkıp geçen korkunç bir canlılığa sahip.

### *25 Kasım*

Fransızlar Prusyalıları Hollanda ve Rhine sınırlarına kadar gerilettiler. Paranın değeri hızla düşmeye başladı. Madam'ın mali durumu daha da kötüleşiyor.

Kral mahkemeye çıkıyor ve bugünlerdeki konumunun bir göstergesi olarak ona asıl adı olan Louis Capet adıyla hitap ediliyor. Robespierre onu sivil savaşı hazırlayan bir vatan haini olmakla ve yurtsever vatandaşlarının öldürülme emrini vermekle suçluyor. Yaşarsa birçok entrikanın merkezi olacak, o yüzden halkın güvenliği için ölmesi gerekiyor. Jirondenler, büyük bir inançla olmasa da, onun yasalara göre dokunulmaz olduğunu iddia ettiler. Ulusal Meclis tarafından sorgulandı. (Bu adam Fransa'nın Kralı, XVI. Louis!) Neredeyse oybirliğiyle suçlu bulundu.

Sonra verilecek ceza için oylamaya geçildi: sürgün, hapis ya da ölüm. Çoğunluk idamını istedi. Şimdi ölüm cezası almış olarak tutuklu.

Burada artık, cumhuriyetçi davayla ilgilenen pek kimse kalmadı. Ama içimizde kraliyet taraftarı olan da yok. Dehşete düşmüş bir şekilde en son haberler için bekliyoruz; artık her ne olursa. Fransa'da görev yapan İsviçre Muhafız Alayı azledildi ve bütün askerler evlerine gönderildi. Hepsinin de, Avusturya'nın emri altında ve İngiliz ödeneğiyle ihtilal karşıtı bir yönetim için savaşırken yaralandığını biliyoruz. Hepsine iyi şanslar, onlar için dua ediyoruz.

### *10 Aralık*

Küçük Marie'ye (artık o kadar da küçük değil, hızla büyüyor) bir manto dikmek için gerekli malzemeleri almak üzere Madam'ı geçen hafta kasabaya götürdüm. Zwemmer'den bazı alacaklarım vardı. Buluşacağımız yere doğru giderken Madam'ı resim ve sanatla ilgili malzemeler satan bir dükkândan çıkarken gördüm. Bu tür şeyleri alacak paranın olmadığını sanıyordum.

Bugün Monsenyör'ü Mösyö Braudel diye biriyle tanıştırdı; adam güzel sanatların erbabıydı ve onun antika dolabını ve tablolarını görmek istiyordu. Monsenyör ona çok sevdiği, parmaklarının yakından tanığı eşyaları göstermekten zevk duymuştu. Mösyö Braudel kesinlikle zevk sahibi biriydi. Parmakları Mars ve Venüs şeklindeki çatal ve bıçağın üzerinde gezindi.

"Tablolar konusunda size karım eşlik etsin, bazılarını çocukluğumdan hatırlasam da artık hangisinin hangisi olduğunu bilmiyorum."

Böylece Madam ona tabloları gösterdi: Monsenyör'ün babası, kardeşi ve gençken Monsenyör tarafından yapılmış aile tabloları, Hogarth ve Piranesi'ye ait oyma resimler, Canalettos'un iki tablosu, kötü durumdaki bir Rembrandt çizimi, a de Greuze'un natürmortu ve daha pek çokları. Çok ilgili ve takdir ediyor görünüyordu, ayrılırken Monsenyör'le nazikçe vedalaştı. Ancak Madam'ın odasının önünden geçerken kendime engel olamayıp konuşmalarını dinledim.

"Çatalla bıçak olmaz. Dolaptakiler olmaz. Onları özleyecektir."

"O zaman Canalettos'un iki tablosu."

"Olabilir. Her şeyin ikinci kere asılması gerekir ne de olsa."

Bunların ne anlama geldiğini öğrenmek için daha fazlasını dinlememe gerek yoktu.

## *12 Aralık*

"Noel'den önce iyi bir temizlik yapmalıyız" dedi Madam. "Bütün tabloları indirip temizleyin, duvarlardaki örümcek ağlarını temizleyip gerekli yerlerde onları yıkayın." İşleri gevşek bıraktığını söylüyordu, evin tepeden tırnağa temizlenmeye ihtiyacı vardı. Her tarafta süpürgeler, toz bezleri hareket halindeydi.

Madam'ın üzerinde beyaz önlüğü var, bir sandalyeye çıkıyor, çorapları görünüyor. Canalettos'ları indirip, "Bunların yeniden çerçeveletilmesi lazım. Onları güvenli bir yere koyacağım" diyor.

Mösyö Braudel onları çerçeveletmek için alıyor. Mösyö Huber'i bunun için rahatsız etmeye gerek yok. Mösyö Braudel onları güvenli bir şekilde arabasına yerleştirip gidiyor.

Madam'ın, mali sıkıntısından kocasının haberdar olmaması yönündeki arzusunu anlayabiliyorum. Onlarınki büyük bir aşk. Ama bu yine de bir suç ortaklığı anlamına geliyor. Onların çerçevelenmeleri sonsuza dek sürecek. Ama benim tarafımdan bakarsak, Monsenyör'le aramızda bir duvar örülmesine sebep olacaklar.

## 1793

*28 Ocak*

Kral XVI. Louis'nin cezası tecil edilmedi. 21 Ocak günü "*Vive la Nation*" çığlıkları arasında giyotinle öldürüldü. Ölüm cezası almış olduğunu bilsek de idam haberi hepimizi derinden sarsmıştı. Kraliçe Marie Antoinette'inkiyse daha fazla... Fransızlar onu öldürürken, Avusturya-Macaristan İmparatoru'nun kızını da öldürmüşlerdi. Peki bundan sonra ne olacaktı? İyi bir şeyler olmayacağı kesindi, korkarım. Güçlü bir Fransa, Avusturya'ya karşı her zaman en iyi korunma mekanizması olmuştu bizim için. Dediklerine göre Kraliçe idama götürülürken fazlasıyla vakurdu ve ölümünü soğukkanlılıkla karşılamıştı. İşte böylece çoban ölmüştü.

Fransa'nın bir kralının olmaması sanki tabiat kurallarına aykırıymış gibi geliyor. Ve sık sık söylenildiği gibi tabiat boşluktan nefret eder. Ama onun yerini kim ya da ne alacak? Ve bu katliam ne zaman sona erecek? Kargaşa ve savaş korkusu bütün Avrupa'ya yayılmış durumda. Fransa sanki gözleri ihtilalin kendisinden başka hiçbir şey görmeyen ihtilalcilerin esiri olmuş gibi. Mantığın gücü onların coşkunluğu karşısında güçsüz kalıyor. Kafamızı sallayıp içimiz rahat bir şekilde işlerimize dönüyoruz.

### *30 Mayıs*

Mösyö Charles Bonnet yetmiş üç yaşında hayatını kaybetti. Bahar çok soğuk geçmişti ve kışın ardından bu ona fazla gelmişti. Monsenyör elbette çok üzgündü; ama ölümü, ne beklenmedik ne de genç yaşta gerçekleşmiş acıklı bir olaydı. Yine de Mösyö Bonnet Monsenyör'ün rehberi, akıl hocası, buluşlarını onaylatmak için başvurduğu kişiydi. Yaşlı adam (otuz yıldır) Monsenyör için babasından bile daha değerliydi. Birçok önemli kişinin katıldığı cenazede Monsenyör'e eşlik ettim, orada ciddi bir çalışmanın yazarı olarak gördüğü saygı cesaret vericiydi.

Ben de saygıyla karşılanmıştım. Sanırım sekiz yıl önceki köylüyle aramda çok büyük bir fark var ve bunun için kime teşekkür etmem gerektiğini biliyor, her gün yürekten şükrediyorum.

Ama bundan sonraki sekiz yılı düşününce...

### *14 Haziran*

İlginçtir ki, Mösyö Bonnet'nin ölümünden iki hafta sonra Monsenyör artık arıların balmumunu nasıl ürettiklerini incelemenin zamanının geldiğine karar verdi. Bunun küçük bir hikâyesi var. Bonnet balmumunun, arının midesine alıp sonra da lapa olarak kustuğu polenden oluştuğuna inanan Reaumur ve Miraldi'yi doğruluyordu. Reaumur balmumunun sadece polenden mi oluştuğunu merak etmiş ancak deneyleri sonuçsuz kalmış.

1768'te Mösyö Schirach, Mösyö Bonnet'ye bir Lusatyan gözlemcisinin bu kabul görmüş inanca ters düşecek çalışması hakkında bir mektup yazmış. İddiasına göre balmumu çok farklı bir süreçten geçerek karnından geliyordu. Yıllar sonra Mösyö Huber bu mektubu bularak Mösyö Bonnet'ye bu konuyla ilgili deney yapmayı önermişti. Fakat Bonnet bunu dikkate almamış, kabul görmüş (kendisinin de kabul ettiği) fikre karşı çıkacak kadar delil olmadığını ileri sürerek onu vazgeçirmişti. Belki de daha doğru olan kendi yargısına rağmen Mösyö Huber onun önerisini kabul etmişti. Ancak bir ölüm bize özgürlük şansı sunabilir.

Dolayısıyla isimsiz Lusatyan doğabilimcinin önerisine uyarak arıyı çalıştığı hücreden alıp iğne ucunu hafifçe vücuduna dokundurduk; bu ona acı veriyor gibi gözükmüyordu, hatta onun için oldukça zevk vericiydi. Zaten bunu yapınca o kadar esniyordu ki, karnındaki halkaların altındaki balmumunu görebiliyordum.

"Böylece bu harika gözlemi onaylamış olduk. Yazarın bilinmemesi ne yazık. Böyle bir şeyin sonucunda itibar kazanabilirdi." Bu buluş ya da doğrulama Monsenyör'ü çok heyecanlandırmıştı. O maddeyi çıkardım, Monsenyör de bunu paylaşmak üzere Pierre'i çağırdı. Mum ateşinde maddeyi ısıtmasına izin verdim ve hepimiz bunun balmumu olduğu konusunda hemfikirdik.

"Bunu yayımlayabiliriz" dedi, "isimsiz Lusatyan gözlemcimize gönderme yaparak bunu yayımlayabiliriz."

Gözlemlerimizi aktardım; her zamanki taslak, taslak ve yine taslaktan oluşan süreç başladı. Sonunda bugün gönderilmeye hazırdı ancak *Philosophical Transactions*'ın son sayısında Monsenyör'ün de bir hayli saygı duyduğu İskoç cerrah John Hunter'ın bir makalesini okudum. Makalesinde bizim gözlemlediğimiz şeyler yazıyordu.

Makaleyi yüksek sesle, içim acıyarak okudum. Monsenyör sessizce dinledi.

Sonunda "Peki" dedi. Böyle bir anda hem gözlemin üçüncü bir kişi tarafından onaylanmasından dolayı bir memnuniyet, hem de daha insani bir his olarak başka birinin o yere daha önce varmasından kaynaklanan büyük bir hayal kırıklığı söz konusu oluyor.

Göğüs geçirdi. "Bu gözlemi yapmaya beş yıl önce başlamamış olmam ne kötü." Bu noktada benim söyleyebileceğim bir şey yoktu. Ama kendini suçlamayı bırakıp hayal kırıklığını önemsemediğini belirten bir hareket yaptı.

"Hunter'ın gözlemi bizimkini doğruluyor. Bu konu üzerinde daha ayrıntılı bir şekilde çalışabilir miyiz, ona bakalım."

Elbette böyle devam edecektik; ancak itiraf etmeliyim ki ben Monsenyör'den daha az sakinim. Bu kadar kolayken ilk basımın ona ait olmamasına hâlâ kızıyorum. Bir yanda dar görüşlülük öte yanda aşırı saygı işte böyle kaybedilmiş bir mükafatla sonuçlanmıştı. Ancak Monsenyör'ün bu konudaki soğukkanlılığıyla körlüğüne karşı teslimiyeti birbiriyle uyum içinde. Gençliğinde kaybettiği şeylere üzülerek çok zaman harcamıştı, şimdi sadece yapılması gereken bir sonraki işlere bakıyordu.

Bunu, sözle ifade edemeyecek kadar hayranlıkla karşılıyorum, onun yerinde olsam bunu başarabilir miydim bilmiyorum. Fakat olaylara karşı tam bir teslimiyetin benim gibi dünyada hâlâ kendi yolunu çizmeye çalışan biri için en iyi yol olmaması gibi (hain?) bir düşünce aklımdan geçiyor.

### *18 Haziran*

Çalışmalarımıza devam ediyorum; balmumu, halkaların altındaki, vücuda yapışık bir zardan geliyor gibi görünüyor.

Monsenyör bir o yana bir bu yana yürüyor. "Yani bu zarın, balmumunu üreten organa sahip olduğunu varsayabiliriz, tıpkı memenin süt üretmek için sahip olduğu organ gibi. Bunu arıyı kesip inceleyerek bulabilir miyiz?"

"Elimden geleni yaptım efendim; ama ne organın kendisini ne de ondan çıkıp dışarıdaki balmumuna gitmesi gereken kanalı bulabildim."

Birkaç tanesini Matmazel Jurine'e götür" dedi. "Hayvanların kesip incelenmesi konusunda çok yetenekli olduğunu duydum."

### *19 Haziran*

Bugün kendimi Cenevre'nin öteki ucunda, Matmazel Jurine'in ailesinin evinde buldum. Bu kelimeleri oldukça sakin yazıyorum. İçinde güzel tablolar ve kitaplar bulunan mütevazı, hoş bir evdi. Görünüşe göre babası yıllarca bilimsel bir gazete yayımlamış ancak bu çok saygıdeğer işi ona, ailesini zengin edecek kadar kazandırmamıştı. Kızına zenginlik yerine tabiat dünyasıyla ilgili esaslı bir eğitim vermiş, bu da, onun ellerinin maharetiyle birleşince en zor çizimlerde ve kesme işlemlerinde ün kazanmasını sağlamıştı.

Nedense sade ya da daha çok kendini her şeyden soyutlayıp çalışmasına vermiş bir kadının görüntüsü canlanmıştı zihnimde. Oysa karşıma, sahip olduğu özelliklerden emin ancak hiç de basit olmayan, çok çekici genç bir bayan çıktı. Tarzı hoşuma gitmişti. Elimdeki arıları uzun bir masaya bıraktım. Masanın bir ucunda mikroskop, ameliyat tahtası, kağıt, mürekkep, bir kap dolusu neşter, kalemler ve çizim kalemleri vardı. Aletlerin içinde yer aldığı o ciddi çalışma, düzen hissi hoşuma gitmişti. İki gaz lambası gece etrafı aydınlatmak üzere hazır duruyordu.

Ne aradığımızı anlattım ona. Dikkatle dinleyip not aldı. "Henüz başlamayacağım" dedi. Fakat eğilip sanki dünyadaki en önemli şeylermişçesine küçük arılara baktı.

İlgisinden çok etkilenmiştim; ancak boynundaki başıboş buklenin görüntüsü gözüme takılmıştı. Bunda, Sarah'nın düğününde bir yabanarısının duvağa tırmanışını hatırlatan bir şeyler vardı. Muhteşem bir şekilde doğal, sanki olması gerektiği yerdeymiş gibi.

Annesi beni bir fincan kahve içmeye davet etmek üzere odaya girdi. Matmazel Jurine gitmemi ve birkaç dakika içinde geleceğini söyledi. Kahvelerimizi mutfakta içiyorduk. Madam Jurine'de, elindeki kısıtlı parayla rahat bir yaşam kurmaya çalışan bir kadın havası vardı.

Kızı ne kadar resmiyse, Madam Jurine o kadar gevezeydi. Ne zamandan beri Mösyö Huber'in (ailesi onun ailesini yıllardır tanıyordu, söylemesine bile gerek yoktu) yanında olduğum konusunda birkaç soru sordu. Clara, onun dediğine göre, belki de işine çok fazla dalmıştı. Kızı odada yokken eğilip bana bir sır verdi. "En azından kendini bir aptalın ya da başıboş birinin kollarına atacak bir kız olmadığını söyleyebilirim. Bal kavanozunun etrafındaki arılar gibi onun etrafında dolanıyorlar..." Eliyle ağzını kapattı. "Üzgünüm, böyle söylememem gerekiyordu."

Gülümsedim. "Ne söylemek istediğinizi anlıyorum."

"Ama çok iyi bazı teklifler de alıyor ve onları da reddediyor. Bir anne bu durumda ne yapabilir?"

Tam bu sırada Clara –benim için hâlâ Matmazel Jurine'di o– odaya girdi. Ona baktım, o da hafifçe gülümsedi. Sanırım annesinin neden bahsettiğini çok iyi biliyordu.

"Çok zor olacak. Yapabilir miyim bilmiyorum" dedi. Kaşlarını çatmıştı; bir an onun bir şeye, hele de benim için yapacağı bir şeye canının sıkılmasına tahammül edemeyeceğim hissine kapıldım.

"Ne kadar zor olduğunu biliyorum Matmazel. Birçok kez denedim ama başaramadım. Eğer siz de yapamazsanız bunun şimdilik yapılamayacağını anlayıp teoriye güvenmekle yetineceğiz."

Başını eğdi, yavaşça ve gururla; bense bu anın hiç bitmemesini diledim. Bütün gün ona bakabilirdim. Ben evden çıkarken sıcak bir şekilde gülümsedi; olumlu bir etki bırakmış olabileceğimi umma cesareti gösterdim.

Yürümeye başladım; çılgınca, gerçekleşmesi mümkün olmayan fikirler dönüyordu kafamın içinde.

Ve şimdi oturmuş, sonuçları almak ya da nasıl gittiğini sormamız için kaç gün geçmesi gerektiğini hesaplıyorum. Üç gün? Ya da dört? Elinde başka işlerinin de olduğunu biliyorum; ama yine de bir haftadan fazla olamaz.

Ardından yine titizlik gerektirecek bir iş daha çıkması gerekiyordu. Korkarım benim ameliyat yeteneğim artık eskisi gibi olmayacak...

Ben bir aptal mıyım? Gülüşü herkese bu kadar sıcak mı geliyor acaba? Kavanozun etrafında dolanan arılardan biri miyim ben de?

## *25 Haziran*

Matmazel Jurine'in sonuçlarını beklerken Monsenyör de, balmumunun bir salgı mı, yani hayvansal bir ürün mü, yoksa sadece bitkilerden alınan maddelerden mi oluştuğu üzerinde kafa yoruyordu. Bunun önemli bir sorun olduğunu biliyorum; ancak kendimi tamamıyla buna veremiyorum. Gözlerimin önünde başıboş bir bukle görmeye devam ediyorum.

"Reaumur'a tekrar göz atalım. Ne diyor?"

Sakin bir şekilde düşünmeye çalışıyorum. "Dediğine göre arılar polenleri yiyip balmumu olarak kusuyorlar."

"Bu da onu bitkisel bir madde yapar. Eğer biz haklıysak ve balmumu salgılanıyorsa, o zaman hayvansal bir ürün. Oldukça önemli bir fark."

"Evet, efendim" dedim ilgili görünmeye çalışarak.

"Balmumunun polenden oluştuğuna gelince; ne ben ne de John Hunter buna inanıyoruz. İkimiz de yeni kovanlardaki sürülerin hücreleri yapmak için çok miktarda balmumuna ihtiyaç duyduklarını ancak polen yerine nektar toplamaya çıktıklarını gözlemledik. Öte yandan bütün hücreleri kurulmuş kovanlarda bulunan arılar, polen toplamak için uçuyorlar, nektar için değil."

Sonuç olarak ilk deneyimizi, polensiz kalan ancak bal verilen arıların yine de balmumu yapıp yapmayacaklarını görmek üzere yaptık. Bir kovanı beş gün boyunca içindeki balla birlikte kapalı tuttum, arılar balmumundan güzel bir petek yaptılar. Deneyi geçersiz kılacak şekilde daha önceden polen taşımadıklarından emin olmamız gerekiyordu yine de. Bugün, şimdiye kadar yaptıkları bütün balmumunu alarak halihazırdaki bir miktar balla onları içeride tutmaya devam ettim.

### *28 Haziran*

Arılar balmumu üretmeye devam ettiler, biz de deneyi tersten denedik: Bütün balı alıp onlara sadece polen bıraktık. Sonuç olarak hiç balmumu yapmadılar.

"Her şey çok açık. Yine de hiçbir varsayımda bulunmamalıyız. Balmumunun balın içinde olması ve arıların da gerektiği zaman bunu çıkartıyor olması mümkün mü acaba?"

Balın içinde genellikle küçük balmumu parçaları olur; ancak mikroskopla incelediğimde bunların petekten parçalar olduğunu, yani salgılanmış bir maddeden oldukça farklı olduklarını gördük.

"Peki arıların polende bulamayıp nektar ve balda bulduğu nedir? Tatlılık mı acaba, şeker mi önemli olan? Onlara farklı tatlılar verdiğimizde ne olduğuna bir bakalım."

Monsenyör Anna'dan, bir deney için olduğunu açıklayarak beyaz şekerden şurup yapmasını istedi.

Endişeli görünüyordu Anna. "Ama rengini yumurtanın beyazıyla biraz açmak isterim. Yoksa beyaz olmaz. Deneyiniz açısından bu fark eder mi?"

Monsenyör bunun fark etmeyeceğini söylediğinde mutlu bir şekilde işe koyuldu, ne de olsa önemli bir çalışmaya katkıda bulunuyordu. Bir kovana bu gıda kaynağını, bir tanesine çok koyu şekerden yapılmış şurubu, üçüncüsüne de bal koyarak kovanları kapattım.

*29 Haziran*

On gün geçti, Matmazel Jurine'den hiç haber yok. Fakat geçen her günle birlikte onu tekrar göreceğim an da yaklaşıyor olmalı.

*30 Haziran*

Bütün arılar balmumu üretti: en yüksek miktarda balmumu koyu şekerden, en azı da baldan üretilmişti.

"Arıların şekerden nasıl balmumu yaptıkları ya da ineklerin ottan nasıl süt ürettikleri kimyacıların konusudur. Ama şimdiye kadar vardığımız sonuçlar tamamıyla kovandaki gözlemlerimize dayanıyor. Aynı şeyi doğal ortamlarında da yapıp yapmadıklarını bulmalıyız" dedi Monsenyör.

"Demek ki tarlalarda bal yapmak için bulunan bol miktardaki nektar, balmumu için bol miktarda çalışmak anlamına geliyor."

"Aynen öyle."

"Ve bunu görmek çok kolay olacak. Petekler yeni yapıldıklarında neredeyse beyaz, eski olduklarındaysa neredeyse siyah olurlar."

"Ancak bunu sadece kendi kovanlarımızda değil, bütün çevrede gözlemlemeliyiz. Komşularımızla da konuşalım."

*3 Temmuz*

Böylece yayan ya da arabayla giderek etrafımızdaki bütün arıcıları ziyaret ettik ve kovanlarındaki balmumu miktarını ölçtük. Geçen yılki kafatası güvesi olaylarının ardından küçük çiftçilerin Mösyö Huber'e duyduğu saygı görülmeye değerdi. Ondan misafirperverliklerini hiç esirgemediler; Monsenyör de onlarla birer bira içti ve arılara ilişkin bilgilerini birbirleriyle paylaştılar. Nasıl köpeği olan bir adamın köpekler üzerine bilgisi varsa en az bilgili arıcının bile arılarla ilgili kendine ait fikirleri vardı. Sonuçta birkaç mile yayılmış alandaki altmış dört kovana ulaşmıştım. Etrafı gezmek evde oturup sürekli beklemekten çok daha iyi.

*4 Temmuz*

Zwemmer'in yerindeydim, her zamanki gibi yazmak ya da çizmek için isteyebileceğim ya da istemeyi aklımdan geçirmediğim her şeyin keyfini çıkarıyordum. Aldıklarının paketlenmesini izleyen bir kadını gördüm arkadan ve o başıboş bukleyi görmeden önce bile onun Matmazel Jurine olduğunu anladım. Ben tezgâha yaklaşırken o da etrafına bakınıyordu.

"Mösyö Burnens, sizsiniz." Sakin bir şekilde gülümsedi.

"Matmazel Jurine. Ne hoş sürpriz." Ben de onun kadar sakin görünmeye çalıştım; ancak bu gerçekte hissettiklerimden çok uzaktı.

"Çok da beklenmedik bir durum değil. Sanırım Mösyö Huber'in çalışması için çizimler yapıyorsunuz. Malzemeler için gidilecek daha iyi bir yer var mı ki?"

"Doğru. Yine de hep tahmin ettiğimden daha fazla vakit harcıyorum burada. İçeri girip de hemen çıkmak çok zor."

"Sanırım bütün Cenevre'deki en sevdiğim dükkân. Yeni kağıdın ve kalemlerin ahşap kokusunda bir şeyler var."

"Cilalın ve boyanın kokusunda da."

"Ve Mösyö Zwemmer de çok bilgili ve ayrıca çok da yardımcı oluyor."

"Bu konuda bilinecek her şeyi biliyor." Bu son sözleri adeta mırıldanmıştım, ardından bir sessizlik oldu. Paketini aldı.

"Şimdi eve gitmeliyim. Arılarınızla ilgili hâlâ yapmam gerekenler var Mösyö." Ardından küçük bir gülümseme ve parlayan gözler...

"Paketinizi evinize kadar taşımama izin verin Matmazel. Ağır görünüyor."

"Çok ağır değil. Ama sıcak bir gün. Evet, lütfen."

Paketi almak üzereydim ki dudaklarında alaycı bir ifadeyle, "Kendiniz için bir şey almayacak mıydınız?" dedi.

"Sadece mürekkep." Gördüğüm ilk şişeyi alıp hayatım onlara bağlıymışçasına elimdeki paraları saymaya başladım. Gülümsedi, ben de biraz sakinleşip bana küçük paketimi uzatan Mösyö Zwemmer'e teşekkür edebildim. Önce Matmazel Jurine'e ardından da gizemli bir şekilde bana baktı. Mürekkebi cebime koydum, bana paketini uzattı. Çok hafifti, hiçbir şey değildi, her şeydi, onun yanında yürüme biletimdi.

Ihlamur ağaçlarının gölgesinde yürüdük. Ona Monsenyör'le ilk karşılaşmamı ve ışığın hangi yöne düştüğü konusunda gözlemlerimi sorarak beni nasıl denediğini anlattım.

"Yıllar içinde ondan çok şey öğrenmiş olmalısınız."

"Evet, öğrendim. Siz de babanızdan çok şey öğrenmiş olmalısınız."

"Çok büyük bir armağan bence. Bilginin kendisi değil de onu buluş şekliniz."

"Evet, nereye gideceğinizi, kime danışacağınızı, onu tek başına keşfetmenin yollarını bilmek."

Bana bakıp kafasını salladı, gülümsedi. Böylece gölgede yürümeye devam ettik, bilgi hakkında ciddiyetle konuşuyorduk. Fakat ben Monsenyör'ü düşünüyordum, körlüğünün yakın olduğunu öğrendiği gün seçebildiği bütün kadınlara sarılmak istediğini. Bense sadece bir tanesine sarılmak istiyordum.

Evine geldik. Paketini aldı. "Teşekkürler Mösyö. Dediğim gibi, arılarınız üzerinde hâlâ çalışıyorum. Şimdiye kadar başarı elde edemedim; ancak bir şey elde eder etmez ya da edemediğim takdirde Mösyö Huber'e yazacağım."

"Size sonuna dek güvendiğini biliyorum."

Kaşlarını çatarak, "Ama ben hata yapmayan biri değilim ki" dedi.

"Kimse sizden bunu istemiyor Matmazel." Söylemek istediğim daha çok şey vardı ama cesaret edemedim. Güle güle diyerek içeri girdi. Bense hem göklerde uçarak hem de üzerimde büyük bir ağırlıkla eve doğru yürüdüm.

Nedense eve gittiğimde bu karşılaşmadan kimseye bahsetmedim.

Onu karım olarak, kendi hayatımızı kurarken düşünmek benim için boş bir hayal mi acaba? Şu anki konumumdan çok uzak. Mümkün olmayacak derecede mi uzak? Onun bana karşı hissettikleri hakkında hiçbir fikrim yok, tabii toplum içinde benimle gezmekten hoşlandığının dışında. Bu gibi çılgın hayaller kurmak için çok yetersiz. Acaba kaç erkek onun paketini eve taşıdı? Arılarla yaptığım gibi bunu ölçüp biçemiyorum. Bu bambaşka bir dünya, kendimi okyanusun ortasında gibi hissediyorum.

### *5 Temmuz*

Jakobenler Fransa'da tahmin ettiğimiz gibi sonunda istediklerine kavuştular: mutlak güç. Meclis'i tamamıyla ele geçirip bütün Jironden liderleri tutukladılar. Bu da hepsinin er ya da geç idam edileceği anlamına geliyor.

### *6 Temmuz*

Tarlalar orkideler, çançiçekleri, hezaran ve papatyalarla dopdolu. Bugün kovanları inceledim, arıların bol miktardaki nektardan eski kovanlarda bal ve polen üretmek için, yeni kovanlardaysa balmumu üretmek için yararlandıklarını gördüm.

Monsenyör arıların yavruları nasıl beslediğini bilmek istiyor. Balla mı yoksa polenle mi? Eğer balmumu üretmek için bal kullandıklarından eminsek, yavru arılar için de yiyecek olarak polen kullanıyor olmalılar, aksi takdirde sebepsiz yere bu kadar polen toplamazlardı. John Hunter da böyle düşünüyor ve bu konuda daha önceden deneyler yapmış.

### *9 Temmuz*

Arıları yumurtadan genç larvalara, her yaşta yavrunun bulunduğu peteklerle dolu bir kovana kapattık. Onlara su ve bal verdik, polen içeren bütün hücreleri de çıkarttık. İlk iki gün onlarla her zamanki gibi ilgilendiler, üçüncü günün gecesindeyse büyük bir hareketlilik oldu; hepsi de umutsuzca dışarı uçmak istiyorlardı.

İçgüdülerine daha fazla engel olursak hepsinin telef olacağından korkuyordum, Monsenyör de onları serbest bırakmamı söyledi. Hava çiçeklere gidemeyecekleri kadar karanlıktı, bu yüzden gecenin ayazı onları içeri sokana kadar kovanın etrafında daireler çizerek uçuştular. Artık daha sakinlerdi, kovanı tekrar kapattım.

### *11 Temmuz*

Hareketlilik sürüyordu, bunun üzerine Monsenyör beş günün yeterince uzun bir süre olduğuna karar verdi. Yavrular için hazırlanan peteği çıkartıp baktım ve bütün hücrelerin boş olduğunu gördüm. Ne kurtları besleyen lapa, ne de kraliçeleri besleyen jöle vardı.

Daha sonra arıları yumurta ve kurtlarla dolu yeni yavru hücreleriyle bir yere kapadık; ancak bu sefer içinde polen olan bir petek koyduk. Birazını kovana serptim, bunu fark eder etmez iştahla yemeye başladılar. Olayın gelişimini izleyebileyim diye bazılarını işaretledim; karınları iyice doyunca doğrudan yavru hücrelerine gidiyor ve kafalarını hücreye sokup polenleri lapa olarak kusmak üzere orada bir süre duruyorlardı.

### *13 Temmuz*

Polensiz kalıp da yavruları besleyemediklerinde hiç de önceki gibi çılgına dönmediler. İçinde yumurta bulunan hücrelerini aldığımda her şeyi olağan durumda buldum. Kovana tekrar düzen gelmişti. Polenin yavruların besin kaynağı olduğu sonucuna varabiliriz artık.

Ayrıca davranışlarında da yavrulara karşı duydukları sevginin yoğunluğunu ve onlara gösterdikleri ilgiyi görebilir, buna engel olunduğunda nasıl da çılgına döndükleri sonucunu çıkarabiliriz.

### *14 Temmuz*

Aynı şeyin insanlarda da bir örneğini gördük: Sarah yeni doğmuş bebeğiyle bizi ziyarete geldi, adı François'ydı. Ne diyebiliriz ki? En iyi polenle beslendiği ortadaydı; güçlü, sağlıklı küçük bir bebekti. Monsenyör'e hoş iltifatlar etti, Monsenyör'se çocuğa kendi isminin verilmesinden dolayı onur duymuş ve mutlu olmuştu. Mutfağın dışındaki koridorda yanımdan geçerken bana baktı, bunun sadece evli bir kadının gülümsemesi olduğunu söyleyebilirim. Evli olmayan kadınların bilmediği şeyleri bilen birinin gülümsemesi. Artık güvende olduğum için ben de gülümsemesine karşılık verebilirdim.

"Elbette aynı derecede hatırlanan bir François daha var" dedi.

Ama benim aklımdan Clara'nın bir bebekle nasıl görüneceği fikri geçiyordu.

Sarah Jacques'a, düğün hediyesi olarak ona verdiği yıllardır baktığı tohumlardan yetişen bir demet tatlı bezelye getirmiş. Bunun herhangi bir demet çiçek olmadığının hepimiz farkındayız. Çiçekleri dikkatle inceledi, şekillerini, rengini, kokusunu, ardından kafasını salladı. Bir şey söylemedi ama gözlerinde yaşlar vardı.

Söyleyebildiği tek şey "Güzel, güzel" oldu.

Sarah ona sarılırken Anna da gülümseyerek kucağındaki bebeğin sırtını okşuyordu.

"Jacques biliyorsun ki" dedi Sarah ciddiyetle, "uzun zamandır düşünüyorum. Çiçeklerimi pazarda satacağım, senin tohumlarını da senin için satabilirim. Onların ne kadar güzel çiçeklere dönüştüklerini gördükleri zaman insanlar iyi tohum almak için iyi de para vereceklerdir."

"Bilmiyorum" dedi. "İşin doğrusu tohumlar Monsenyör'e ait."

"Doğru" dedi Anna. "Ama onları değerli yapan senin yıllardır harcadığın emek. Sadece varolan tohumu koruyabilirdin, sense bunun yerine onları en iyi tohum yapmak için uğraştın. Akşam yemeklerimizi bu yüzden geç yiyorduk. Bunu biliyorum, sen bunu yaparken ben de buradaydım. Eğer Monsenyör'ü tanıyorsam, bunun ne kadar doğru olduğunu anlayacaktır."

Sarah da genç birinin tüm samimiliğiyle devam etti, "Ve bütün gün çalışamayacak kadar yaşlandığında hâlâ tatlı bezelyelerin için çalışabilir ve tohumları satarak para kazanabilirsin."

Tam bu sırada Monsenyör içeri girdi. "Jacques, yoksa bizi bırakmayı mı düşünüyorsun?"

"Hayır efendim, hayır" dedi aceleyle ve Sarah'nın fikrini anlattı.

"Mükemmel" dedi Monsenyör.

"Ama açıkçası efendim, onlar size ait. Asıl bitkiler için siz para ödediniz ve sizin toprağınızda yetişiyorlar."

"Ama onları değerli kılan senin yıllar boyu süren uğraşın. Onlar için çalıştın, titizlendin. Senin gayretinin bir ürünü onlar ve sana aitler."

"Teşekkürler, efendim."

Monsenyör de onayladı. "Peki Sarah, sen tohumları sattığında ya insanlar kendi çiçeklerini yetiştirir ve senin çiçeklerini almayı bırakırlarsa?"

"Bence ikisi için de yer var, efendim. Ayrıca genç bir adam sevgilisi için mutlaka bir demet çiçek alacaktır, bir paket tohum değil." Gözlerini süzerek bana baktı, acaba Matmazel Jurine'le beni Zwemmer'in yerinde ya da eve doğru yürürken gördü mü diye merak ettim.

## *15 Temmuz*

Artık havalar daha sıcak, kestane ve ıhlamur ağaçları çiçek açtı. Arıların faaliyette olduğunu görüyorum, petek yapıyorlar. Bunu gözlemlemek benim için çok keyifli; çünkü kafamı en çok meşgul eden ve beni mutsuz edecek gibi görünen şeyden uzak durmamı sağlıyorlar.

Bu sabah Matmazel Jurine'den kısa, nazik bir not geldi. Notta balmumunu üreten organı bulamadığını yazıyordu.

Notu elimde evirip çevirdim, tekrar tekrar açıp katladım, içinde önemli, saklı bir şeyler bulmaya çalışıyordum. Monsenyör'e yazılmıştı, bana değil tabii ki. Ancak o kadar resmiydi ki, onu tekrar görebilmemi sağlayacak bir açık kapı bırakmıyordu. Gelecekte yardımcı olmaktan hiç bahsetmiyordu. İlişkimizin, onunla benim aramızdaki ilişkinin elimizdeki bu işten daha öteye gidemeyeceği anlamına mı geliyordu bu? Bundan çok daha fazlasının hayaliyle yaşıyordum ben. Neye güvenebilir ki? Ben Mösyö Huber'in sekreteriyim ve ona kendi adıma sunabileceğim hiçbir şeyim yok.

Dürüstlüğümden dolayı kendimle gurur duyuyorum; ancak şimdi her şey daha karmaşık.

### *22 Temmuz*

Arıların faaliyeti sürüyor ancak sıcaklık arttı (25 derecenin üstünde) ve bir aydır hiç yağmur yağmıyor. Bütün çiçekler soldu, bu yüzden de arılar bal yapacak nektar bulamıyor; ama bol bol polen topluyorlar. Bal olmayınca balmumu da üretilmiyor, o yüzden de yeni sürüler peteklerini genişletmiyorlar. Bu arılar için üzücü bir durum: Yavrular için bol yiyecekleri var ama onları koyabilecekleri hücreleri yapacak kaynakları yok, bu yüzden de sürüler istedikleri gibi güçlenemiyorlar. Dikkatli bir arıcı bu durumu ilave balla halledebilir; ancak deneyimizin asıl amacı arıları mümkün olduğunca doğal ortamlarında gözlemlemek. Bu yüzden de durumlarını düzeltecek hiçbir şey yapmıyoruz. Bu çok zor. İkimiz de onları çok seviyoruz, onlara yardım etmemek yapmak isteyeceğimiz en son şey.

*24 Temmuz*

Acımasız Fransız lider Marat'nın, Charlotte Corday adında genç bir kadın tarafından banyoda bıçaklanarak öldürüldüğünü duyduk. Ne kadar güzel bir isim, herkesin dilinde. Tuhaf ölümü tam da zamanını buldu. Bir sonraki lider kim olacak? Liderleri Robespierre, Kamu Güvenliği Komitesi'ni kurdu. Bana göre, bununla birlikte artık kimse güvende görünmüyor. Tanrı'ya şükür ben Fransız değilim, Vaud'luyum. Burada da ortalık biraz karışık ama, Fransa'daki kadar korkunç şeyler yaşanmıyor.

*11 Ağustos*

Dün gece şimşekler çakıyor, gök gürlüyordu. Altı haftadır ilk defa yağmur yağdı, birkaç saat boyunca da yoğun bir şekilde yağmaya devam etti; Tanrım ne harika bir ses. Bunun bitkilere zarar vereceğini biliyordum, pencereden baktığımda Jacques'ı yağan yağmurun altında durmuş, başını çaresizce sallarken gördüm. Kazıkla tutturulmamış bitkileri kurtarmak için artık çok geçti.

Aniden evin içinde gök gürlemesine benzer bir ses duyduk. Yatağımda sarsılmıştım. Odamdan dışarı fırladım, Madam da geceliğiyle çıkmıştı; hiç görmediğim kadar kadınsı görünüyordu. Monsenyör'ün bir yerlere çarparak gelmeye çalıştığını duydum, ikisine de oldukları yerde kalmalarını ve aşağı inip bir göz atacağımı söyledim. Yıldırım bacaya çarpmış, o da şöminenin etrafına tuğlalar saçarak yıkılmıştı. Tanrı'ya şükür mevsim yazdı da şömine yanmıyordu.

Jacques da gelmişti; etrafı temizlemek için yarın sabaha kadar bekleyebileceğimize karar verdik.

Yukarı çıkıp artık daha sakinleşmiş olan Monsenyör'le Madam'a durumu anlattım. Nedense Madam'ın gecelikli hali gözlerimin önünden gitmiyordu bir türlü. Ancak beni daha çok etkileyen, beni yatak kıyafetimle gördüğünde yüzünde oluşan ifadeydi. Aniden gözleri büyümüştü, istemeden. Sarah hamile kaldığında baktığı gibi. Bunun üstünde fazla durmak istemiyorum.

Kara buğday şimdiye kadar sadece polen verirdi, bugünse yağmurun ardından nektarla parlıyordu. Arılar hızla gelip onu yiyecek olarak topladılar; henüz balmumu yapmadılar. Can sıkıcı düşüncelerden uzaklaşmak için bunların hepsini yazıyorum.

*30 Ağustos*

Son iki hafta yine yağışsız geçti. Etrafımızdaki altmış dört kovanı da inceledim ve Temmuz'un ortasından bu yana arıların, peteklerine hiç balmumu ilavesi yapmadıklarını gördüm. Bol miktarda polen toplamışlar; ama eski kovanlardaki bal miktarı önemli derecede azalırken yeni kovanlarda hiç bal bulunmuyor. Yeni sürüler onları kışın idare edecek balı saklamak üzere yeterli balmumu hücrelerini yapmamışlar.

Rüzgâr güneyden gelip de hava nemli ve sıcak olduğunda arılar güçleniyor; ancak Kuzey Rüzgârı, soğuk, yağmur ya da uzun süren sıcaklar ve kuraklık onları çok kötü etkiliyor. Havanın, bal toplamanın ve balmumu yapımının birbiriyle bağlantısını yakından görmemizin ardından arıları doğal ortamlarında gözlemleme deneyimizi sona erdirdik. Artık yeni sürülerimizin kaynaklarına bal ya da şekerli şurup ekleyerek müdahale edebiliriz; Tanrım bu ne büyük bir mutluluk.

### *7 Eylül*

Bu işin de uğraşmaya değer olduğunun farkındayım; ama Monsenyör'ün kanıksanmış fikirlerle mücadelesinin verdiği coşkunluğu taşımıyor. Hunter'in gözlemlerini doğruladık, bunların doğrulanmış olması da önemli. Monsenyör'ün ismi onun onayını önemli kılacak bir ağırlığa sahip artık. Bense artık ünü ya da acıyı hafife alacak şevke sahip değilim.

Ve ikimiz de artık daha yaşlıyız.

Demek istediğim belki de artık arıların sokmasının acısını daha çok hissediyorum bugünlerde. Eskiden çalışmamız, çabamız, mücadelemiz o kadar yoğundu ki, başka bir şey düşünemiyordum.

Sadece bu değil. Bir tarafta beni bu noktaya getirmiş, bu denli cömert ve engin bilgiye sahip ve bana son derece bağımlı bir adam bile olsa, bu sabah acaba başka birinin hizmetine mi girsem diye düşünerek uyandım. Bu hiçbir özrü olmayan birine hizmet ederken yerine başka birinin kolayca bulunabileceği bir durum değil. Çok zor.

### *10 Eylül*

Çalışmamıza tekrardan odaklanıp bir kovanda iki farklı türde işçi arının olduğuna dair gözlemlerimizi kaydettim:

nektar toplayıp balmumu üreten büyük işçi arılarla yavruları beslemek için polen toplayan daha küçük işçi arılar. Onları balmumu işçileri ve bakıcı arılar olarak ikiye ayırabiliriz. İki türü de farklı renklere boyadım ve şimdiye kadar görevlerinde bir değişikliğe rastlamadım.

*(Not: İtalyan arılarının ortaya çıkmasından beri bu farklılığın arıların yaşından kaynaklandığı anlaşılmıştır; genç olanlar bakıcı, daha yaşlılar da balmumu üreticileri. O zamanlar Mösyö Huber bunu bilmiyordu. A. de. M.)*

### *30 Eylül*

Monsenyör'ü bir süredir eski çizimlerimden bazılarını yeniden çizilmek üzere Matmazel Jurine'e vermeye ikna etmeye çalışıyorum. Bu sabah sonunda kabul etti.

Beş dakika sonraysa Matmazel Jurine'den hasta olan teyzesini görmek için acilen Basle'ye gitmesi gerektiğine dair bir not geldi. Yakın gelecekte işlerimizi yapamayacağından dolayı üzüntüsünü bildiriyordu. Tabii ki not yine Monsenyör adına yollanmıştı.

"Bunu bize bildirmesi ne büyük incelik" dedi Monsenyör. "Başka biri olsa bununla uğraşmazdı."

Ben de onayladım. Bu özel incelikte, belki de aptalcaydı ama bir umut ışığı görüyordum; oysa bunu onaylayan hiçbir şey yoktu ortada.

Hava aniden soğudu ve yağmur yağmaya başladı. Düşen yapraklar ve yağan yağmur hislerimin aynası gibi; bir yandansa içim içime sığmıyor.

## *5 Aralık*

Annem 30 Kasım'da öldü.

Onu dün gömdük. Ölümü çok çabuk gerçekleşmişti. Kalbi durmuş ve birkaç dakika içinde de ölmüştü.

Kız kardeşim ağlıyordu; ama sanki aklı başka yerdeydi. Kocası yanında değildi, küçük Alise'e elini sımsıkı tutuyordu. Bazı şeylerin söze dökülmesine gerek yoktu, biz çocukluğumuzu beraber geçirmiştik.

Sade bir yemeğin ardından herkes gittikten sonra bakıcı, "Son yıllarını çok mutlu geçirdi. Mösyö Huber'in yanında elde ettiğin başarınla gurur duyuyordu" dedi. Bir anlık tereddütten sonra devam etti, "Ve yaşasaydı babanın da seninle gurur duyacağını söylerdi."

Tahmin ettiği gibi bu beni derinden etkiledi. Tek söyleyebildiğim "Teşekkür ederim" oldu ama bunda çok samimiydim.

Bir süre sonra, "Ölürken yanında olmadığım için üzgünüm" dedim.

"O kadar hızlı oldu ki, yanında olsanız bile bunu bilemezdi. Bir evladın yapabileceği her şeyi yaptınız siz. Her hafta mektup yazıp para gönderdiniz. Size bir hesap sunacağım, sizin de göreceğiniz gibi gönderdiğiniz paranın çok azını harcadı."

"Peki neden? Bu para onundu."

"Sıcak ve tok olduktan sonra başka hiçbir şeye ihtiyacı olmadığını söylerdi. Bu ona yeni bir battaniyeden daha büyük bir mutluluk veriyordu."

Zavallı annem. Gençliğimizdeki birkaç mutlu yıl ve ardından gelen sefalet dolu yıllar; yine de çocukları için en iyisini yapmaya çalışırdı. Son yılları huzur içinde geçtiği için gerçekten çok mutluyum.

Bir şeyler kötü giderse kız kardeşim ve Alise'e göz kulak olmaya kararlıyım. Sanırım bu annem için yerine getirebileceğim, onu en çok mutlu edecek vasiyet olacak.

*20 Aralık*

Aileni kaybetmenin ölümü birden önemli kılması ne ilginç, bazı şeyleri başarmak için sınırlı vaktimizin olduğunu hatırlatması...

Annemin yıllardır biriktirdiği para mütevazı bir yer almama yetiyor, tabii eğer mesele buysa.

Olabilir mi? Olabilir miydi?

Kalbimin bir bayram yaşamadığı kesin.

# *1794*

*(Not: Amcam ailece geçirdikleri sessiz bir Noel'den bahsediyor, Madam Huber de bu sırada harcamalar konusunda sıkı ve ihtiyatlı. Mösyö Huber ve çocuklar her zamanki gibi mutlular; ancak amcamın içi içine sığmıyor, ayrıca Madam Huber'in de bu sade geleneklerinden geçmiş yıllardaki kadar zevk almıyor gibi göründüğünü anlatan sözleri var. Aynı şey Noel için de geçerli. A. de. M.)*

### *28 Şubat*

Kış bugün sona erdi, en azından benim için. Aniden büyük bir canlılığa ve sonsuz bir umuda kapıldım; hepsi de o parlayan gözlerin ve tatlı gülümseyişin içindi. O an öyle görünmese bile bu sabah her zamankinden daha avutulmaz, daha arayış içinde uyanmış olmam ne şanstı. Günlerden pazar olduğu için belki biraz sakinleşirim umuduyla kendimi yormak üzere uzun bir yürüyüşe çıkmaya karar verdim. Aslında vadiye, kırlara doğru gidecekken bugün biraz daha harekete ihtiyaç duyarak şehre doğru yol almaya başladım. Bir handa iyi bir akşam yemeği yiyip parka doğru yürüyüşüme devam ettim.

Bir grup hanımefendi gördüm, belki de yirmi kendinden emin hanımefendi geziyordu. Bu tür grupları duymuştum ama hiç görmemiştim. Beraber yürüyorlar, hararetle bir şeyler konuşuyorlardı, yanlarından geçerken ("İyi günler, Mösyö" lafı dudaklarından kolayca dökülüyordu) içlerinden birinin yüzünün parladığını fark ettim.

"Hey, Mösyö Burnens" dedi arkadaşlarının yanından ayrılırken.

"Matmazel Jurine. Cenevre'ye döndüğünüzü bilmiyordum."

"Sadece bir hafta oldu."

"Teyzeniz nasıl?"

"Tamamıyla iyileştiğini söyleyebilirim." Kaşlarını kaldırdı. "Bunun için hiç de acele etmediğini söylemek zorundayım."

"Belki de sizin gibi bir hemşiresi olduğu için acele etmemiştir."

Güldü. "Çok naziksiniz Mösyö. Ben sadece görevimi yaptım."

Onun görevinin bir parçası olmayı ne kadar da isterdim.

Grup ilerliyordu, hanımefendiler de soran gönlerle ona bakıyorlardı. "Arkadaşlarıma katılmalıyım."

"Sizi tutmak istemem Matmazel. Sizi tekrar Cenevre'de görmek güzel."

"Ben de tekrar burada olmaktan mutluyum Mösyö. Arkadaşlarımla yürüyüşlerimi özlemiştim. Güzel havalarda hep parkta buluşuruz." Gözlerini süzerek, "Biz her ayın son pazarında buluşuruz" dedi.

"Öyle mi Matmazel?"

Gülümsedi, el sallayıp arkadaşlarının yanına döndü. Ben de arkasından bakakaldım; o cümleyi değerli bir taş gibi saklıyordum, onu bir daha ne zaman görebileceğimi içinde saklayan cümleyi.

## *10 Mart*

Evde bir huzursuzluk var. Sanki Clara'ya olan eğilimim bütün kadınlar hakkında daha dikkatli olmama sebep oluyor. Ve Marie-Aimée burada, her zaman. Kendimi istemeden onu düşünürken buluyorum, hizmetinde olduğum Monsenyör'ün karısından çok bir kadın olarak hem de. Gerçi sorun bu değil, hislerimi kendime saklamaya alışkınım ve ona hiçbir şey belli etmediğimden de eminim.

Ama yine de, biliyor. Belki de onun bana karşı hisleri değişti ve bunları gösterme konusunda benden daha dikkatsiz. Küçük şeyler bunlar; gerektiğinden daha yakınımdan geçmek, her zamankinden daha uzun süren bir bakış gibi. İlk olduğunda kaza diyebileceğiniz ancak ikinci seferde öyle olmadığını anladığınız türden şeyler.

Hiçbirine karşılık vermiyorum, en azından isteyerek. Sarah'ya yaptığım gibi davranıyorum. Clara'yı düşünüyorum. Monsenyör'e verdiğim önemi ve onun bana duyduğu güveni düşünüyorum.

İstenmedik bir şey olmayacak, buna kararlıyım. Ama eski rahat ortam da yok artık. Örneğin onunla yürüyüşe çıkmaktan zevk almak yerine şimdi bunu istemesinden korkuyorum. Aslında sanki ikimizin baş başa kalması uygunsuz olacakmış gibi bir süredir böyle bir istekte bulunmuyor.

## *15 Mart*

Öteki şeyleri bir kenara atıp dikkatimi işime vermeye çalıyorum. Monsenyör bir süredir balmumu hücreleri üzerinde, özellikle de arıların onları yaparkenki yöntemleri üzerinde çalışıyor. Onca depolama şekli varken altıgende karar kılıyorlar, bu da en az madde ve çalışmayla en geniş alanı sağlayan bir şekil. Onların işine yarayacak en mükemmel şekil yani. Peki buna nasıl karar veriyorlar?

Sesli bir şekilde Reaumur'dan okuyordum. Yazdığına göre bu kararı arıların tek başına verdiğini söyleyemeyiz. Bizim henüz idrak bile edemediğimiz şeylerin birleşimlerini görebilen sonsuz bir zekanın ürünüydü onlar.

"Bunu işçi arıların bulduğunu söylemeyeceğim elbette" dedi Monsenyör. "Acaba arılar Reaumur'un sandığından daha fazlasını düşünemezler mi diye de merak ediyorum. Şu de Buffon aptalına gelince..."

"Çoğunluk kabul etsin diye fikir yürütür."

"Aynen öyle. Kovan gibi bu kadar karmaşık bir örgütün aptal yaratıklara ya da onun tarif ettiği gibi hantal hayvan makinelerine bırakılacağını düşünmüyorum."

De Buffon arıları hayatlarının bir koşulu olarak bir araya gelmiş makineler olarak görüyor. Örneğin köpek sürüleri kendi istekleriyle bir araya gelirler, bu da kendi seçimleri demektir. Seçimin olduğu yerde zekadan da bahsedilebilir; ancak arılar bu koşul içinde doğuyorlar. Bu tabiatın yarattığı bir birleşme, arıların seçimi değil. Tabii ki varlıklarını sürdürmek için örgütleniyorlar ama buna mecburlar. Yine de taraflı bir gözlemci onlara zeka, güdü, geometri, düzen, öngörü, toplu yaşama sevgisi gibi özellikler yükleyebilir; ancak bu, gözlemlenebilir gerçeklerden çok gözlemcinin hayranlığından kaynaklanır.

De Buffon arıların bir arada olmayı hiçbir zaman planlamadıklarını söylemekte ısrarlı; çalışmalarının sonucu ne olursa olsun bir arada olmaları hiçbir şey ifade etmiyor, buna kendilerinin karar vermedikleri açık ve bu sadece Yaratıcı tarafından kurulmuş evrensel işleyişin bir sonucu. On bin makineyi bir araya getirin, hepsi de birbirinin aynısı olsun, hepsi de aynı yerde aynı şeyi yapsın, sonuç kusursuz bir düzen olacaktır.

Ayrıca, onun söylediğine göre bu çok övülen altıgen yapı da hiç de abartılacak bir olay değil, altıgen tabiatta sık rastlanan bir şekil. Kristaller ve tuz genelde bu şekli alıyor. Basit bir örneği ele alalım: Bir kabı bezelye tohumu ve suyla doldurun, kapatıp kaynatın. Bu çift taraflı basınç karşısında hücreleri altıgen olacağından bütün tohumlar altıgene dönüşecektir. Doğabilimciler arıların, yabanarılarından ve eşekarılarından daha fazla zekaya sahip olduğunu düşünüyor; çünkü yaptıkları iş daha düzenli. Ama yine de bu gerçeğin, sadece onların sayılarına ve şekillerine bağlı olduğu düşüncesine takılıp kalıyorlar. Sayıları ne kadar fazla olursa mekanik kısıtlamalar o kadar büyük, düzenleri de o kadar mükemmel olacaktır.

Monsenyör güldü. "Bonnet'nin burada oturup Buffon'un fikirlerinden dolayı ne kadar öfkelendiğini anımsıyor musun? Şimdi onu duyabiliyorum: 'Buffon bir fizikçi, doğabilimci değil ki. Belki de bu büyük düşünüre, hayret edilecek sezgisi ve yolumuzun çıkmaz olduğunu bize gösterdiği için minnettar olmalıyız.' Ayaklarını yere vurarak bunları söylerdi."

"Aynı gözlemin bu kadar farklı tahminlere yol açması ne ilginç" dedim. Aynı şeye iki farklı açıdan yaklaşan bu iki adamın birbirlerinin düşüncelerini nasıl da hor görebileceğinden bahsetmedim. Belki de bu doğabilimcilerin dünyasına has bir şey değildir, kuşkusuz Rousseau ve Voltaire de birbirinden nefret ediyordu.

"Adil olmak gerekirse, öngörü ve toplu yaşamın çıkarları konusu tartışmaya açık" dedi Monsenyör. "Şu an sahip olduğumuz bilgiyle varsayımda bulunmaktan fazlasını yapamayız. O yüzden hücrelerin yapımıyla ilgili ne bulabileceğimize bakalım."

## *20 Mart*

Reaumur hücre yapımıyla ilgili çok az şey bildiğini kabul ediyordu. Bizim dönemimizden olan (ve kanımca Monsenyör'ün alandaki tek rakibi) John Hunter bile arıların balmumu ölçümlerini nasıl yaptıklarını takip edemediğini kabul ediyor.

Hücre tabanının paralel kenar ya da baklava biçimindeki piramitten oluştuğunu biliyoruz; bu tabandan altıgen bir boru uzanıyor. Paralel kenarların açıları kesin ve tutarlı, onları ölçmek için saatlerce uğraştım.

"Arı vücudunun herhangi bir parçası ile bu şekil arasında benzerlik olabilir mi acaba?" diye bir tahminde bulundu Monsenyör. "Belki de arılar bacaklarının eklem yerini kullanarak ölçüyorlardır açıyı."

Böylece arıları ölçerek saatler geçirdim. Bir şeylerle meşgul olduğumda başka şeyler düşünmek zorunda kalmıyorum.

"Eklem yerleriyle açılar arasında hiçbir benzerlik yok, efendim."

"Peki ya dişleri? Hücreleri oymak için onları kullanıyorlar ne de olsa."

"Hiçbir benzerlik yok, efendim."

"Yani dişlerle bu şekiller arasında, bir heykeltıraşın keskisiyle ortaya çıkan iş arasındaki bağlantıdan daha fazlası yok."

"Peki ya anten?"

"Söylemesi zor. Üzerinde bulunan on iki boğum herhangi bir nesnenin şeklini alabilmesini kolaylaştırıyor, yine de bir kalıp görevini görecek sabit bir şekle sahip değil."

"O zaman anteni bir pergel olarak düşünebiliriz. Keski ve pergel bir hücre yapmak için çok gerekli aletler; fakat sonucun içgüdüleri yerine kendi isteklerine bağlı olduğunu yine de söyleyebilir miyiz?" Halının yıpranmış kısmında bir o yana bir bu yana yürüyordu. "Düşün. Eğer bir işçi yapacağı işin bir örneğine sahip değilse ve kendisinden başka bir kalıp da yoksa, yaptıklarında zekanın da payı vardır muhakkak, öyle değil mi? O zaman arılarımız hakkında ne söyleyebiliriz?"

"Yaptıklarını daha yakından gözlemleyene kadar bir şey iddia edebileceğimizi düşünmüyorum, efendim." Kendimi ukala, mızıkçı biri gibi hissettim, Monsenyör'se memnun kalmıştı.

"Güzel, evet. Sorun şu ki balmumu çalışmaları bir arı kümesinin derinliklerinde gerçekleşiyor. Nasıl görebiliriz?"

"Çan şeklinde cam bir kovan yapabilirsek ona destek koyarım, böylece onlar da işe üstten başlarlar, biz de onları görebiliriz."

"Mükemmel Burnens. Sensiz ne yapardım?"

Verecek bir yanıt bulamadım.

*28 Mart*

Ayın son pazarı. Parktayım. Onunla tesadüfen karşılaşmak için bekliyorum. Onun da beni aradığını söylemeye cesaret edemem; ama yine de beni oldukça çabuk fark ediyor. Gruptan ayrılıyor, hanımefendilerden bir ikisi arkasına dönüp kurnazca gülümsüyor.

"Tekrar karşılaştık Matmazel."

"Evet, ne sürpriz Mösyö Burnens."

"Sizi arkadaşlarınızdan alıkoymak istemem."

"Merak etmeyin, biraz sonra onlara katılabilirim."

"Bu hanımefendilerin oluşturduğu grupları duymuştum ancak anlayamıyorum..."

"Aslında oldukça masum." Gülümsüyor. "Babalarımız ya da kocalarımız pazar akşamları kulüplerine giderek önemli meselelerden bahsederken biz de evde oturan 'dullar' olmak yerine kendi kulübümüzü kurmayı tercih ediyoruz."

"Önemli meseleler hakkında konuşmak için mi?"

Bunu ciddiyetle düşünüyor. "En azından havadan sudan konuşmak için değil, ya da dedikodu yapmak için. Tabii, yine de bazen..."

"Sizi arkadaşlarınızdan alıkoymak istemem Matmazel."

Alaycı bir şekilde gülümsüyor. "Merak etmeyin Mösyö."

Onu lafa tutacak bir bahanem olmadığı için kendime lanet ediyorum. Saçmalayarak, "Yapılacak bazı ameliyatlar olabilir" diyorum.

"Onları mutlaka bana getirin." Arkadaşlarının yanına gidiyor, dönüp gülümsüyor. Birkaç hanımefendi daha dönüp bana bakıyor ve gülümsüyor.

İyi niyetimden başka ona sunabileceğim hiçbir şeyim yok. Tomurcuklar çiçek açıyor, yerdeki kar da kısa süre sonra kalkacak.

*30 Mart*

Hücrelerini nasıl yaptıklarını gözlemleyebileceğimiz yeni kovanımız var artık ve destekleri de yerleştirdim. Arılar başta tepeden aşağı doğru bir piramit şekli oluşturdular. Yirmi dört saat sonra halkalarında balmumu izleri görebiliyordum. Biraz hareketlenmenin ardından bir tanesi sürüden çıkıp ötekileri başıyla iterek kendine tepede bir yer edinmeye çalıştı. Bacaklarıyla karnından bir parça balmumu çıkardı ve bunu ağzına alıp diliyle döndürerek şekil vermeye başladı.

"Babamın gölgesi!" diye iç geçirdi Monsenyör olanları ona tarif ettiğimde. Artık köpek, peynir, Voltaire'in çizimleri arıların gösterdiği çabanın yanında zekanın suiistimalinden başka bir şey gibi görünmüyordu.

Arı balmumunu dişinin oyuğunda tutuyor, sonra da ince bir şerit haline getirdiği ağzından çıkarıyordu, böylece balmumu lapaya benzer köpüklü bir sıvı haline gelmiş oluyordu. Bu maddeyi de çatının yapımında kullanıyordu; lapa birleşmeye yardımcı oluyordu. İkinci ve üçüncü balmumu parçacıklarını ısırıp bir şekle sokarak kullanıyordu. Bu maddeleri belli noktalara yerleştirse de yerleştirdikten sonra onlara şekil vermeye çalışmıyordu.

Sonra o arı, ona kurucu arı da diyebiliriz, gidiyor yerini bir başka arı alıyordu; bu arı da balmumunu yerleştirirken ötekinin hizasını takip ediyordu. Sonra bir üçüncü arı geliyor, o da bir öncekinin hizasını takip ediyordu. Sonra bir başkası ve bu böyle devam ediyordu. Sonuç olarak büyük bir parça balmumu oluşturmuş oluyorlardı. Bu, peteğin temelini oluşturacaktı; ancak oğul şimdi beş on santim kalınlığa erişmiş olduğundan artık bir şey göremiyorduk.

Ağızlarından çıkardıkları köpüklü sıvıyı gördüğümüz için Monsenyör çok memnundu. "Şimdi Reaumur'un neden balmumunu ağızlarıyla ürettiklerini iddia ettiğini biliyoruz. Yanılmıştı ama artık neden böyle düşündüğünü biliyoruz. Bu büyük bir rahatlık bizim için, onun gibi bir gözlemcinin doğrularını hatasının sebebini açıklamadan reddetmek istemem."

## *2 Nisan*

Hâlâ arıların çalışmasını gözlemlemekte güçlük çekiyoruz. Dört tarafı camdan bir kovan yaptım ama yine de cam yüzeyden bakmak açıyı değiştiriyor. Gözlemimizin doğru olması için de, cam yüzeyi kaldırıp yüzümü süregelen çalışmaya yaklaştırmam gerekiyor, bu da birçok arının beni sokması anlamına geliyor. Çok yavaş hareket ediyor, sessizce oturuyorum. Ve neredeyse hiç nefes almıyorum; nefesimi asla üzerlerinde hissetmiyor, paniğe de kapılmıyorlar. Ve beklenenden çok daha az sokuluyorum, tabii ki bu hiç sokulmadığım anlamına gelmiyor.

Bugün oturmuş çalışmalarını izlerken, birkaç yıl önce kovandaki bütün işçileri acaba küçük bir kraliçe içeriye girmiş mi diye tek tek incelediğim ve çok acı çektiğim günler aklıma geldi. Şimdi çektiğim fiziksel acı çok daha az; ama aldığım zevk de öyle. Sanırım o zamanlar mutsuz geçirdiğim yılların yükünü taşıyordum üzerimde ve fiziksel acı da buna panzehir etkisi yapıyordu. Ancak şimdi, şu anki durumumdan dolayı endişeli ve allak bullak da olsam, artık o yükü attığımı ve arılar için de bunun geçerli olduğunu hissediyorum.

Bu tür düşüncelerin çok güç sonuçları var; ama etkilerini inkâr edemem.

"Seni çok fazla arı sokmadığı için mutluyum" dedi Monsenyör. Aslında neredeyse hiç sokmuyorlar. "Fedakârlığının bedelinin farkındayım" dedi ve yüzü asıldı.

Böyle şeyleri daha önce de söylerdi, ben de bu kadar düşünceli, ince bir efendiye sahip olduğum için şükrederdim; şimdiyse kendimi isteksizce, birbirimize ne kadar bağımlı olduğumuzu düşünürken buluyorum.

"Gözlemlerin o kadar kesin ve o kadar tehlikeli ki, okuyucuların güvenini mutlaka artıracaklardır" dedi.

Ona teşekkür ettim, bir yandan da göğüs geçirdim. Şimdi yapılacak tek şey çalışmaya devam etmekti.

## *5 Nisan*

Buffon'un mekanik açıklamasına göre arılar önce büyük bir balmumu kütlesi yapıyor sonra da vücutlarıyla üzerinde şekil oluşturuyorlardı.

Monsenyör ellerini sevinçle ovuşturuyordu. "Bizse gerçeğin bunun tam tersi olduğunu bulduk. Aslında önce küçük bir blok oluşturup bunu hücrelerin temeli olacak şekilde oyuyorlar."

“Bazen hata yaptıkları da oluyor” dedim. “Arılardan biri bir parçayı bloğun kusursuzluğunu bozacak şekilde yerleştirebiliyor. Ancak başka bir arı hatayı fark eder etmez kaldırıp onu doğru yerine koyuyor.”

“Bu gözlem çok büyük önem taşıyor Burnens. İçgüdüye karşı zekanın var olduğuna dair en büyük delillerden biri. Makineler hata yapmaz. Eğer arılar hata yapıp bunu düzeltebiliyorlarsa o zaman balmumu yapımı düşünmeden, körü körüne yapılan bir faaliyet olamaz. Gördüklerimizden ortaya çıkan şeklin ona yol açan temel sebep olmak yerine onların çalışmasının ürünü olduğu sonucuna varabiliriz. Aferin, çok iyi bir gözlem.”

*10 Nisan*

Fransa’nın son büyük uzlaşmacı siması Danton’un idamıyla ilgili haberler geldi. Son sözleri: “Ömrüm boyunca ülkem için yaşadım. Ölene kadar Danton oldum. Yarın şerefimle uyuyabilirim” olmuştu. Bütün dünya bunun Robespierre’in işi olduğunu biliyor.

Her şey değişiyor, eskiden emin olduğumuz şeyler de.

Benim yaşadığım değişikliklerse Tanrı’ya şükür bu kadar kanlı değil; yine de acı veriyor, bunu inkâr edemem.

*28 Nisan*

De Candollelar ziyarete geldi. Öğle yemeğinden sonra hanımefendiler sıcak bahar güneşinin altında oturup eski dostların samimi havasında sohbet etmeye başladılar. Pierre ile Augustin ise çam kozalaklarıyla hokkabazlık yapıyor, kahkahalarla gülüyorlardı. Pierre daha becerikli ve açıkça görüldüğü gibi daha büyük ve güçlüydü. Hanımefendiler sevgiyle onları izliyordu; Mösyö De Candolle'un ruh hali ise bambaşkaydı. Çocukların "ibrik" lafına güldüğünü duyup oğluna bağırdı, "Gül bakalım Küçükbey, bütün gün hiçbir şey yapmadan bahçelerde gez. Sana saygıdan mı ibrik dediklerini sanıyorsun? Şüphesiz, sen daha çok saçmaladıkça onlar daha da çok gülecektir."

"Ben bitkilerin büyümelerini izliyorum" dedi Augustin uysal bir sesle.

"Asıl yapman gerekenleri aksattığını söylemek istiyorsun herhalde. Bitkilerin büyümesini izliyormuş. Bu ne tür bir iş?"

"Özür dilerim baba, bitkilerle tıpla ilgilendiğimden daha fazla ilgileniyorum."

"Bitkiler ilgi alanıdır, iş değil. İnsanlar sen bitkilerin büyümelerini izleyesin diye kapına altın dökmeyecekler."

Monsenyör elini eski dostunun omzuna attı, bunu hiç tereddüt etmeden yapmıştı. "Sevgili dostum, bitkilerin büyümesini izleyebilmeyi öyle çok, öyle çok isterdim ki."

Monsenyör'ün körlüğünden bu şekilde bahsetmesi çok nadir gerçekleşen bir olaydır; ancak söz hedefine ulaşmıştı. Mösyö de Candolle onun elini tutup sıktı.

"Onları izlemek üzerlerinde çalışmanın başlangıcıdır ve onlar üzerinde çalışmak bir ömür sürebilir. Böyle bir ilgi alanına sahip biri şanslı biridir" diye devam etti Monsenyör.

"Evet, evet. Şey, bir bakalım." Bu fikri kabullenmeye henüz hazır değildi; ama şüphesiz Monsenyör ikisinin ilerde ortada bir yerde buluşabilecekleri bir köprü kurmuştu aralarında.

Kış bitti. Tombul tomurcuklar açmaya hazırlanıyor. Güneş bütün sıcaklığıyla parlıyor. Bu pazar parkta, hanımefendiler beni gördüklerinde şaşırmış gibi yapıyorlar. "Ne tesadüf, değil mi Clara?" Gözlerini yere indiriyor, sonra tekrar başını kaldırıyor ve grubun arkasından beraber yürüyoruz. Biz yokmuşuz gibi davranmakta kararlılar.

Bana çalışmalarımı soruyor, ben de onunkileri soruyorum.

"Mösyö Huber şimdi neyi araştırıyor?"

"Sanırım kovandaki gazları incelemek istiyor. İçerdeki gaz bileşimini."

"Kulağa ilginç geliyor."

"Fakat ben kimyager değilim. Ben..." Bir an tereddüt ettim; çünkü sadece aklımdan geçirmiş olduğum düşünceleri söze dökmem, bir şeylere kalkıştığım anlamına gelecekti. "Gerçeği söylemek gerekirse bugünlerde çalışmalara eskisi kadar ilgi duymuyorum."

"Kimyaya mı ilgi duymuyorsunuz?"

"Tam olarak o değil. Daha çok asıl işin artık yapıldığını düşünüyorum. Bazı olağanüstü şeyler buldu ve kanıksanmış teorileri altüst etti. Ama artık bitti."

"Başka şeyler de olamaz mı?"

"Balmumu üzerine yirmi yıllık bir çalışma yapılabilir. Bunu yapmak istediğimi sanmıyorum."

"İstemeniz gerektiğini düşünemem." Güldü. Sonra ciddiyetle, "Ama Mösyö Huber size çok bağlı" dedi.

"Evet, öyle. Ona çok şey borçluyum."

İkimiz de onu terk etme ihtimalimden söz etmedik.

Fransa'da ve evde yaşanan olaylardan konuştuk. Hanımefendiler turlarını tamamlamışlardı. El sıkıştık, o arkadaşlarının yanına giderken ben de, geleceğe ilişkin hiçbir beklentim olmadan bu yaşıma kadar nasıl geldiğimi düşündüm. Mösyö Huber'in sekreteri olmaktan başka.

## *2 Mayıs*

Bir öğrenci randevu alarak Monsenyör'ü ziyarete geldi. Kitaplara bakmak ya da o tür şeyler için yanında bulunmamı isteyeceğini düşünmüştüm; ancak genç adamla birlikte kovanlara gidebilecekleri ve gerekirse kitaplara sonra da bakabileceğimiz konusunda ısrar etti. Benden bağımsız yaptığı her şey beni çok memnun ettiğinden, bu da beni mutlu etmişti.

"Neden Madam'la birlikte bana daha önce bahsettiğin porsuk yuvasına gitmiyorsunuz?" Karısına döndü. "Hiç gezmediğinden şikayet ediyordun sevgilim. Çok güzel bir gün, ev işlerine biraz ara verip günün tadını çıkarmalısın. Küçük Marie'ye Martha göz kulak olabilir. Biraz temiz havaya ihtiyacın var."

Marie bir tavşan deliğine düşerek bileğini çok fena incitmişti, Madam da o zamandan beri yanında oturup ona bir şeyler okuyordu.

"Bilmem" dedi. "Belki de biraz dinlenmeliyim."

"Ah, yürüyüş, temiz hava, bunlar seni canlandıracaktır. Yorulursan döndüğünde istediğin kadar dinlenebilirsin."

"Belki Pierre de gelmek ister" dedi.

"Evet, harika bir fikir." Monsenyör'ün gözleri sevinçle parlıyordu, böylece karar verilmişti.

Pierre'in arkadaşlarından birinin eve geldiği bir gün tesadüfen işittiğime göre, bugün öğleden sonra Martin'in Adası'nda buluşmak üzere plan yapmışlardı, ayrıca orada bazı kız kardeşler de olacaktı. Nedense bunun, annesiyle ve benimle bir porsuk yuvasını ziyaret etmekten daha çok ilgisini çekeceğini düşündüm.

Madam öğle yemeğinin ardından yanımıza gelip, "Pierre dersi olduğu için bize katılamayacakmış" dedi.

"Biz yine de çıkalım Madam" dedim. Bunun aramızdaki tuhaf gerginliği yumuşatacağını umuyordum.

Öğrenci gelmişti, kütüphanede Monsenyör'le konuştuğunu duyabiliyorduk.

Tarlaların, çalılıkların arasından geçen patikalarda yürümeye başladık. Gökyüzünün masmavi olduğu ve bir tarlakuşunun öttüğü çok güzel bir gündü.

"Karatavuk yuvasını görmek için buradan geçtiğimiz günü hatırlıyor musun?"

"Evet, Madam." Sanki unutabilirmişim gibi. Serin rüzgâr, onun o mükemmel, parlak teni; Monsenyör'ün körlüğünden bahsederken gözleri yaşlarla dolduğunda o tene nasıl da dokunmak istemiştim.

"Pierre o zaman küçük bir çocuktu" dedim, üzerinde rahatlıkla konuşabildiğimiz bu konuya geçmiştim. Çalılıktan bir yaprak koparıp kokladı, sonra da yavaşça onu parçalara böldü. Güzel elleri vardı. Monsenyör onları okşamayı severdi.

"Yedi sekiz yıl önceydi." Yaprak parçacıkları sıcak havada yavaşça düşüyorlardı. "Çok uzun bir zaman. Kocam bunu göremese de ben yaşlanıyorum."

"Sizi her zaman âşık olduğu o genç kadın olarak görecek Madam." Bunun onu rahatlatacağını düşünmüştüm; oysa kaşlarını çatıp kafasını salladı.

"Benim aynı yaşta kaldığımı düşünüyor, halbuki hiç yaşlanmayan o. İçindeki coşku, merak yıllardır hiç sönmedi. Bense kendimi çok daha yaşlı hissediyorum. İkimiz için de birtakım kararlar vermek zorundayım..."

Hafifçe sendeleyince ona kolumu uzattım. Erken açan yaz çiçeklerinin tatlı kokusu etrafa yayılmıştı. Dışarıda uçuşan arıların vızıltısı duyuluyordu. Kalbim delice çarptığı için keyfini çıkaramadığım basit şeylerdi bunlar. Bunun sonunun nereye varacağını düşününce içimi bir korku kapladı.

Bir süre sonra, "Ben onunla ilgileniyorum" dedi.

"Madam, o da bunun farkında, başka kimse bu kadar farkında olamazdı."

"Evet, biliyorum. Yüz kere de, bin kere de biliyorum."

Sonra aniden sustu, ellerini savuruyordu ve gözlerinde yaşlar vardı. "Ama bazen, bazen, birinin de benimle ilgilenmesini istiyorum." Sonra bağırdı, "Ah François!" Ve kollarımdaydı.

Ona sarıldım; ama bir sevgiliden çok bir kardeş gibi. Yine de o anda daha önce kendime bile itiraf etmediğim bir şey söyledim. "Sizi, ilk gördüğüm andan beri, Monsenyör'ün karısından başka bir şekilde görmemem gerektiğini biliyordum; yoksa..."

Dudaklarını uzattı, onlara hafifçe dokunup kesin bir tavırla geri çekildim. Bunu oldukça yumuşak hareketlerle yapmıştım; ama kaba bir davranışta bulunmuşum gibi irkilmişti. Arkasını döndü, artık kollarımda değildi. Derin bir nefes alıp omuz sikti.

Askerlerin geçmişteki savaşlardan bahsederken takındıkları o duygusuz tavrı takınarak, "Fırtına gecesiydi, bacanın çöktüğü gece. O zaman çok şey değişti" dedi.

"Evet, biliyorum."

"Bildiğinden emin değilim, François." Bana bakmıyordu. Gezimizin sözde sebebini göreceğimiz yere varmıştık. Doğru düzgün bakmadı bile.

"Evet. Ne kadar güzel, küçük porsukların yuvası. Artık geri dönebilir miyiz?"

İkimiz yan yana ama kendi dünyalarımızda eve doğru yürüdük. Koluma girmedi. Çok konuşmadık, kibar ve dikkatliydik.

Eve döndüğümüzde başının ağrımasını mazaret göstererek odasına çıktı ve akşam yemeğini de orada yedi.

## *3 Mayıs*

Kütüphanedeydik. Monsenyör düşüncelere dalmış piposunu içerken, ben de deneyimizi yazıyordum.

"Bazen bazı gerçeklerle o kadar haşır neşirizdir ki, onlara dikkatle bakmak aklımıza gelmez" dedi.

Kalbim deli gibi çarpmaya başladı, bu kelimeleri duymak dayanılmazdı. Ama elbette çalışmalarından bahsediyordu, karısından değil.

"Doğabilimciler olarak her şeye aynı derecede ilgi göstermeliyiz. Çalışmamızın sonlarına geldiğimizi düşünmeye başlamıştım; artık cevaplandırılacak sorular, ortadan kaldırılacak şüpheler yoktu. Ama gerçek öyle değil, o yüzden çok rahatladım. Çalışmalarım ve sen olmadan hayatım çok sıradan olurdu."

Gülümsedim; oysa içimden feryat ediyordum. Gitmeyi düşündüğümü söylemenin kolay olacağı bir an hiç gelmeyecekti. Konuşmamızın sonunda Marie-Aimée içeriye girdi, kütüphane masasına kitabını bırakıp tekrar dışarıya çıktı.

"Marie-Aimée miydi o?"

"Evet, efendim. Bir kitabı geri getirmiş. Bir yerden çağırdılar herhalde."

Gülümsedi. "Ama artık gözlerimdeki bağ çözüldü. Bir sonraki çalışmamızın ne üzerine olması gerektiğini görebiliyorum."

Aklındaki ne olursa olsun kendimi ona vermeye hazırdım; çünkü kafamı meşgul eden şeylerdense teorilerle ve fiziksel dünyayla ilgilenmek çok daha zevkliydi. Ona Mösyö Lavoisier'in 1774'te Paris'te, İngiliz kimyager Mr. Priestley'yle görüşmesinin hikâyesini okuyordum.

Joseph Priestley hem hayvan solunumunun hem de maddelerin yanmasının, soluduğumuz havanın hacmini azalttığını ve onu zehirlediğini gözlemlemiş. Bütün metallerin plogistonla, yani yanmayı sağlayan maddeyle birleştiğine inanıyordu. Bir metal sonuna kadar yandığında sadece kendi oksidi kalıyor ve evrensel plogiston da ortaya çıkıyordu.

Priestley Lavoisier'le karşılaştığında cıvanın kırmızı oksidini ısıtıp, içinde mumun daha parlak yandığı ve farelerin daha uzun yaşadığı yeni bir tür havanın ortaya çıktığını bulduğu deneyini yapmıştı. Hepimizin soluduğu hava ona göre kısmen plogistona doymuştu ve daha fazlasını ememezdi. "Saf" hava ise hiç kirlenmemişti ve bütün plogistonu içine alabilirdi, bu yüzden de mum daha parlak yanıyor ve hayvanlar daha uzun yaşıyordu. Bu saf havaya "plogistonsuz" hava diyordu.

Lavoisire bundan çok etkilenerek deneyi tekrarlamış ve sonuçta sülfür ve fosfor gibi metal olmayan maddelerin bu havada asit ürettiklerini bulmuş. Bu yüzden ona "oksijen", yani "asit-üreten" adını vermiş. Ancak Priestley'nin yanmanın plogistonun serbest kalmasının sonucu olduğu teorisini reddetmiş. Yanmanın aslında oksijenin yanan maddeyle bir araya gelmesinden kaynaklandığı sonucunu çıkarmış.

Lavoisier'in çalışması yeni deneylerle değil, sonuçların dikkatli ölçümleri ve titiz tahlilleri sonucu gerçekleşmişti. Diyebiliriz ki, Lavoisier'in önemini anladığı bu gazı Priestley üretip incelemişti.

"Ne var ki, Priestley'nin yaşadığı tesadüflere bayılıyorum; cıvayı alçak basınçta hava olan bir kaba yanlışlıkla dökerek yeni bir gaz keşfediyor. Bu bana kraliçenin içindeki erkek organını keşfedişimizi hatırlatıyor; aklımıza bile gelmemişti."

O an duyduğumuz heyecanı hatırlıyorum. Sanki üzerinden çok uzun zaman geçmiş gibi.

*12 Mayıs*

Şimdiyse elli bir yaşındaki Mösyö Lavoisier'in Paris'te İhtilal Mahkemesi tarafından son on sekiz aydır hapiste tutulduğunu öğreniyoruz. Bundan hiç haberimiz yoktu, Fransa öyle bir hal aldı ki, artık olanları takip etmek mümkün değil. Fakat yapabileceğimiz bir şey yok. Hayatımız boyunca tanıdığımız, bildiğimiz dünya çöküyor ve biz dikkatimizi basit sorunlarla dolu küçük dünyalarımıza veriyoruz. Tıpkı şimdi olduğu gibi: Kovandaki arılar nasıl soluk alıyor, hava dolaşımı neden bu kadar az?

"Çan şeklindeki kavanozda bir mum yakmayı dene."

Bir kavanozu kovanın girişine benzeyen bir deliğin bulunduğu tahtanın üzerine koydum. Birkaç dakika içinde mum söndü; çünkü hava yanmayı sürdürecek kadar hızlı girmiyordu.

"Peki arılar bunu nasıl başarıyor?"

Bunu düşüneceğiz.

Çalışmamızı bırakıp Mösyö Lavoisier'in giyotinle öldürüldüğü gerçeğini idrak etmeye çalışıyoruz. Haberi duyan Madam hızla kütüphaneye girdi.

"Gazetede uzun bir haber var."

"Oku bana, çabuk."

"Neden sen okumuyorsun François?" dedi, oldukça tatlı bir ses tonuyla. Bir sandalye çekip kocasının yanına oturdu; eli kolunun üzerindeydi ve elbisesi biraz kırışmıştı. Karşıma oturup gözlerinde buz gibi bir merak, bana baktı.

Görevimi yapıp yüksek sesle okudum.

Lavoisier'in babası ona iyi bir eğitim vermişti ve oğluna duyduğu güvenin en büyük ispatı olarak 1772'de ona bir asalet unvanı almıştı.

Monsenyör yüksek sesle feryat ediyordu. "Ne olacağını bilemezdi. Terör yirmi yıl uzağındaydı. Aman Tanrım, sunduğu kutsal şarabın ne kadar zehirli olduğunu bilseydi. Hiç kimse bir unvanın gün gelip ölüm fervanına dönüşebileceğini düşünemezdi. Tanrı Pierre'i korusun." Istırabı yüzünden okunuyordu.

Madam'sa kolunu okşayarak onu sakinleştirmeye çalışıyor, sanki benim yapamayacağım bir şeyi yapabildiğini göstermek istercesine bana bakıyordu. "Bizim durumumuz çok farklı sevgilim. Pierre şimdi güvende ve gelecekte de olmaması için hiçbir sebep yok."

Okumaya devam ettim. Mösyö Lavoisier 1778'de örnek bir çiftlik kurmuştu. Kıtlık zamanındaysa köylülere arpa almaları için faizsiz borç vermişti. Bilim Akademisi'ne müdür olmuştu. Çiftçiler Meclisi'nin bir üyesi olarak 1789'da Paris'teki Eyaletler Meclisi'ne seçilmişti. Bütün Avrupa'da hızla kabul gören ağırlık ve ölçülerdeki metrik sistemin getirilmesinde büyük payı olmuştu.

1792'de Kongre, Çiftçiler Meclisi'ndekilerin tutuklanması emrini verdi. 8 Mayıs 1794 tarihinde o ve kayınpederinin de içinde bulunduğu yirmi yedi kişi Konvansiyon tarafından yargılanarak bir saat içinde suçlu bulunup öğleden sonra da idam edilmişlerdi. Cesetleri toplu mezara atılmıştı.

Günümüzün en büyük matematikçisi Joseph Lagrange onun için şu sözleri söylemişti: "O başı kesmek bir dakika sürmüş olabilir; ama onun gibi bir tane daha dünyaya gelmesi için belki de bir asır yetmeyecektir."

Hepimiz kederliydik. Fransa'da yaşananlar umuda yer bırakmıyordu. Rasgele yapılan bir katliam gibiydi; güzel de, saygın da, neslinin en iyisi de olsa, hiçbir şeye ayrıcalık tanımıyordu.

Monsenyör derin bir nefes aldı. "Ve sırf cumhuriyetçi olduğu için Mr. Priestley'nin İngiltere'deki evi bir çete tarafından yakılıp çalışmaları yok edildi. Amerika'ya kaçmak zorunda bırakıldı. Ne diyebiliriz ki?"

"Bugünlerde kimyager olmanın tehlikeli olduğunu söyleyebiliriz mesela" dedim.

"Evet. Gençliğimde yaptığım bütün o simya deneylerini hatırlıyorum da. Şimdi bir altın çağında yaşamışım gibi geliyor. Şimdiye kadar yaşamış en büyük iki kimyagerin öldürüldüğü ya da sürgün edildiği bir dünya değildi o. Hem de geçerli bir mazeret olmasa da cahil bir dünyadaki yenilikçi çalışmaları için değil de siyasi fikirleri yüzünden."

Marie-Aimée bu konuşmadan ötürü üzülmüş görünüyordu. "Üzülme sevgilim. Seni seven ailen ve dostlarınla birlikte yaşadığını düşün."

Elini tuttu. "Biliyorum sevgilim, biliyorum. Arılarımız için şükürler olsun Burnens. Orada da katliamlar olabilir, hem de acımasız katliamlar; ama asla aşırıya kaçmaz. Her şey kovanın çıkarı içindir, onun küçük bir parçası için değil."

"Hepimiz onlardan bir şeyler öğrenebiliriz" dedim.

"Evet, işte bu" dedi Marie-Aimée. "Arılarınız üzerinde çalışın." Sesinin tonundan ne demek istediği anlaşılmıyordu.

*(Not: Bu konuşma çok ilginçtir. Hiçbirisi o zamanlar daha ismini bile duymadıkları Napolyon diye birisinin dört yıl sonra gelip Cenevre'yi Fransa'ya bağlayacağını hayal edemezdi. Öte yandan, Joseph Priestley'nin Amerika'da başarılı olduğuna inanıyorum. Ömrünün son on yılını Pensilvanya'da Amerikan Kimya Topluluğu için çalışarak geçirdikten sonra saygın bir şekilde evinde hayatını kaybetti. A. de. M.)*

*27 Mayıs*

Madam etrafta dolanıp duruyor. Fransa'da neler oluyordu? Nereden bilebilirdik? Evin içinde de ihanetler, terk edişler var mıydı? Nereden bilebilirdi? Bana karşı nazik davranmakta çok zorlanıyordu. O mutfaktayken ben de girersem hemen çıkıyordu. Aynı şey son defa tekrarlandığında Anna bana tuhaf tuhaf baktı. Tabii ki Monsenyör bunların hiçbirini görmüyor. Eminim ki Madam, yürüyüş sırasındaki davranışlarından bin pişman. Aramızdaki barışı sağlamak için bir yol bulabilmeyi çok isterdim; ama ona ulaşamıyorum ve ne söyleyeceğimi de bilemiyorum.

Bu şekilde devam etmesi mümkün değil. Geleceğimin ne olacağını bilmiyorum, ki bu benim yaşımda çok acı veriyor; ama bunu Monsenyör'e söylemem gerektiğini de biliyorum.

Tabii ki yerime birini bulması için ona bolca zaman vermeli ve şu anki çalışmamızın sonunu getirmeliyim. Her şey çok açık görünüyor yine de... Ve tabii ki Madam'la yaşadığım sıkıntıdan Clara'ya bahsedemem. Yarın ayın son pazarı.

### *Mayısın Son Pazarı*

Açık renk kıyafeti ve şalı içinde ne kadar da güzel görünüyordu; gözleriyle beni aradığını görünce kalbim yerinden fırlayacakmış gibi oldu. Hanımefendiler her zamanki gibi manalı manalı gülümseyerek bizi baş başa bıraktılar.

Söyleyecek o kadar çok şeyim vardı ki; ama her seferinde aklımdan geçen şu ses kulaklarımı sağır ediyordu: "Ona verecek neyin var? Ne verebilirsin ki?"

"Çalışmalarınız nasıl gidiyor Mösyö?" dedi kibarca, ciddi bir ifadeyle.

"Yavaş gidiyor. İkimiz de yeteri kadar kimya bilmiyoruz. Monsenyör rehberlik etmesi için Mösyö Senebier'den yardım isteyecek."

"O alanda iyi biri. Mösyö Lavoisier'e çok üzüldüm" dedi.

"Evet. Ne büyük bir kayıp. Onun çalışması üzerinde araştırma yapıyorduk, o yüzden ölümü bizim evi daha da fazla sarstı. Monsenyör derinden etkilendi."

Başını salladı. "Kör olunca, bu tür şeyler daha da kötü geliyordur insana. Demek istediğim..." Kafasını salladı, demek istediği şeye odaklandığı için kaşları çatılmıştı; böyle anlarda onun canını sıkan şeyi ortadan kaldırmak istiyordum. "Gördüklerinin verdiği teselli olmadığında böyle şeyler insanı daha derinden etkiliyor olmalı."

"Evet. Ve bu benim için her şeyi daha da zorlaştırıyor."

"Ne açıdan?" Sesi sorgulayıcıydı ama cevabı zaten biliyor gibiydi. Bu ona söyleyebileceğim en kolay şeydi.

"Hizmetinden ayrılmaya karar verdim." İşte, sonunda söylemiştim ve şimşekler çakmamış, dünya altüst olmamıştı. Ancak yüzü yeni, daha derin bir ifadeye büründü; aniden aramızdaki nezaketin yerini samimiyet aldı.

"Bu kararı verirken zorlanmış olmalısınız."

Konu hakkında geçmiş zaman kullanarak konuşması kendimi daha güçlü hissetmemi sağlamıştı. Bu artık verilmiş bir karardı. Şimdi sorunlar başkaydı. (Ne yapacaktım? Ona nasıl söyleyecektim?)

"Evet, öyle oldu. Ona hizmet artık bana ağır geldiği için değil, bununla alakası yok; ama kendime ait bir hayat kurmak için onu bırakmak zorundayım. Tam dokuz yıl oldu. Monsenyör'ün Madam'la evlendiği zamanki yaşından daha fazla şu anki yaşım. Ortada görevimin hayatım boyunca süreceği şeklinde bir anlayış olduğunu da sanmıyorum."

Yavaşça başını salladı. "Dokuz yıl oldukça uzun bir zaman. Kimse sizi sadakatsizlikle suçlayamaz."

"Umarım suçlamaz. Ona ne kadar çok şey borçlu olduğumu biliyorum. Onsuz hâlâ bir tarla işçisi olabilirdim."

"Bundan emin değilim Mösyö. Eğer Mösyö Huber olmasaydı başka bir fırsat çıkardı karşınıza."

"Hiç böyle düşünmemiştim."

"Onun size verdiklerini küçümsemek için değil. Ama sanırım karşılığını fazlasıyla ödediniz. Onun için büyük bir kayıp olacak, bunu inkâr edemeyiz."

"Biliyorum, o hayatta incitmek isteyeceğim en son insan. Efendisini bırakan birinden çok çocuğunu terk eden bir baba gibi hissediyorum kendimi."

"Niyetinizi biliyor mu?"

"Hayır. Sanırım beklenmedik bir haber olacak."

Bir süre hiç konuşmadan yeni yeni açan yaprakların gölgesinde, erken açan yaz çiçeklerinin üzerinde beslenen arılara bakarak yürüdük. Her şey daha canlı ama aynı derecede daha kırılgan görünüyordu.

"Ee" dedi, "oradan ayrıldıktan sonra ne yapacaksınız?"

"Asıl zor olan da bu. Emin değilim."

İnanmıyormuşçasına kaşlarını çattı. "Ne yapmak isterdiniz peki?"

Bir an tereddüt ettim. Aptal gibi görünmek istemiyordum ama konu buraya kadar gelmişti. Yapmak istediğim şey şu anki konumumdan çok uzaktı ve başarmam da mümkün görünmüyordu. "Felsefi metinlerin ağırlıkta olduğu bir kitapçı açmak istiyorum. Her türlü şey, eski kitaplar, yeni çalışmalar, aylık dergiler, eleştiriler, bilimsel çalışmalar ve kitapçıklar."

"Kulağa iyi bir fikir gibi geliyor" dedi hemen. "Neden yapamayasınız ki?"

Hayalim o kadar uzun süre söze dökülmeden kalmıştı ki, birden onu bir başkasına anlatmak beni şaşkına çevirmişti. Sanki bir zaafımı açığa çıkarıyordum; yine de bu, fikrimi hayal aleminden çıkarıp bir ihtimale dönüştürmüştü. Sorduğu soru bunu daha farklı açıdan düşünmemi sağlamıştı.

"Şey, sermaye sorunu var. Satılacak malzemeleri almak için oldukça fazla paraya ihtiyacım olacak ama hiç param yok."

Omuzlarını silkti. "Burası Cenevre. İnsanların parası var. Onlar da iyi yatırımlar arıyorlar."

Fakat aniden hizmetçilikten çıkıp kendi efendim olamazdım. "Henüz yeterli bilgiye sahip değilim. Monsenyör'ün kütüphanesindeki kitaplardan çok şey öğrendim; ama onlar genelde tabiatla ilgiliydi. Öteki alanlardaki bilgi dağarcığımı da genişletmeliyim."

Onayladı. "Asıl zor olan bu." Bana baktı, ne tatlı gülümsüyordu. "Ama bir yolunu bulacağınızdan eminim."

"Umarım bulurum" dedim, nasıl olacağına dair hiçbir fikrim yoktu. Ve bu şu anda en önemsiz şeydi; çünkü yapabileceğime o inanıyorsa ben de inanıyordum.

Hanımefendiler yürüdükleri yolun sonuna gelmişlerdi. "Bunu sizinle konuşmanın bana çok yardımı oldu Matmazel. Şimdi her şey daha net görünüyor."

Gülümsedi. "İyi şanslar Mösyö." Elini öptüm. Arkadaşlarına katıldı; arkalarını dönüp bana el salladılar.

Eve doğru yürürken sanki bir şeyler sonsuza kadar değişmişti. Ancak Pregny'ye yaklaştıkça içeri girip kararımı dosdoğru açıklayamayacağımı anladım. Hiçbir şey göründüğü gibi basit değildi.

Hâlâ kimseye Clara'yla buluşmalarımızdan söz etmedim. Hem bu sadece beni ilgilendirir zaten, söylenecek ne var ki? İkimiz arasında bir şeyler varsa da henüz söze dökülmüş değil.

*2 Haziran*

"En baştan başlayalım" dedi Monsenyör. "Arıların havayı solumaya ihtiyaçları olup olmadığına bir bakalım."

Derin bir nefes aldım. Temel kurallardan başlamamız çalışmanın sonsuza kadar süreceği anlamına geliyordu. Yine de onları gerektiği gibi havasız bir şişeye koydum; basınç düştüğü anda hareketsiz kalıyorlardı, tıpkı ölü gibi. Tekrar hava verdiğimde kendilerine geliyorlardı. (Tanrı'ya şükür.)

Böylece soluk almak için havaya ihtiyaçları olduğunu anlamış olduk. Çok da olağanüstü bir durum değil.

Mösyö Senebier'le işimiz bitmeden niyetime ilişkin bir şey söylememeye karar verdim. Bu Monsenyör için önemli bir olay ve öncesinde Monsenyör'ü üzmek zalimlik olur.

### *3 Haziran*

"Havayı daha yakından inceleyelim."

Verdiği talimatlara göre üç şişe hazırladım. İlkinin ağzı hava almayacak şekilde kapatılmıştı ve içinde işçi arılar vardı; ikincisinde de işçiler vardı ama hava girebiliyordu. Üçüncüsündeyse erkek arılar vardı ve ilki gibi kapalıydı.

Öğlen 12.00. Deney başladı. Sıcak, güneşli bir gün. Nedense kendimi hasta hissediyorum.

12.15. Birinci ve üçüncü şişedeki arılar acı çektiklerine dair belirtiler gösteriyorlar: Halkaları şişip şişip iniyor, derin derin nefes alıyorlar ve şişenin kenarındaki nemi emiyorlar.

12.30. Balla çevrili bir çöpe asılı bir arı sürüsü aniden düşüyor ve arılar kalkamıyorlar. Aynı şey üçüncü şişedeki erkek arılar için de geçerli.

12.45. Hepsi oksijensiz kaldılar. Çıkarıp temiz havaya çıkardım onları ve birkaç dakika içinde işçi arılar kendilerine geldiler. Erkek arılardan hayatta kalan olmadı. Havanın içeriye girebildiği ikinci şişedeki arılara ise hiçbir şey olmadı. Erkek arıların ölümü acaba oğul kovandan ayrıldıktan sonra işçi arılar tarafından katledilmelerinden daha mı çok acı verdi diye merak ediyorum.

Birinci ve üçüncü şişelerdeki havayı denedim, içlerine koyduğum yeni arılar neredeyse boğuluyorlardı ve mum da yanmıyordu. Monsenyör yeteri kadar oksijen olmadığını kesinlikle söyleyebilirdi.

Bu ayrıntılar elbette, Monsenyör'e söylemek istediğim geleceğime ilişkin planlarımın, Clara'nın ve soğuk tavrını sürdüren Marie-Aimée'nin içimde oluşturduğu huzursuzluğu şimdilik dindiriyor.

*5 Haziran*

Mösyö Senebier'le randevumuz için beklerken Monsenyör de, Swammerdam'ın kurtçukların göğsünde ve karnında bulduğu soluk borusu üzerinde düşünüyor. Aynı şey büyükler için de geçerli miydi? Vücutlarının çeşitli kısımlarını suya sokmamı istedi.

Sadece başı suda otuz dakika kaldığında arıya hiçbir şey olmuyor; ancak başı sudan çıkar çıkmaz neredeyse hemen boğuluyor.

Başı ve göğsü birlikte suya sokulduğunda boğulmadan önce birkaç dakika mücadele ediyor. Başı ve karnı sokulduğunda ve göğsü serbest bırakıldığında kötü şekilde etkilenmiyor.

Tamamıyla suya sokulduğundaysa çabucak ölüyor; ama bu hava baloncuklarını gördüğümüzde oluyor. Swammerdam'ın soluk borusuyla ilgili gözlemlerini onaylayıp onun gözden kaçırdığı iki tanesini daha buldum.

Monsenyör çok memnundu. "İşte *Observations*'ın ikinci cildinde yer alacak bir şey daha. Mükemmel iş Burnens."

Ama biliyorum ki onu yazmak üzere burada olmayacağım. Kendimi hain gibi hissediyorum.

*10 Haziran*

Marie-Aimée buz gibi bakışlar fırlatarak hışımla yanımdan geçiyor. Başka kimse fark ediyor mu, bilmiyorum. Monsenyör'ün fark etmediği kesin.

Teorik olarak, Huberlerden biraz daha fazla para alıp bir yer kiralayabilirsem ve Clara'nın çalışmalarından kazandığını da hesaba katarsak, Monsenyör'ün sekreteri olarak kalsam da geçimimizi sağlayabiliyoruz. Ama bana daha fazlasını ödeyemezler ve ödeyebilseler bile Marie-Aimée yüzünden bu imkânsız; gitmem için hiçbir nedenim olmasa bile bu gitmek istememe sebep oluyor.

*12 Haziran*

Mösyö Senebier üç gün boyunca her gün geldi. Yanında ölçü malzemelerini ve çeşitli kimyasal maddeler de getiriyordu. Hiç oksijenin bulunmadığı havayı azotlu gazla ölçmeyi öğrendik. Bunu da, havanın kireç suyundaki kireci çökerttiğini gözlemleyerek onayladık. Mösyö Senebier çimlenmeyle de ilgileniyor; salatalık tohumlarının bu havada çimlenmeyeceğini de ortaya çıkardık.

Saf oksijenin içinde arılar normalden sekiz kat daha uzun süre yaşıyorlar; ancak sonunda bütün oksijen karbonik asit gazına dönüştüğünde ölüyorlar. Karbonik asit gazı içinde hemen oksijensiz kalıyor ancak temiz havaya çıktıklarında kendilerine geliyorlar.

Sülfür ve ıslak demir talaşından hazırlanmış nitrojenin içine koyulduklarında hemen ölüyorlar, çinkodan hazırlanmış hidrojende de aynı şey oluyor.

Çırpınmalarını duygusuzca izlemek benim için çok zor oldu. Geçmişte yiyeceklerini ve yaşadıkları yerleri onlara zarar verecek şekilde değiştirdiğimiz oluyordu; ama elde edilen bilgi yanında kabul edilebilir bir bedeldi bu. Gazınsa o kadar korkunç etkileri oluyor ki, elde ettiğimiz sonuçları haklı çıkaramıyorum. Monsenyör'e gördüklerimi anlatırken çıkan ses tonum da bunun bir ölçüsü. Kendi gözleriyle görebilseydi farklı davranacağını düşündüğüm nadir durumlardan biri. Kanatlarını kesmek, bunu gözünde canlandırabilir. Ama gaz verilerek gelen ölümü, görmediyseniz hayal etmek zor.

Yarın ona gitmem gerektiğini söyleyeceğim.

### *13 Haziran*

Kovanların oradaydık, o kendi sandalyesinde oturuyordu ben de kendiminkinde... Yıllarca, yüzlerce saatimizi burada geçirmiştik.

"Oğulun kovandan ayrılışını ya da döllenmiş kraliçenin dönmesini nasıl beklediğimizi hatırlıyor musun?" dedi. Sesinde hüzünlü bir tını vardı, acaba benim için konuyu mu açıyor diye merak ettim. Sebebi her ne olursa olsun bu fırsatı kaçırmak istemedim.

"Efendim, kendimi o sürünün konumunda hissediyorum. Demek istediğim sevdiğim her şeyi bırakmak zorundayım."

Yüzünün bir anlık kasılmasından söylemek istediğim şeyi hemen anladığını fark ettim. "İşte gelmesi beklenen o an" dedi. "Yanımda çalışmaya başladığın ilk günden beri."

"Üzgünüm, efendim."

Yan tarafa dönerek elleriyle yüzünü kapattı; Dr. Wenzel yıllar önce ona kör olacağını söylediğinde bir de babasının gözyaşlarının ağırlığını taşımak zorunda kaldığı o korkunç an gelmişti aklıma birdenbire. Birkaç dakika içinde her zamanki ağırbaşlı tavrını takındı; ancak beraber geçirdiğimiz onca yıl boyunca bu ifadeyi takınmak için bu kadar çaba sarf ettiği bir anı hatırlamıyorum.

Sonra kafasını sallayıp kolumu tuttu. "Bunun sonsuza kadar süreceğine inanmaya en hazır insan da olsam, bir gün bunun olacağını biliyordum. Bir gün gitmen gerekiyor. Çırağını serbest bırakan bir usta ya da oğlunun gitmesine izin veren bir baba gibi seni dualarımla yollayacağım."

"Bu benim için dünyalara bedel, efendim."

"Gitmek zorundasın, aksi halde hep çırak olarak kalacak, hiçbir zaman usta olamayacaksın. Ve iyi bir usta olabilirsin."

"Teşekkürler, efendim. Olursam, bu, en iyi örneğe sahip olduğum için olacak." Bu sözler duygularımı tam olarak ifade etmeme yetmiyordu; ama her zaman olduğu gibi böyle önemli bir anda kelimeler beni yalnız bırakmıştı. Minnettarlığımı belirtmek için ona bir mektup yazmaya karar verdim.

Derin bir nefes aldı. "Senin gibi birisi asla olmayacak, François."

"Ama Madam var efendim, hem çocuklar da artık büyüdüler ve annelerine eskisi kadar ihtiyaç duymuyorlar. Ben gelmeden önce size o yardım ediyordu."

"Öyle, hem de çok. Ama zaman değişti."

"Hem oğlunuz, efendim. Pierre yetenekli bir gözlemci."

"Evet, öyle. Arılar konusunda yardımcı olacaktır; ama onlarla senin ilgilendiğin şekilde ilgilenmiyor. Asıl ilgilendiği karıncalar. Ve benim ilgimi başka bir şey üzerine yoğunlaştırmam için de çok geç artık. Yeni bir alanda çalışmaya başlamak için fazla yaşlıyım, ayrıca bu onun alanı."

"Ama yabanarılarıyla ilgileniyor."

"Evet; çünkü ben ilgilenmiyorum." Gülümsedi. "Kendi yolunu seçtiği için onunla gurur duyuyorum. Başka yöne hiç sapmadan babasının ayak izlerini takip etmek zorunda kalsaydı, zavallı biri olurdu."

"Siz de bunu yapmadınız, efendim."

"Sen de François, sanırım ikimiz de bu yüzden daha mutluyuz. Huzur içinde yatsınlar."

"Amin."

"Bu arada genç Augustin de babasıyla mücadele içinde. Kimin kazanacağı, taraflar dışında herkes için çok açık. Vasat bir doktor olabilirdi, oysa muhteşem bir botanist olacak." Kalkıp birkaç adım yürüdü. "Ama neden şimdi François? Neden altı ay önce ya da bir yıl sonra değil de bugün?"

"Bir hanım söz konusu, efendim."

"Ah hanımlar, hep bir şeylere yol açarlar. Kim olduğunu öğrenebilir miyiz?"

"Matmazel Jurine."

Kocaman bir gülümseme belirdi yüzünde. "Onu tanıdığım kadarıyla daha iyi bir seçim yapamazdın. Yine bildiğim kadarıyla eğer seni seçerse bu senin için bir şeref olacaktır."

"Daha çok erken, efendim, hiçbir şey karara bağlanmış değil. Ona henüz bir şey söylemedim. Zaten yapamam, planlarım daha uzun vadeli."

"Senin için ne yapabileceğime bir bakayım."

"Çok teşekkür ederim, efendim; ama kendi yolumu kendim çizmeliyim."

"Bir bakalım, bir bakalım." Kovanların arasında her zaman yaptığı gibi bir o yana bir bu yana yürüyordu. "Biz de bir şeyler yaptık değil mi François? İkimiz birlikte gözlemler, buluşlar, bütün hayatın boyunca gurur duyabileceğin şeyler yaptık."

"Öyle, efendim. Kimsenin itiraz edemeyeceği şeyler gözlemledik."

"Yaptıklarımız bir kez daha yapılamaz. Sen gittikten sonra yerine bir başkasını bulamayacağım. Bu ciddi çalışmalarımın sonu olacak."

"Bu doğru değil, efendim." Doğru olduğunu biliyordum. Ama sadece benim yüzümden değil, işin önemli kısmı zaten yapılmıştı. Bazı doğrulamalar ya da avutucu şeyler olacaktı; ama asla geçmişteki heyecan olmayacaktı.

Gülümseyerek, "Belki de Matmazal Jurine'e soluk borusunu çizip çizemeyeceğini sormalısın?" dedi.

"Peki, efendim."

"Hemen ayrılmayacaksın, değil mi?"

"Hayır, elbette hayır. Solunum üzerindeki çalışmalarımızı bitirmemize ve yeni birini bulmanıza yetecek kadar zaman olacak."

"Yeni birini yetiştirmeye gönlümün el vereceğinden emin değilim."

Bu konuda söyleyebileceğim bir şey yok. Onun yerinde olsam ben de aynı şeyleri hissederdim. Sadece üzerime düşeni yaptığım için son derece rahatladım.

### *16 Haziran*

Birkaç gün içinde kasabaya gitmem gerektiğini söylememe gerek yok; hem çizilecek örnekleri Clara'ya götürebilirim diye düşündüm. Evine gittiğimde henüz dönmediğini duyunca hayal kırıklığına uğradım. Babası beni çalışma odasına davet etti, bir süre kitaplarından bahsettik. Önceden bildiğim bazı metinlerin farklı basımlarını görünce büyülenmiştim. Ne kadar zamandır Mösyö Huber'in sekreteri olduğumu sordu.

"Dokuz yıldır efendim, başladığımda sadece bir uşaktım."

"Onunla bu kadar uzun zamandır birlikte olduğunuza göre işini çok ilginç buluyor olmalısınız."

"Evet, efendim, çok şey öğrendim."

"Kendi adınıza bir şeyler yapmayı düşünüyor musunuz?"

"Evet, efendim, yapmam gerektiğini düşünüyorum."

"Ama ayrılırsanız Mösyö Huber sizi çok özleyecektir."

"Evet, özleyecek. Gelecekle ilgili kesin planlarım olmasa da ona ayrılma niyetimden bahsettim."

"Ne, hiç mi yok?"

"Bir hayalim var; ama henüz gerçekleştirecek bir yol bulamadım."

"Hayaliniz nedir?"

Clara acaba bundan bahsetti mi diye merak ettim. Buluşmalarımızdan ailesine bahsetmemesi için hiçbir sebep yoktu. "Bir kitapçı dükkânım olsun istiyorum, efendim. Felsefi metinlerin ağırlıklı olarak yer aldığı. Monsenyör kütüphanesini istediğim gibi kullanmama izin vermişti ve kitapları çok severim. Bu ilgim geçimimi sağlayacak olursa kendimi çok şanslı sayarım."

Başını salladı, bunu tıpkı Clara'nın yaptığı gibi yaptığını görmek beni çok şaşırtmıştı. "Böyle bir girişim için çok uygun bir zaman. Bugünlerde o kadar çok buluş var ki, yenilerine de yol açıyorlar. Zengin bir alan ve bilgili biri çok başarılı olabilir. O zaman neden sadece bir hayal olsun ki?"

"Elimde hiç sermayem yok. Yıllar boyunca küçük bir miktar kitap topladım; ama bir iş kurmak için yeterli değil. Hem Monsenyör'ün kütüphanesini yakından tanısam bile çok ayrıntılı bilgiye sahip değilim. Ona karşı görevlerim başka kütüphanelerde istediğim kadar zaman harcamama müsaade etmiyordu. Bununla geçimimi sağlamayı düşünüyorsam şimdi olduğumdan çok daha bilgili olmak isterim. Sonuçta insan para kazanabiliyorsa, kaybedebilir de."

"Tabii bunu da kimse istemez. Özellikle de geçiminizi sağlayan bir müessese söz konusuysa."

"Evet efendim, aynen öyle."

Müsveddeler, kitaplar, notlarla dolu büyük masasının ardında, dönen bir sandalyede oturuyordu ve hafifçe döndü. "Sanırım kızımla bir ya da iki kez pazar yürüyüşlerinde karşılaşmışsınız."

"Evet, efendim."

"Sizden çok iyi bahsediyor."

"Çok nazik."

"Hak ettiğinizden fazlası değil, duyduğuma göre."

(Beni araştırmış mıydı?)

Bir an duraksadı, piposunu tekrar yakmak için uğraştı. "Mösyö Huber'le aranıza girmek istemem. Hizmetinden ayrılmak istediğinizi söylemiş olmanıza sevindim. Açık konuşabilirim. İşin aslı benim yaşlı bir dostum, çok zengin biri geçen yıl öldü. Oğluna büyük bir kütüphane kaldı; çok güzel kitaplar var ama hepsi karmakarışık bir durumda. Kütüphaneci olarak önerebileceğim biri olup olmadığını sordu bana, kitapları düzene koyup listesini yapacak biri. Tahminine göre yaklaşık üç yıllık bir iş. Siz aklıma geldiniz."

"Teşekkürler, efendim. Çok minnettarım. Muhteşem bir fırsat gibi görünüyor."

"Vaud'da çok hoş bir yer. Ayrıca küçük bir ev de olacak. Zengin biri ama çok zeki. Onun için en önemli şey işin iyi yapılması. Oldukça cömert davranacağından eminim."

Düşünceler beynimde uçuşuyor ama bir tanesi gözlerimin önünde duruyordu. Bir evim ve maaşım olursa, karıma sunabileceğim bir şeylerim var demekti.

Matmazel Jurine küçük bir çocukla bir not yollamıştı. Kasabada bir arkadaşıyla karşılaşmıştı ve beraber kahve içiyorlardı, o yüzden biraz gecikecekti. Zaten davet edilmeden gelmiş olduğum için daha fazla kalmanın doğru olmayacağını düşündüm. Beni kaçırdığını duyduğunda acaba o da üzülür müydü? Kalbimin derinliklerinde üzüleceğini hissettim.

Elimdeki örnekleri Matmazel Jurine için bıraktım. "Bu işle çok ilgileniyorum Mösyö."

"Güzel, güzel. Onunla konuşacağım. Bir buluşma ayarlarız."

Pregny'ye doğru yürürken yıllar önce uşak olduğumu öğrendiğim günkü neşeyi hissettim. O zaman Vaud'dan ayrıldığım için heyecanlanıyordum, şimdiyse yeni bir sıfatla geri dönmek istiyordum. Ama o zaman annem bu habere sevineceği için mutluydum, şimdiyse o cömert ruhuna rağmen Monsenyör'ün duygularının altüst olduğunu biliyorum.

### *2 Ağustos*

Bu Fransa'daki son fırtına mı olacak? Robespierre de giyotinle öldürüldü. Daha ne kadar ileri gidebilirler? Ölümünden önceki altı hafta içinde yaklaşık bin üç yüz idam gerçekleşti. Ulusal Konvansiyon, Kamu Güvenliği Komitesi'ne karşı olduğunu ilan etti. O, zamanın en muhteşem konuşmacısı, tutuklandığında kendini savunacak sözleri bir araya getiremedi. İnsanlar boğazını tıkayanın Danton'un kanı olduğunu söylüyorlar.

Sadece otuz altı yaşındaydı. Bugünlerde insanlar hızlı yaşayıp hızlı ölüyorlar.

Matmazel Jurine'le ilgili planlarımdan henüz kimseye bahsetmedim. Her şey kararlaştırılmadan söylemek doğru olmayabilir. Marie-Aimée ise aksi tavırlarıyla gitmemi daha da kolaylaştırıyor. Monsenyör orada olmadığı zaman mektupları kütüphane masasının üzerine fırlatıyor, bense onları sakince topluyorum. Monsenyör'ün ona kararımdan bahsetmiş olması gerekir; ama bundan hiç söz etmiyor.

En kısa zamanda kütüphanecilik işi olsun diye dua ediyorum.

*3 Ağustos*

"Yeni bir deneye başlayabilir miyiz?" diye soruyor Monsenyör nazikçe.

Sonuna kadar devam edip edemeyeceğimi sorduğunu biliyorum. "Elbette, efendim."

"Güzel. Şimdi, Mösyö Senebier kovandan farklı zamanlarda aldığın havayı inceledi ve dışarıdaki saf havadan hiçbir farkı olmadığını buldu. Öyleyse arıların kendisi ya da kovandaki başka bir şey mi bu oksijeni üretiyor?"

Bunun, bir deney sürecinden beraber son geçişimiz olması itibariyle dokunaklı bir yanı vardı. Soruları sorarken sesi ciddiydi, benimki de; ama ikimizin de sesinin tonunda geçmişi anan bir şeyler vardı.

"Bir şişeye balmumu ve polen koyarak on iki saat beklet. Bir şey üretiyor mu bir bakalım."

Şişedeki havada oksijen açısından hiçbir artış yoktu. Monsenyör henüz tatmin olmamıştı. "Eğer kovanda oksijen üretecek bir şeyler varsa girişin kapalı olmasının onları etkilememesi gerek."

Akşamüstü saat 15.00. Bir kovanın girişini hiç hava girmeyecek şekilde kapattım. İçim acıyordu. Sanki bir çalışma değil de mesleğimi yapıyordum. Monsenyör'ün de şüpheleri yok değildi. "Ne olacağını biliyorum" dedi. "En azından oldukça eminim. Ama yine de yapmalıyım, bir şeyleri göz ardı ettiğim gerekçesiyle suçlanmamam lazım."

Deneyi yapmanın bilimsel bir amacı olduğunu biliyorum, yine de Monsenyör'ün biraz daha otoriter olmasını dilerdim. Bence körlüğü bazen kavrayışını da kör ediyor.

15.15. Arılar huzursuzlanmaya başlıyorlar. Çalışmayı bırakıyorlar ve bir dakika sonra peteklerin üstündekiler ve altta toplanmış bütün arılar kanatlarını çırparak alışılmadık bir gürültü çıkarıyorlar.

15.25. Artık kanat çırpışları daha zayıf. Güçsüzleşiyorlar.

15.37. Artık kanatlarını kullanmıyorlar. Peteklere tutunamıyorlar, yere düşüyorlar. Yüzlercesi, binlercesi, hepsi düşüyor.

"Hâlâ hareket ediyorlar mı?"

"Bazıları kıpırdıyor. Şimdi hiç hareket yok. Hepsi boğuldu. Saat üçü kırk geçiyor."

"Kovandaki sıcaklık ne?"

"Doksan beşten yetmişe düştü, dışarıdaki havayla aynı."

"Girişi aç, onlara oksijen ver."

Elimden geldiğince hızlı yaptım bunu. Sonuç dikkat çekiciydi.

15.45. "Canlanıyorlar. Karınlarındaki halkalar her zamanki gibi hareket ediyor. Kanat çırpıyorlar. Bazıları yeniden peteklere tırmanıyor."

"Tanrı'ya şükür." Monsenyör bir aşağı bir yukarı yürüyor. "Böylece arıların kovanda oksijen sağlayan bir kaynakları olmadığı sonucuna varabiliriz. Peki içeri hava nasıl giriyor? Kovanın boyutlarının hava akımına müsaade etmediğini biliyoruz; kovan kapatıldığında da ölüyorlar."

"Efendim, kanatlarını çırptıklarında bizim duyabileceğimiz kadar büyük bir gürültü oluşuyor. Orada bir kuvvet var. Bu hava akımı için yeterli olabilir mi?"

"Bu çok küçük bir şey, bir arının kanat çırpışı. Gerçekten böyle bir etkisi olabilir mi? Ama bu çok basit, sade bir çözüm olur. Kanat çırpan bir arının yanında durduğumuzda yarattığı hava akımını hissedebiliyoruz. Binlercesi bir aradayken..." Biraz daha yürüyor. "Eğer kovanın içinde hava akımı yaratabiliyorlarsa bunu kovanın dışından da kanıtlayabilmeliyiz. Kovan girişine rüzgâr basıncını ölçebilen yeterince hassas bir anemometre koyabilirsek... Ne yapabileceğimize bir bakalım."

### *6 Ağustos*

Ilık bir gün. Sıcak, rüzgâr yok. Kovanın girişine bir tüy yerleştirdim. Tüy dikine dört beş santim hareket etti. Böylece kovanın girişinde hava akımının var olduğunu göstermiş olduk, arıların soluyarak kirlettikleri havanın hemen temiz havayla yer değiştirdiğini de söyleyebiliriz. Ve bütün bunlar arıların kendi çabalarıyla gerçekleşiyor.

Bu, yaz çalışmalarının sonu. Bunca yılın ardından Pregny'deki son deneyim. Basit bir gözlemle son vermek güzel. Yıllar boyunca yaptığımız o "basit" ama büyük şeyler keşfettiğimiz deneyleri hatırlatıyor.

### *7 Ağustos*

Mösyö Jurine'den gelen bir not üzerine bir kahvede onunla ve Mösyö Duval'la buluştum. Mösyö Duval utangaç, alçakgönüllü bir adam. Onu çok sevdim, şartlar konusunda kolayca anlaşıp el sıkıştık. Daha da önemlisi ikimizin de ortak noktası olan konuda anlaştık: listeleme ve onun nasıl yapılacağı konusu. Sonbaharda başlamamı istedi, ben de yeni evime kıştan önce taşınmayı çok istiyorum. Artık Monsenyör'e verebileceğim bir tarih var.

### *9 Ağustos*

Matmazel Jurine'den soluk borularının çiziminin hazır olduğuna dair bir not geldi. Bu sefer, babası kapıyı açtığında üst kattaydı ve bir dakika içinde aşağıda olacak gibi görünüyordu. Bir kez daha çalışma odasına gittik.

"Efendim, Mösyö Duval'ın yanındaki işim kesin gibi görünüyor."

"Bundan eminim."

"Efendim, ben sadece aşkımı, iyi niyetimi ve çalışkanlığımı sunabilirim. Bu kızınızla birlikte olmama izin vermeniz için yeterli mi?"

Güldü. "İzin veriyorum Mösyö ve iyi şanslar diliyorum. Deneyen ilk kişi sizi değilsiniz ama bana söylediklerinden anladığım kadarıyla ötekilerden daha fazla şansınız var."

O sırada Clara elindeki çizimlerle birlikte yanımıza geldi ve biraz daha mürekkep almak için kasabaya inmek zorunda olduğunu söyledi.

Ben de ona eşlik ettim. Kendimi yeni konumum hakkında heyecanlı heyecanlı konuşurken buldum. Gülümsedi. Bu işin istediğim derinlikteki bilgiyi bana nasıl sağlayacağını anlatıyordum. Gülümsedi.

Ona bir zamanlar köyümden nasıl babamın gölgesi altında ayrıldığımı, şimdiyse servet sahibi olmasam da isim yapmış, güvenilirliğe sahip biri olarak dönmek için nasıl da can attığımı anlatırken buldum kendimi. Düşünceli bir şekilde başını sallıyordu.

Birden durdu ve göz göze geldik. "Çok açık" dedi, "bir eşe ihtiyacın var." Yüzünde bir gülümseme vardı. Ah, o gülümsemenin içinde kaybolabilirdim.

"O eş sen olur musun Clara? Olur musun?"

Cevap dudaklarında, gözlerindeydi. Onu Cenevre'nin bir caddesinde öpüyordum. Yanımızdan geçen evli kadınlar bize ayıplayan gözlerle bakıyorlardı; gülüştük.

### *15 Ağustos*

Monsenyör'e ayrılış tarihini söylediğimden beri sanki Marie-Aimée'ye bir şeyler oldu. Elbette Clara'yla nişanlandığım artık herkes tarafından biliniyordu ve bu bir şekilde onun soğuk tavrını kırmıştı; şimdi daha yumuşak ve candandı. Bir veda yemeği düzenlenmesi gerektiğine karar verdi. Bütün hizmetkârlar davetliydi ve onların tam anlamıyla eğlenebilmelerini sağlamak için bütün servisi tek başına yapmaya karar verdi. Martha nişanlısıyla, Sarah kocasıyla ve tabii ki Clara da benim nişanlım olarak veda yemeğine geliyordu.

Öğlen vakti Anna'ya talimatlar yağdırmaya ara verip benimle yürüyüşe çıkmak istedi. Seve seve kabul ettim ve daha önce gittiğimiz yolda yürümeye başladık: Karatavuğun yuvasına ya da porsuk yuvasına giderken yürüdüğümüz yolda. Artık aramızda hiçbir gerginlik yoktu. Her şey çözülmüştü ve söyleyeceklerinden korkmuyordum.

"Koluna, François, son bir kez koluna girebilir miyim?"

Kolumu seve seve uzattım. Her zamanki yolda yürüyorduk, çitler yazın bu son günlerinde tozla kaplanmıştı.

"Çok uzun zaman oldu."

"Evet, Madam." Aramızda gerginlik olmadığı zamanlardan mı bahsediyordu bilmiyordum.

"Yıllar geçti, François. Hayatımın en güzel yılları. Pierre'in çocukluğu ve küçük Marie'nin doğumu. Kocamın çalışmaları. Sen ise hep çok sadıktın, daha fazlasını kimse yapamazdı."

"Umarım öyledir Madam."

Gülümsedi. Omuzlarını silkti. "Her şeyin bir sonu olmalı. Ah, artık daha yaşlıyız."

"Geldiğimde bir çocuktan farkım yoktu, şimdiyse bundan çok daha fazlasıyım. Her şey sizin ve tabii ki Monsenyör'ün sayesinde oldu Madam."

"Gitmen gerektiğini bilmek, bu her şeyi değiştiriyor. Bir zamanlar, sanki sonsuza kadar hiçbir şey değişmeyecek gibiydi. Şimdiyse bir şeylerin değiştiğini görmek zorundayım. Kocam sizi çok özleyecek."

Kendi duygularından bahsetmediğini fark etmiştim. "Ben de sizi, hepinizi, kelimelerle ifade edemeyeceğim kadar çok özleyeceğim. Pierre'in varlığı beni mutlu ediyor. İyi kalpli, genç bir adam. Artık babasına daha çok yardımı dokunabilir. Ve size de büyük destek olacağından eminim."

"Evet, olacak. Onun da gitmesi gereken zaman gelene kadar." Bana baktı, ben de onun gözlerinin içine baktım; artık gizli bir şeyler yoktu çünkü.

"Güle güle sevgili François."

Bu sefer, dudaklarını bana doğru uzattığında onu kollarımda sıkı sıkı tutabildim, kuzenler gibi öpüşüp eve doğru kol kola yürüdük ve yüreğimiz hafiflemiş bir şekilde, "Hatırlıyor musun?" diye başlayan hikâyelerimizi anlatıyorduk. Tavrını neyin değiştirdiğini anladığımı söyleyemem; ama buradan güzel anılarla ayrıldığıma seviniyorum.

## *16 Ağustos*

Böylece son kez bir araya geldik. Masa küçük Marie tarafından özenle hazırlanmıştı

Madam hepimize bizzat hizmet etme kararını mümkün olduğunca sürdürmeye çalışsa da, onun çorba kasesiyle içeri girdiğini gören Martha'yla Sarah kaşlarını kaldırıp birbirine bakarak nazikçe bu görevi devraldılar.

"Madam, biz burada otururken kendimizi çok rahatsız hissediyoruz. Lütfen izin verin..."

Madam izin verdi, biz de rahatladık. Masadaki insanları şöyle bir süzdüm. Martha, geldiğimde ördekleri kovalayan genç bir kızdı. Şimdiyse müstakbel kocasının yanında nasıl da ağırbaşlı. Evi kusursuz derecede düzenli olacak. Sevgili Sarah, işinde çok başarılı; iyi, sessiz kocası ve uyuyan küçük

François'yla birlikte. Anna, kaya gibi sert, şartlar ne olursa olsun ev işlerinin düzenli bir şekilde yapılmasını sağlıyor. Jacques, yapılacak günlük işlerinde Monsenyör'ün gözü, her zaman yapılacak bir iş var mı diye bakar. O nasıl çiçekleri üzerindeki çalışmalarının meyvelerini alacaksa, ben de Monsenyör'e gösterdiğim özenin meyvesini alacağım. Küçük Marie, babasının gözbebeği. Pierre, artık çok şey vaat eden genç bir adam.

Ve Clara tabii ki; geleceğimi beyaz ellerinde tutan kadın. Marie-Aimée o geldiğinde biraz sorun çıkardı ama, Clara tam da tahmin ettiğim gibi çok doğal ve nazik davrandı.

Monsenyör (az önce kulağıma Clara'nın ses tonundan onun güzel bir kadın olduğunu anladığını söyledi) ayağa kalkmış, yıllardır süren çalışmalarımızdan ve benim gelecekle ilgili umutlarımdan bahsediyordu. "Bir gün François, senin dükkânını ziyaret edeceğim ve sen de yardımcına işlerle ilgilenmesini söyleyip bana etrafı gezdireceksin. Ve bana efendim değil, Mösyö diyeceksin."

"Hayır, efendim. Size hep *efendim* diyeceğim."

"Tanrı seni korusun, François."

Gerçek son işte buydu.

*(Not: Amcam buralarda düğün hazırlıklarından bahsediyor; ancak neden Mösyö Huber'in hizmetinden ayrıldığına dair bilmeniz gerekenlerin dışında yeni bir şey yok. A. de M.)*

*20 Kasım 1794*
*Parc Duval, Oulens, Vaud.*

Mösyö Senebier, Mösyö Huber'e yazarak yazın yaptığımız deneyi kışın da sürdürüp sürdüremeyeceğimi sormasını istemiş.

Hâlâ benim yardımıma başvurması çok güzel; ancak yine de bana ihtiyaç duyması beni rahatsız etti. Pierre'in benim yerimi doldurabileceğini düşünmüştüm; ama mektupta onun üniversite çalışmalarıyla fazlasıyla meşgul olduğu yazıyor. Ama yine de, öteki deneyleri yapan ben olduğum için bu konudaki deneyleri tamamlamanın getirdiği memnuniyet verici bir his de var.

Deneyi kendi evimin bahçesindeki arı kovanlarımda sürdürebilmem benim için çok iyi oldu. İçerdeki çalışmama gelince; topladığım ciltler henüz bir kütüphane oluşturacak kadar çok olmasa da, bir gün olacaklar.

Kasım ayının sonları, parlak bir gün, hâlâ sallanan birkaç yaprak var ama çoğu çoktan yere düşüp yok oldu. Hava, arıların kovanın dışına çıkamayacağı kadar soğuk, 6 derece ama kovanın içi hayat ve hareket dolu. Amacımız bir kez daha girişte hava akımı olup olmadığını anlamak; ancak bu sefer arıların girişi ya da çıkışından kaynaklanmadığından emin olmamız lazım. Kovanın tepesine bir çengel tutturup Clara'nın saçından düşen uzun bir saç telini etrafına iliştirdim. Bu teli bulabildiğim en ince kağıttan geçirerek kovanın girişi hizasında bir yere ama birkaç santimetre öteye yerleştirdim.

Kaç bin deney yapmıştık acaba, çoğu da bu saatlerde. Bazen iç içe geçiyorlar, ben de hangisinin işçilerin yumurtlayabildiğini ortaya çıkardığını, hangisinin geç döllenmenin sonuçlarını ortaya çıkardığını ayırt edemiyorum. Uzun öğlen saatlerini hatırlıyorum, eski ahşap sandalyelerde oturup beklemekle, gözlemlemekle ve yazmakla geçen o saatleri. Ve kış günleri kütüphanedeki şöminenin yanında, yanan odunun kokusuyla birlikte gözlemlerimizi yazıp çizimler yaptığım o saatleri.

Tıpkı bugünkü deneyi de not alıp sonucu Mösyö Huber'e ileteceğim gibi. Hazırladığım tertibat uygun konuma gelmişti, o yüzden küçük bir cetvel yerleştirdim; cetvel bir inçin on ikiye bölünmüş ölçülerinden oluşuyordu (Henüz tamamıyla metre ölçülerine geçmiş değiliz). Kağıdın bir inç kadar öne ve arkaya doğru hareket ettiğini gözlemledim. Biraz uzağa koyduğumdaysa kağıt hiç hareket etmiyordu.

Bu gözlemle Monsenyör'ün, içerideki hava akımını dışarıdaki sıcaklıktan ya da içeri girip çıkmalarından bağımsız olarak arıların kanat çırpışlarıyla oluşturdukları fikrini doğrulayacağına inanıyorum.

İçimden bir ses Monsenyör'ün benden son kez yardım istediğini söylüyor. Geriye kalan işler ne olursa olsun, bunlar benim değil başkalarının yardımlarıyla yapılacak.

Arı yetiştirmek benim için büyük zevk. Monsenyör'ün hizmetine girdiğim ilk günlerde geçinmek için arı yetiştiren insanlarla arılar hakkında bilgi sahibi olan insanlar arasında büyük bir ayrım yapmıştım. Ancak bu yanlış bir ayrımdı. Arılar hakkında bilgi sahibi olan biri onları yetiştirmek zorunda. Onları yetiştiren kişiyse onları tanımak zorunda. Arı yetiştirmek demek onlara bakmak, onları korumak, onlara ilgi göstermek demek. Hayatım onlarsız çok zavallı olurdu. Onlar üzerindeki çalışmalarım bana çok şey öğretti; sadece arılar hakkında değil, başka şeyler hakkında nasıl düşünmem gerektiği konusunda da. Gerçek olanla gerçek olmasını istediğim şeyi birbirinden ayırt etmek artık benim için çok kolay.

Taş ustasına babamın mezarı için mezar taşı yapmasını söyledim. Artık her şey anlaşıldı, affedildi. Sevgili karımla birlikte doğduğum yere geri döndüm ve ikimiz de umut doluyuz. İşimi seviyor ve çok şey öğreniyorum. Ve Tanrı izin verirse çocuklarımız olacak ve onlara arılarla ilgili birçok şey öğreteceğim.

Bunlar geleceğe ilişkin şeyler. Şimdi tek söyleyebileceğim Monsenyör'ü çok özlediğim; zorluklarla mücadele etme çabasını, yeni fikirlere duyduğu hevesi ve aynı zamanda hayal kırıklıkları karşısındaki soğukkanlılığını, kendini tamamıyla çalışmalarına vermiş olmasını ve hatta başka şeyler söz konusu olduğu zamanki körlüğünü. Kafamda hep onun sesi var. Düşünüyorum, acaba o ne düşünürdü diye. Ve biliyorum ki, hiçbir zaman kaybetmeyeceğim zenginlikler getirdim beraberimde.

*(Not: Ne yazık ki ben yedi yaşımdayken annem öldü, amcam ve yengem Clara beni yanlarına alıp kendi çocuklarıymış gibi sevdiler. Eğitimimle çok ilgilendi ve bana bir şeyler öğretebilmek için çok uğraştı, sanırım hiç sahip olamadığı oğluna yapacağı gibi. Umarım ona olan sevgim ve Clara öldükten sonra onunla ilgilenmem bunların bir derece karşılığı olmuştur. Onun da böyle düşündüğüne ve istediklerini gerçekleştirmiş, mutlu bir adam olarak öldüğüne inanıyorum. A. de M.)*

24 rue St Jacques
Paris
18 Aralık 1832

Sevgili Madam de Moivre,

Bana amcanızın not defterini yolladığınız için teşekkürler, onlardan çok şey öğrendim ve size o notları geri yolluyorum.

Şimdi Mösyö Burnens'in neden Mösyö Huber'in yanından ayrıldığını anlıyorum; sizin de değiniz gibi bazı ayrıntılar yazacağım, hayat hikâyesiyle alakasız elbette. Evlenmek istemesi gibi basit bir sebebin aile tarafından hiçbir zaman kesin olarak açıklanmaması çok ilginç. Belki de burada Marie-Aimée'nin ev halkı üzerindeki gücü ve onun gidişi konusunda kendinin de tam olarak bilemediği ya da kabul edemediği gerçeklerin etkisi söz konusudur.

Amcanızın günlüğünden ortaya çıkan onun ailenin bütün üyeleri için Mösyö Huber'in sekreteri olmaktan çok daha fazlası olduğu ve hepsinin de, kalplerinde farklı şekillerde terk edildiklerini hissetmeleri.

Yerini kimsenin dolduramadığı kesin.

Marie-Aimée'nin günlüğün bitiminden on beş yıl sonra altmış yaşındayken öldüğünü fark ettiniz mi bilmiyorum. Bu tür şanssızlıklara alışık olmayan biri olarak ikinci büyük darbeydi bu; ama Mösyö Huber, amcanız gibi, kendisini seven bir kız çocuğuna sahip olduğu için çok şanslıydı. İnanıyorum ki onun kollarında, sizin de dediğiniz gibi mutlu bir adam olarak öldü.

Her zaman emrinizde olan,

Augustin de Candolle

# *Kaynakça*

*Nouvelle Observations sur les Abeilles* 1792'de Cenova'da tek cilt olarak basıldı. İkinci basım, iki cilt halinde, kısmen Pierre Huber tarafından gözden geçirilerek, 1814'te Paris'te yapıldı. 1806, 1821 ve 1841 tarihli İngilizce çevirileri kısaltılmıştır ve genel olarak doğru değildir. 1926 yılında *American Bee Journal* tarafından basılan, Charles Dadant'ın çevirisi *New Observations Upon Bees* daha aslına sadık ve okunması kolaydır.

Yararlı bulduğum diğer kaynaklar şunlardır:

*Memoir of Huber*, Augustin de Candolle (Edinburgh Philosophical Journal, 1833)

*The World History of Beekeeping and Honey Hunting*, Eva Crane (Duckworth, 1999)

*The Origin of Species*, Charles Darwin (Oxford University Press, 1998)

*Sketch of the Life of Francis Huber*, S. B. Herrick (Popular Science Monthly, cilt 6, 1875)

*Narrative of a Journey Through France and Switzerland*, James Holman R. N. (Londra, 1822)

*Memoir of Huber*, W. Jardine (Naturalist's Library, cilt 34, 1858)

*The Life of the Bee*, Maurice Maeterlinck (George Allen, 1901)
*Heroes of the Darkness*, J. B. Mannix (Partridge, 1921)
*Biographie Universelle*, Joseph-François Michaud (Paris, 1858)
*Enlightenment*, Roy Porter (The Penguin Press, 2000)
*Delphine*, Mme. de Staël (1802)
*The Illustrated Natural History of Selbourne*, Gilbert White (Webb and Bower, 1981)